经济管理图书

殷 实 ◎编著

中国产业趋势展望
China Industries Trend Outlook

- 解读总理报告，**透视**产业趋势，**剖析**经济态势，**解析**投资动向。
- **人工智能**机器是否会与人类为敌？人们将来是否只需拥有自动驾驶汽车无需驾照便可自在出行？
- **人工智能**技术是否会导致大批劳动者失业，对你我的职业前景有多大的影响？
- 拟定中的**房地产**行业长效机制预计会有怎样的关键要点？**虚拟现实产品**是否会昙花一现？
- **机构投资、个人理财**应该关注哪些事项？
- ……

图书在版编目（CIP）数据

中国产业趋势展望（1）/ 殷实编著. —北京：经济管理出版社，2017.9
ISBN 978-7-5096-5307-4

Ⅰ.①中… Ⅱ.①殷… Ⅲ.①产业发展—研究—中国 Ⅳ.①F124

中国版本图书馆 CIP 数据核字（2017）第 203561 号

组稿编辑：杨国强
责任编辑：杨国强　张瑞军
责任印制：黄章平
责任校对：陈　颖

出版发行：经济管理出版社
（北京市海淀区北蜂窝 8 号中雅大厦 A 座 11 层　100038）
网　　址：www.E-mp.com.cn
电　　话：（010）51915602
印　　刷：玉田县昊达印刷有限公司
经　　销：新华书店
开　　本：720mm×1000mm/16
印　　张：16
字　　数：238 千字
版　　次：2017 年 9 月第 1 版　2017 年 9 月第 1 次印刷
书　　号：ISBN 978-7-5096-5307-4
定　　价：58.00 元

·版权所有　翻印必究·
凡购本社图书，如有印装错误，由本社读者服务部负责调换。
联系地址：北京阜外月坛北小街 2 号
电话：（010）68022974　　邮编：100836

前　言

经济与管理，常常相互依存。这两个学科，在有的大学里仍然相依相伴、同属一个学院。作为研究者、战略、营销管理实践者，作者多年来越来越多地思考着经济问题，思索着经济态势，并形成了一定的研究成果，有的已经刊载发表。近年来，一些对经济发展、企业战略、机构投资策略或个人理财有着重大影响的事项、议题，持续呈现。

● 在一项针对人工智能机器的智能测试中，约一半的测试者将某人工智能机器误认为是13岁的男孩；"沃森"（Watson）人工智能软件，在智力问答电视节目中轻松战胜2位人类冠军。在人工智能技术取得重要进展的情形下，人工智能机器未来是否会与我们人类为敌，著名影片《终结者》的场景未来是否会成为现实？

● 2015年8月，李德毅（中国工程院院士）团队研发的自动驾驶客车在郑州至开封路段实现了全球第一次商用客车实际道路全程自动驾驶。我们将来是否只要拥有自动驾驶汽车，无须驾照便可自由出行？

● 人工智能技术对你我的职业前景会有多大影响？

● 运用虚拟现实产品，我们可以在家中"现场"欣赏演唱会，可以"近距离"地观赏马戏表演。广受关注的虚拟现实产业前景如何？

● 房地产行业牵动着广大民众的基本生活与部分群体的投资收益，它的动向如何？

……

本书作者结合对中国经济政策的解读、多年的研究及实践经验，就有全局性重大影响的人工智能产业的趋势、虚拟现实产业趋势、房地产行业长效机制等重要议题进行了探讨；从高新技术产业、房地产行业、消费、创新等角度描述了中国经济发展的大势。同时，对机构投资机遇、相关企业战略提出了建议，对个人投资理财提出了有益见解。

本书主题社会关注度高，内容较为丰富、新颖，简练易懂，雅俗共赏，前瞻性较强；对普通读者、相关企业、投资机构与基金管理公司从业人士、研究者等了解经济动向、产业趋势有相当大的参考价值，对普通读者财富的保值增值也有所助益，对相关企业、投资机构、基金管理公司的投资决策、战略决策则有积极的借鉴意义。

欢迎普通读者、相关企业及投资机构、基金管理公司从业人士、研究者等提出自己关注的主题，笔者的邮箱是REENSUN@126.com。笔者将力争在未来的研究中与读者共同探讨相关议题。本书参考了大量国内外文献，在此对相关文献作者表示感谢。同时，肯请读者、研究者们对本书的不妥之处予以批评指正。

殷　实

目 录

居民消费篇

一、概述 ··· 003
二、居民消费健康发展对社会进步的深远影响 ················ 005
三、促进居民消费健康发展的有效措施 ·························· 011
参考文献 ··· 033

高新技术产业和装备制造业篇

一、近期态势 ·· 043
参考文献 ··· 051
二、人工智能产业 ·· 055
参考文献 ··· 091
三、虚拟现实产业 ·· 103
参考文献 ··· 119

房地产行业篇

一、引言 ……………………………………………………… 127
二、房地产泡沫化现象 ………………………………………… 131
三、房地产泡沫化对经济发展的影响 ………………………… 139
四、房地产泡沫化对国家改革大计的影响 …………………… 143
五、房地产泡沫化对社会稳定的影响 ………………………… 149
六、预计建立的房地产行业长效机制 ………………………… 155
参考文献 ……………………………………………………… 161

创新创业领域篇

一、创新 ………………………………………………………… 171
二、科技创新 …………………………………………………… 173
三、体制机制创新 ……………………………………………… 179
四、创业 ………………………………………………………… 197
参考文献 ……………………………………………………… 199

机构投资机遇与相关企业战略篇

一、消费领域 …………………………………………………… 207
二、人工智能等高新技术产业、装备制造业 ………………… 211
三、环保领域 …………………………………………………… 217
四、"一带一路"领域 ………………………………………… 221
五、国有企业改革领域 ………………………………………… 223

六、房地产领域 ·· 225
参考文献 ·· 226

个人财富管理（理财）篇

一、重要风险因素 ··· 233
二、有较丰富知识、经验、有财力的个人投资者 ·············· 235
三、普通个人投资者 ······································ 239
参考文献 ·· 242

居民消费篇

一、概述

有些人觉得，居民消费更多的是一些柴米油盐之类的家庭生活琐事。实际上，居民消费中的"琐事""小事"，很可能也是大事，或在某些条件下、在不经意间变成大事。

2017年新年期间，韩国民众在喜迎佳节的同时，不得不面对鸡蛋紧缺的局面。2016年12月28日，韩国大型超市内的30只鸡蛋售价已达到7290韩元（约人民币43.8元），比一周前上涨15%[1]。据相关资料，2017年1月11日，在韩国，30只鸡蛋的平均售价为9440韩元（约人民币54.5元），与约两个月前相比，上升了近74%[2]；与前述的2016年12月28日大型超市售价相比，两周间上涨了约24%，一只鸡蛋相当于人民币1.8元。

在此期间，韩国的鸡蛋不仅价格飞涨，而且紧缺。韩国部分商家已对鸡蛋进行限购，每位顾客一次最多限购30只鸡蛋[1]。韩国不得不向美国、西班牙和新西兰寻求进口鸡蛋[3]。2017年1月14日，韩国18年来首次从美国进口的约300万只鸡蛋由两架飞机运抵韩国[2]。导致平平常常的鸡蛋价高、紧俏的原因是，高致病性禽流感病毒（如H5N6）在韩国家禽中的快速蔓延[1]。2016年11月，禽流感爆发，到2017年1月11日左右，韩国扑杀的家禽数量超过3100万只[2]。据2016年12月底的介绍，韩国已在扑杀、掩埋家禽工作中投入了3400余名公务员、1.9万名普通市民的人力，甚至得向军队寻求支援[1]。

居民消费各个"小事"组成的整体，更是大事。总理在2016年、2017年政府工作报告中分别谈到，消费已成为支撑我国经济增长的主要力量[4]，

中国产业趋势展望（1）

消费在我国经济增长中发挥了主要拉动作用[5]。2015年，我国社会消费品零售总额增长了10.7%[6]；2016年，社会消费品零售总额则增长了10.4%[7]。据国家统计局的资料，2014年最终消费支出对经济增长的贡献率为51.6%[8]，2015年、2016年最终消费支出的贡献率则分别为60.9%、64.6%[7,9]。而消费的增长主要表现为居民消费的增长[10]。关于居民消费健康发展对社会进步的深远影响，本书将在后续部分加以阐述。

我国居民消费的增长是在居民收入增长的支撑下实现的。总理在政府工作报告中介绍，2015年我国居民人均可支配收入实际增长了7.4%，高于经济的增长速度，2015年末我国居民的储蓄存款余额同比增长了8.5%[4]；2016年，居民人均可支配收入实际增长了6.3%[5]。"十二五"期间，我国城镇居民人均可支配收入年均增长了7.7%、农村居民人均纯收入年均增长了9.6%[11]。

同时，居民消费的增长也得益于国家消费促进措施的拉动作用。例如，新能源汽车消费补贴政策、1.6升及以下排量乘用车的购置税优惠政策。在2016年政府工作报告中，总理谈到，国家在重点领域实施了消费促进工程，相关工作带动了城乡居民旅游、网购、信息消费等方面的快速增长[4]。这些消费促进工程包括信息消费壮大工程、绿色消费促进工程、住房消费稳定工程、旅游休闲消费升级工程、教育文化体育消费提升工程、养老家政健康消费培育工程等[6]。2015年，相关消费促进工程，带动了2.8万亿元的消费额[6]。据总理介绍，2016年国家继续实施了促进消费升级的相关措施[5]。

有些人认为，许多产业产能过剩、产品积压严重，经济增速放缓，要促进居民消费是难上加难。本书也将从多个方面讨论促进居民消费健康发展的有效措施。居民消费领域的一些重要动向，将在后续的机构投资机遇与相关企业战略建议一章中加以阐述。

二、居民消费健康发展对社会进步的深远影响

（一）居民消费健康发展对民众个人的重要影响

居民消费相关事项的健康发展与广大民众的生活安宁息息相关。鱼类食品是人们普遍喜欢的美味佳肴，它也为民众提供了丰富的营养物质。而Fletcher等指出，过去数年，与血液汞含量测试，主要源于食用鱼类的非职业性汞暴露相关的美国纽约州居民重金属异常报告数量都出现上升[12]。汞是一种有害的重金属。重金属污染物难以被生物降解且特性稳定[13]。存在于多种环境媒介和食物之中的汞，对人类和野生动植物都会产生危害。甲基汞是毒性最强的有机汞之一[14]。甲基汞可以通过水环境中的食物链聚集到生物体内。许多鱼类都含有甲基汞，尤其是鲨鱼、大西洋马鲛、剑鱼、方头鱼等大型鱼类。经常食用鱼类食品时，应避免食用甲基汞含量高的鱼类。怀孕妇女、哺乳期妇女、儿童尤其要避免食用被甲基汞污染的鱼类[12]。Zhang等指出，食用鱼类食品被认为是人体甲基汞暴露问题的主要原因。但对中国某省的多数居民而言，如果出现甲基汞暴露问题，则可能的主要途径是食用大米[14]。监管部门、检验部门对鱼类等食品的有效监测与管理是居民消费安全的重要保障。

牛奶产品，营养丰富，被认为是一种优质食品，乃至被形容为白色的血液[15]。2008年发生的"三聚氰胺牛奶安全事件"，提高了居民消费风险的感知状况，也成为导致近几年来城市居民牛奶消费量下降的关键原因[15]。

中国产业趋势展望（1）

Dong 等的研究表明，该事件的影响至少持续了 5 年，2014 年中国市场的牛奶消费量仍然没有完全恢复。与高收入消费群体相比，低收入的消费群体对牛奶食品安全问题更加敏感。中国牛奶产品面临着严重的食品安全消费者信任危机[16]。

众多国内居民转而购买海外的奶制品。不少海外奶制品企业借机抬高价格，谋求暴利。专家指出，大量国外牛奶企业抬高价格正是基于中国消费者对国产品牌牛奶不信任的状况。曾经出现在德国超市中售价 0.65 欧元 1 升的牛奶在中国超市售价约 2.4 欧元，这种价格被相关德国人士认为相当于奢侈品的水平。德国媒体感叹道，中国人为德国牛奶支付全球最高价[17]。进口婴幼儿奶粉的价格长期居高不下[18]。发改委曾启动涉及婴幼儿奶粉的奶粉反垄断调查，不少企业承认违法，承诺降价的奶粉企业至少有 8 家，多数涉及海外产奶粉；其中，惠氏奶粉单品降价最高幅度达 20%，平均降幅达 11%[19]。许多民众考虑价高等因素，委托他人或机构到海外购买婴幼儿奶粉。有的留学生声称，从留学开始，就帮人代购海外奶粉，并以海运方式发送回国[20]。德国媒体多次出现"中国人买空了德国奶粉"的新闻；StefanStohl（德国婴儿奶粉主要企业美乐宝公司发言人）曾谈到，公司一度每月收到 3000 次在德国生活的母亲关于买不到其奶粉的质询[20]。在德国、英国、荷兰、澳大利亚等国，许多零售企业纷纷采取奶粉限购措施，有的用中文说明每人只能购买 3 罐，有的将相关奶粉撤离货架、要购买必须通过服务员，有的给奶粉加上电子锁，有的只向在本国生活的家长出售产品[20]。中国香港也受到大陆居民的海外婴幼儿奶粉消费行为的显著影响。香港地区曾经每月进口约 400 万罐奶粉，而本地婴儿每月用量只有 60 万~70 万罐，如此还是出现了"奶粉荒"问题[21]。香港地区为此颁布法令，16 岁以下人士禁止携带奶粉离境，其他离境人士仅能携带 1.8 千克奶粉；违法者处之以刑事处罚，监禁 2 年及罚款 50 万港元[22]。据海关的数据，2016 年上半年，中国购入的外国制造婴幼儿配方奶粉同比增长了 25%。而中国市场的规模约占到了全球婴幼儿配方奶粉市场的 1/3。1 年相应的进口额曾经相当于欧洲市场规模的 3/4[18]。

如果居民消费相关事项不能实现健康的发展，很可能既影响居民生活的安宁，又给民众带来经济负担、精神负担，费时耗力，劳民伤财，还可能引发不同地域、不同国家一些民众之间的反感情绪。因此，国家专门制定了消费品标准和质量提升规划，以食品为例，未来将在食品中的农药残留、兽药残留、重金属、婴幼儿食品、食品添加剂、网络食品信息描述规范等领域着力开展相关工作[23]。习近平总书记谈到，在食品领域，要落实最严谨的标准、最严格的监管、最严厉的处罚、最严肃的问责的"四个最严"要求[24]。总理强调，对食品安全，必须管得严而又严[5]；要坚定实施食品安全战略，严把从农田到餐桌的每一道防线[24]。

居民消费相关事项的健康发展，也关系到广大民众日益增长的物质文化需求能否得到满足。2009年，中国成为全球第二大经济体[8]。2010年，中国人均国内生产总值超过4200美元，按世界银行的标准，已属于中上等收入国家类型[25]。2014年，我国人均国民总收入为7380美元[8]。中国居民特别是城镇居民的生存型消费支出有所减少，享受型、发展型消费支出逐渐增多。朱惠莉指出，2001年，中国城镇居民开始进入享受型、发展型消费比重明显上升的消费阶段[26]。2009年，我国一次能源消费量增加至2312.5百万吨油当量，超过美国成为全球第一大能源消费国[27]。2014年，反映消费结构的城镇居民恩格尔系数为30%，处于较低的水平，中国的奢侈品消费金额高达1060亿美元，占全球消费总额的46%[28]。广大民众对文化教育产品、娱乐产品等领域的消费需求增长较快，在休闲服务、服饰等领域的需求多样化态势明显。例如，2015年，我国国内旅游人数增长10.5%，电影票房总收入增长48.7%[6]。随着中国社会迈向全面小康的发展阶段，广大民众规模增长、多样化显著的消费需求的满足程度，对其提升生活品质、文化素养、工作质量的影响将愈加突出。

（二）居民消费健康发展对经济成长的重要影响

Li谈到，中国改革开放30多年来、国内生产总值年均增长10%以上的经济成就，在很长一段时期内，主要源于出口、投资的拉动。这种经济增长方式适合于中国旧有的非充分供应和低成本劳动力的国情[29]。而按 Makin 的观点，在中国等发展中国家，居民放弃一些消费活动，可以增加全社会的资金储备，实现较高的国内储蓄率和投资率，这有助于提高增长率和劳动生产率；但当储蓄额与投资额过高时，如中国的储蓄额与投资额出现相当于国内生产总值 40% 以上的情形时，对中国经济乃至世界经济，都会具有危险性和破坏性[30]。

1978 年，我国的出口额为 167.6 亿元，2010 年为 107022.8 亿元，年均增长 22%，这段时期，出口额年均增速高于国内生产总值年均增速 6.49 个百分点。1978 年，我国的出口额与国内生产总值的比值为 4.65%，2010 年上升至 26.57%，2014 年下降到 22.5%[10]。1978 年，我国的投资额为 1377.9 亿元，2010 年为 193603.9 亿元，年均增长 16.71%。1978 年，我国投资额与国内生产总值的比值为 38.2%，2010 年上升至 48.1%，2014 年下降到 46.1%。1978 年，我国消费额与国内生产总值的比值为 62.1%，2010 年下降到 48.2%，2014 年上升至 51.2%[10]。

总理谈到，世界经济复苏乏力[31]；世界经济增长低迷态势仍在延续[5]。Matthews（著名的瑞士宝盛银行亚洲研究主管）认为，西方发达国家的货币政策基本上已经做到极限，欧洲央行和日本把利率降成负值，但实际上对经济的促进作用并不大[32]。靠货币政策，不足以推动国家经济持续增长。尽管全球经济总体疲软，总理认为，中国市场还有很大的潜力，中国新的动能正在生成[31]，要进一步释放国内需求的潜力[5]。2014 年，中国出口对经济增长的贡献率为 1.7%，投资的贡献率为 46.7%，最终消费支出对经济增长的贡献率为 51.6%[8]；2015 年，投资的贡献率为 41.7%，最终消费支出的贡献率为 60.9%[9]，相应估算，出口对经济增长的贡献率为负的 2.6%。消费品标准和质量提升规划指出，消费对经济增长的基础作用已明显增强[23]。从三大需求对经济增长的贡献率看，中国经济增长的动能正在由偏重投资、出口转向偏重消费；消费、居民消费是中国经济增长新动能的重要组成部分。

张欢等指出，日本、韩国在迈入中上等收入阶段后，消费开始逐渐取代投资成为推动经济向更高层级发展的主要动力[25]。"十三五"规划提出，要不断增强消费拉动经济的基础作用，着力扩大居民消费[111]。高红兵（阿里研究院院长）认为，人口、社会和科技发展等因素将在2017~2021年为中国带来2.3万亿美元的消费增量[33]。消费不仅可以成为经济增长的主要动力；按Li的观点，消费的显著增长也有利于作为经济增长另一动力的投资改善[29]。

经济成长，不仅包括经济规模的增长，还涉及经济结构的优化、产业的升级。总理指出，中国选择了更艰难但可持续的发展道路，即推进结构性改革，促进中国经济转型[31]。我国许多产业仍处于全球价值链的中低端[34]。以厨房菜刀为例，据相关资料，我国有上千年菜刀锻造历史，但当前的高端菜刀市场却被外国品牌占据；主要原因之一就是相关国外制造商在加工精度、热处理技术、原材料、工业外观设计、表面外观处理等多方面具有领先优势，如德国企业的"冰沾火"技术，可以使刀剪的硬度和韧性达到最佳结合[35]。

当居民消费发展到一定规模、一定层次，就很有可能推动相关企业、机构着力开展产业升级活动，进而促进经济结构的改善。圆珠笔是我们许多人的日常用品，国内的圆珠笔市场规模也相当大。国内的圆珠笔产量达到每年约400亿支。圆珠笔头中，需要有不同高度的台阶和五条引导墨水的沟槽，加工精度要达到千分之一毫米的数量级；笔头碗口的尺寸精度是两个微米，表面粗糙度要求在0.4微米；极高的加工精度，对笔尖的不锈钢原材料提出了很高的性能要求。曾经因为缺乏相关制造能力，国内圆珠笔企业需要每年进口由发达国家企业制造的圆珠笔尖球座体不锈钢1000多吨。经过多年的努力，我国太钢集团研制出了圆珠笔尖球座体所用、直径2.3毫米的不锈钢丝。国内一些圆珠笔头企业已经开始使用该不锈钢丝，两年内有望完全摆脱对相关进口不锈钢产品的依赖[36]。2015年，在消费促进政策的带动下，我国的移动通信4G用户新增2.9亿户，移动互联网接入流量增长103%，新能源汽车销售增长3.4倍[6]。这些消费领域市场规模的迅速扩大,有效带动了华为等通信企业,阿里巴巴、京东等电子商务企业,比亚迪等新能源汽车企业这些新兴行业企业的成长。

居民消费相关事项的健康发展不仅有利于推动经济规模的增长,还有助于优化经济结构、实现产业的升级与经济的转型。

三、促进居民消费健康发展的有效措施

除了直接的消费促进政策之外,还可以考虑采取以下多个促进居民消费健康发展的有效措施:

(一) 实现农民收入的较快增长

居民收入被相关多数研究认为是居民消费的主要影响因素[37]。居民收入的增长是当前居民消费健康发展、提升居民消费的一个关键要素。"十二五"期间,全国居民人均可支配收入年均增长7.7%,农村居民人均纯收入年均增长9.6%;"十三五"期间,要实现居民人均可支配收入年均增长大于6.5%[11]。与城镇居民相比,我国农村居民的收入处于较低的水平;1985~2003年,我国农村居民人均纯收入实际增速起伏不定,有些年份其增速还不到2%;2004~2013年,我国农村居民人均纯收入实际增速为9.3%,达到较高的水平[38]。虽然近几年来,我国农村居民人均纯收入增长较快,且高于全国的平均水平,但农村居民消费在居民总消费中的比例仍然较小。1978年,我国农村居民消费在居民总消费中的比例为62.1%,2014年则下降到22.5%[38]。而农村居民人口在总人口中的比重则约达到70%[39]。这其中的关键原因是长期以来我国城乡居民收入之间存在相当大的差距。

1985年,我国城镇居民人均可支配收入为农村居民人均纯收入的1.86倍,2007年、2009年,城镇居民的该项指标是农村居民的3.33倍,2013年则为3.08倍[40]。2015年,农村居民人均纯收入突破万元,实际增长7.5%,增幅连续第6年高于经济增速和城镇居民收入增幅,城乡居民收入比值为 2.73[6]。如果考虑到社会保障、教育、交通等因素在城乡居民间的差异，城乡居民收入之间的实际差距则更加显著。

汤春玲等在运用了 2000~2014 年西部 11 省区年度数据的研究中，发现城乡收入差距对西部地区居民消费需求有显著的负向影响。西部地区城乡收入差距每增加 1%，居民消费需求就相应地降低 0.211%；在该研究中，以居民消费率来衡量居民消费需求[37]。按陈冲的研究，与东西部地区居民收入差距相比，我国城乡居民收入差距对于居民总消费需求的影响更为强烈[40]。为此，要提升居民消费，应更加重视农村居民收入的提高，以更大力度缩小城乡居民的收入差距。王小华等强调，要缩小我国的城乡收入差距，必须带动农村居民收入实现超常规增长；如果自 2010 年起，以 2040 年城乡居民收入差距达到发达国家平均水平，即 1.5 倍为目标，则我国农村居民收入增长率需要比城镇居民收入增长率高出 3 个百分点[41]。

为增加农村居民收入，国家采取了多方面的积极政策。例如，取消农业税，大幅度增加涉农补贴；并提出建立农民工职业教育和技能免费培训的制度、健全农村低收入群体基本生活保障标准与物价上涨挂钩的联动机制、坚持工业反哺农业、城市支持农村的方针等措施[42]。

王小华等对 1993~2013 年中国相关 31 个省（自治区、直辖市）的省级统计数据进行了分析，其研究显示，2004 年后，中国农村家庭经营性收入的变动对农村居民消费的影响程度有所增强，工资性收入变动对农村居民消费的影响减弱但仍然显著[38]。因此，保持重要农产品价格相对平稳；在中国农村居民的各类收入中，力争让农村家庭经营性收入以较平稳的幅度实现增长，对提高农村居民消费具有更重要的意义。

而据郭长林对中国 1998~2014 年居民消费对政府投资冲击的动态响应研究，由于政府投资扩张时可能挤压对某些领域的贷款规模、出现金融市场扭曲现象，受到不利信贷影响的群体会增加储蓄、减少消费[43]。在考虑财政扩张、投资加大的经济政策时，建议坚持对农村、农业、农民的信贷扶持政策，使之有利于带动农村居民收入的增长，避免对农村居民消费的消极影响。

从区域看,据毛军等的研究,中西部省份的居民消费状况存在负外部性,容易受到其他省份的负面影响,应成为改善居民消费状况的重点区域[44]。在考虑农村居民收入带动措施时,可将中西部省份的农村居民摆在较为优先的位置。

(二) 加快农业和农村的现代化进程

要实现农村居民收入的较快增长,要实现农村居民消费健康发展,最根本的动力是农业和农村的现代化。总理谈到,我国农业的劳动生产率还比较低,农业还是一个弱势产业,将推进多种形式的适度规模经营[31]。国家在农村困难家庭危房改造、全国游牧民定居方面开展了大量工作,同时也在健全农业补贴稳定增长机制,完善良种补贴、农资综合补贴和粮食直补政策,增加农机购置补贴规模,扩大农业保险保费的补贴范围[42]。

农业是一个富有潜力的产业。联想控股公司将农业作为自己的一个重点投资产业,目前已经打造了水果和水产品的生鲜供应链[45]。为了加快农业和农村的现代化进程,促进农村居民消费健康发展,除了采取推进多种形式的适度规模经营、健全农业补贴机制等措施,还应优先在以下领域推进相关工作。

农村居民消费观念、消费习惯的调整。按陈亮等的观点,长期落后的农村经济、自给自足的小农意识、气候等外部因素对农业生产的较大影响,较薄弱的社会保障,较大的收入不确定性程度,使得农村居民容易形成较保守、谨慎的消费观念、消费习惯。例如,他们通过对城乡居民人均实际消费与物价水平的回归分析发现,农村居民面对商品价格大幅上涨的状况时,会在消费观念、消费习惯的影响下做出过度反应的消费行为,过度压抑内心的消费欲望,选择非理性地压缩消费、不消费的决策,物价水平的上升会对农村居民消费产生过度的负面效应[46]。据Tian等的研究,以文教娱乐用品及服务支出为代表的农村居民精神性消费较少,而且还呈现下降的态势[47]。这些不合理的消费观念、消费习惯,对农村居民消费的健康发展构成了显著的不利影响,有必要通过加强面向农村居民的教育、文化宣传工作等来调整、改善。

农村信息化建设工作。2014年,我国的电子商务交易额达到约16万亿元,同比增长59.4%;与电子商务活动紧密关联的快递业务量达到140亿件,连续4年保持了超过50%的增速,已超过美国,位居世界第一[8]。2015年,我国的电子商务交易额达到约22万亿元,网络零售额达到约4万亿元,我国已成为全球规模最大、发展速度最快的电子商务市场[48]。网络零售等电子商务活动可以使不适合通过实体店开展的经营活动得以实现,能够对居民生产、生活中的信息流、物流等产生显著的影响[49]。这便于农村居民开展家庭经营活动,便于大多数农村居民克服远离城市的经营障碍、远离商业中心区的消费障碍。开展电子商务等信息化活动,还有利于解决我国城乡之间的信息化鸿沟问题,提高农村居民的文化素质、现代化意识,普及农业生产知识,改善农村居民的消费观念、消费习惯,对农村居民消费结构的提升、改善产生积极影响。

国家在农村信息化建设方面已投入了不少资源。国家的"宽带乡村"试点工程,已在四川和云南等省出台了实施细则[50]。"十三五"期间,更要实现固定宽带家庭普及率由2015年的40%提高到2020年的70%,移动宽带用户普及率由2015年的57%提高到2020年的85%[11]。据中国互联网络信息中心介绍,截至2016年6月,我国网民规模已达到7.10亿人,其中手机网民规模达到6.56亿人[51]。随着通信服务的推广,许多农村居民已拥有了通信终端、信息化终端,具备了使用信息化服务的硬条件。Kiiski等的研究显示,教育投入、互联网接入费用、人均GDP对互联网服务扩散的影响相当显著[52]。这些因素,值得重视。截至2016年6月,我国网民中的农村网民数量为1.91亿人,占比为26.9%,与2015年12月的28.4%的比例相比,出现了下滑;2015年6月,农村互联网普及率为30.1%,2015年12月、2016年6月,农村互联网普及率分别为31.6%、31.7%,农村互联网普及率呈现停滞的态势[51]。中国互联网络信息中心曾经对农村居民未使用互联网服务的原因及比例做了调查,其中有以下内容值得我们重视:

（1）68%的农村居民受访者未使用互联网服务是源于不懂电脑、网络知识；

（2）而认为不需要或不感兴趣的比例为10.9%，这意味着89.1%，即绝大多数未使用互联网服务的农村居民都有使用互联网服务的意愿；

（3）只有9.5%是源于没有电脑等上网设备；

（4）只有5.3%源于当地无法连接互联网[51]。

因此，开展农村信息化建设，更需要的是向农村居民提供信息化服务的软条件，更需要帮助农村居民学习、掌握信息化终端、信息化服务的基本应用知识。建议可以为农民工与农村亲人的互联网联络活动提供便利，以此带动信息化终端、信息化服务基本应用知识的传播、扩散。

据Tian等的研究，从农村居民受教育程度看，高中、中专及以上文化程度的比重是中国农村信息化发展效率改善提高的显著因素[47]。让更多的农村少年能够上高中、中专，让更多的农村居民具备与高中、中专学历教育相关的信息化服务应用知识，是提高农村信息化建设水平、促进农村居民消费健康发展的有力举措。

农村实体零售业、网络零售业的扶持措施。Wrigley等发现，在设立大型食品零售商店等商业零售网点干预措施的影响下，原本食物摄入状况较差的、英国Leeds市Seacroft区域相关居民，明显增加了果蔬消费量，对食品种类较少的零售店的光顾次数也减少了，从而，改善了该区域的消费状况和相关居民的消费行为[53]。因此，应加强农村的商业及相关设施的现代化建设，扶持农村实体零售业、网络零售业的发展。而据相关资料，核心城市或主要城市繁华地段的商业地产逐渐趋于饱和，而随着租金的上涨与政府优惠措施的减少、网络零售业的发展，实体零售企业的门店扩张遇到了明显的阻力；许多实体零售企业正在将零售网点下沉、开设社区便利店作为新的发展方向[54]。加强农村商业及相关设施的现代化建设，扶持农村实体零售业、网络零售业的发展，不仅有利于农村居民消费的健康发展，也能为在城镇市场发展较疲弱的实体零售业提供新的成长机遇。

按相关规划，国家通过发挥邮政系统、供销社系统现有农村网点布局优势,支持电商和物流企业向乡镇农村延伸,鼓励供销系统重点建设 100 个县级电商运营服务中心,新建和改造 3 万个农村信息化综合经营服务网点,将宽带乡村示范工程推广至全国,进一步推动农村的信息化建设和网络零售业的发展[55]。

(三) 有效缩小居民贫富差距

国际慈善组织乐施会 2017 年 1 月发布的研究报告显示,2016 年,微软创始人比尔·盖茨、Zara 创始人奥尔特加、"股神"巴菲特、亚马逊创始人贝索斯、Face book 公司共同创始人扎克伯格等全球最富有的 8 个人的净资产之和,相当于占世界人口一半的、约 36 亿贫困人口的财富总额。而 2015 年,这些占世界人口一半的、约 36 亿贫困人口的财富总额,相当于全球最富有的 67 个人的净资产之和。虽然乐施会表示,部分原因是对中国、印度的贫穷人口状况进行了修正,但富人的财富迅速增加、全世界的贫富差距继续加大也是出现这种变化的重要原因[56]。乐施会指出,2009 年以来,许多普通劳动者的收入停滞不前,而最富有群体的收入却平均每年增长 11%[57]。2017 年 1 月,经济合作与发展组织指出,目前,美国是社会财富分配水平最不平等的发达国家之一,其反映贫富差距或社会财富分配平等状况的指标——基尼系数为 0.39,挪威、丹麦的贫富差距状况比较缓和,其基尼系数为 0.25,德国、法国的贫富差距状况也不突出,其基尼系数为 0.29[58]。

据国家统计局介绍,2014 年,中国居民收入基尼系数为 0.469[59];2015 年、2016 年,全国居民收入基尼系数则分别为 0.462、0.465[60,61]。与富裕居民聚集的城镇相比,农村的居民收入差距较小。但农村居民收入的基尼系数 2010 年达到 0.355[26]。而按首份中国家庭金融调查的数据,2010 年中国家庭收入的基尼系数高达 0.61,城镇家庭的基尼系数为 0.56,农村家庭的基尼系数为 0.6,远高于 2010 年世界平均水平的 0.44[41]。按联合国有关机构的数据,2010 年中国居民的基尼系数为 0.52[41]。而我国的基尼系数仍有扩大的可能[25]。

虽然中国已成为世界第二大经济体，2010年人均国内生产总值超过4200美元，已按世界银行的标准进入了中上等收入国家行列[25]；但中国也是一个收入分配两极分化严重的国家，少数最富裕的群体占有了绝大多数的财富[62]。2014年，中国的奢侈品消费额高达1060亿美元，占全球消费总额的46%[28]。而从2000年起，劳动报酬在收入初次分配中的比重呈现下降态势[26]。据2015年的文献介绍，如果按世界银行的贫困标准测算，中国的贫困人口约2亿人，约占全国人口的15%[63]。2015年，虽然全国居民的人均可支配收入实际增长7.4%，高于经济增速[4]，但由于居民收入增幅差距显著，许多居民的可支配收入增速是低于经济增速的。

2014年，我国居民消费率为31.14%，远低于世界60%的平均水平[28]。差别较大的重要原因之一，是居民收入差距过大，众多居民仍处于中低收入水平，缺乏消费的能力。据陈冲的研究，2013年农村居民人均实际纯收入比实现城乡居民消费最大化所要求的水平低了5216.7元[40]。要促进居民消费健康发展，就应努力缩小我国居民的收入差距、贫富差距。

为了调整社会的收入分配状况、缩小贫富差距，国家制定、实施了多方面的政策：要逐步提高居民收入在国民收入分配中的比重、劳动报酬在初次分配中的比重，逐步提高城乡居民最低生活保障水平，绝大多数地区的最低工资标准要达到当地城镇从业人员平均工资的40%以上，对部分过高收入行业的国有企业、严格实行企业工资总额和工资水平双重调控政策，等等[42]。

针对大量农村居民贫困状况严峻等社会贫困现实，国家提出了"十三五"脱贫攻坚规划，确立了贫困人口、贫困村、贫困县、易地扶贫搬迁人口等约束性指标、农民人均可支配收入增速、义务教育巩固率等预期性指标[64]。在此规划中，要求在2020年确保2015年底我国现行标准下、5630万农村建档立卡贫困人口实现脱贫，贫困县全部摘帽，解决区域性整体贫困，并实现对981万贫困人口的易地扶贫搬迁，让相关贫困家庭未升入普通高中的初中毕业生都能接受中等职业教育[65]。

2015年，我国农村居民人均消费支出为9223元[66]。如果"十三五"

脱贫攻坚规划中要实现脱贫的5630万农村建档立卡贫困居民,其每年人均消费支出能增加相当于2015年农村居民人均消费支出20%的金额,即每年人均消费支出增加1844.6元,每月人均增加约154元的消费,则每年可以增加约1038亿元的消费支出。提高农村贫困居民中我国低收入、中低收入居民的收入,缩小社会贫富差距,对提高我国居民消费率、促进居民消费健康发展具有重要的意义。

(四) 降低居民的生活成本和消费负担

2016年,全国居民人均可支配收入为23821元,扣除价格因素后实际增长6.3%,低于6.7%的经济增速[7]。多数居民的收入主要来源于工资所得或农业劳动所得,居民收入的增长往往有限;再考虑居民贫富差距较大的因素,要让多数居民收入增速能高于经济增速,并不容易。要提振居民消费,促进居民消费的健康发展,不仅要考虑提高居民收入,还要考虑降低居民生活的成本。

居民生活的经济成本。在2015年全国居民人均消费支出中,食品烟酒消费支出占30.6%,居住消费支出占21.8%,交通通信消费支出占13.3%,教育文化娱乐消费支出占11%,医疗保健消费支出占7.4%,衣着消费支出占7.4%,生活用品及服务消费支出占6.1%。多年来,反映食品相关类消费支出占居民消费支出比例的恩格尔系数持续下降,2013年我国居民消费支出的恩格尔系数为31.2%,2015年下降到30.6%[60]。2015年,全国居民消费价格比2014年上涨1.4%[66]。2016年,全国居民消费价格比2015年上涨2.0%,其中,食品烟酒类价格上涨3.8%,居住类上涨1.6%,交通和通信类下降1.3%,教育文化和娱乐类上涨1.6%,医疗保健类上涨3.8%,衣着类上涨1.4%[7]。从整体看,我国居民消费价格比较平稳,在居民人均消费支出中比重排在前列的食品烟酒类价格稍有上涨,交通和通信类、教育文化和娱乐类等变化比较平和。同样在居民消费支出中比重排在前列的居住类价格2016年上升了1.6%[7]。据介绍,这里的居住类价格涉及建房及装修材料、房租、物业费、与居住有关的一些其他服务、水、电、燃气等，不涉及住房购买支出、购买价格，但考虑了拥有住房的居民的潜在房租[67]。而居住是人的基本需求，广大民众都希望拥有自己安稳的住房、安稳的家，大量城镇居民或在考虑未来的住房购买设想，或正在偿还购买住房的贷款。实际上，城镇住房价格除了在个别时期较为稳定或稍有下降外，长期以来呈现着大幅上涨的态势。近年来的城镇住房价格更是如此，不少大中城市的住房价格可称为飞涨。2016年12月举行的中央经济工作会议提出，要抑制房地产泡沫[68]。李稻葵（原中国人民银行货币政策委员会委员）指出，2016年房地产上涨的幅度让自己感到非常震惊[69]。按施永青（房地产行业知名人士、中原集团主席兼总裁）的观点，当前的房地产价格泡沫，使得房价过高、普通居民望尘莫及[70]。据相关资料，深圳市2016年9月的新房成交均价为61600元/平方米，比2015年同期上升超过70%[71]。由于住房价格、购买成本太高，面对高达家庭年收入十几倍、二十几倍或更高的住房购买费用而有住房购买设想或正在偿还住房贷款的城镇居民，往往不得不在数十年间、想方设法压缩各类消费支出，甚至"节衣缩食"。因此，将住房购买价格逐步降至合理水平，降低多数城镇居民的自住住房购买成本，是降低居民生活的经济成本、促进居民消费健康发展的重要举措。

养老保障成本也是居民生活的一项重要经济成本。30多年前，中国因人口过多而不得不实行计划生育政策，多数夫妇只能生育一个子女。生育一个子女的夫妇年老时，独生子女能起到的对父母的赡养作用相对薄弱。只有一个子女的夫妇往往需要更多的养老保障成本。生育率反映的是女性在育龄期预期生育子女总数；世界银行依据其2014年的调查，估计中国的生育率为1.6；这个生育率低于人口数量不下降所要求的生育率水平2.1[72]。中国2016年开始调整了计划生育政策，除例外情况外，允许一对夫妇生育两个子女。据2013年全国城乡居民生育意愿调查，中国居民的理想生育意愿平均为1.93个子女，而实际生育子女数量经常低于理想生育意愿，按多项研究的结果，中国的生育率估计在1.4~1.6[73]。中国老年人口的比重在未来一段时期将逐步增加。2016年底，中国60周岁及以上人口约2.3

亿人，占总人口的 16.7%；65 周岁及以上人口 1.5 亿人，占总人口的 10.8%[7]。65 周岁以上人口比重达到 14%，被国际上广泛认为是一个国家人口"老化"的标志；联合国预测，中国 65 周岁以上人口比重将在 2025 年达到 14% 的水平[74]。中国人口老龄化的状况和态势已比较明显。因而，会有更多的中国居民在进行生活规划时考虑更多的养老保障成本。总理在 2016 年人大会议记者招待会时谈到，有个别地方出现了养老金发放困难的问题，中央财政给予了支持，从长期看，中国居民的养老金发放没有问题[31]。如果养老金等社会养老保障的水平未来能得到逐步的提高，那么居民就可以降低其生活成本中的养老保障成本，这对居民消费支出会产生长期的提升作用。

居民生活的时间成本。电子商务将丰富的信息技术应用引入了居民生活中，商品即时呈现、瞬间比较价格、付款不必排队，为居民节约了大量时间。跨境电子商务综合试验区建设正在推进，交易规模快速增长，试点范围还将扩大[6,48]。跨境电子商务的发展，既降低了居民生活的经济成本，也为居民生活节省了时间。进一步发展电子商务及相关产业，对降低居民生活的时间成本，具有重要的积极效应。

目前，在许多领域，居民的消费活动还面临着较重的消费负担。汽车已成为越来越多的居民所青睐的热门商品。2015 年底，我国每百户家庭拥有的私人汽车为 31 辆[75]。2016 年，中国广义乘用车销量为 2385 万辆，同比增长 15.9%[76]。而在汽车制造、销售、维护、维修环节出现的消费者利益侵害问题屡屡发生，给不少汽车产品消费者带来了沉重的消费负担。2013 年，我国开始实施《家用汽车产品修理、更换、退货责任规定》，汽车产品消费者权益维护难的问题得到了明显改善。但在汽车或类似的技术密集型产品消费领域，消费者识别权益受损状况、维护权益时遇到的技术障碍较大，寻求检验测试时又常常面临检测难度大、检测费用高甚至检测无门的状况。在重要的技术密集型消费产品领域，还有待相关政府机构对可能的重要质量问题主动、及时介入，对重要的质量投诉及时采取监管措施。同时，应加大对承担质量问题责任的产品制造商的处罚力度。

在网络购物领域，随着消费者权益保护法在网购商品退货方面进行了修订，许多网购消费者的消费负担得到了减轻。但由于网络购物中存在着远程交易、卖方"隐形"的特点，对消费者而言，卖方信息往往是缺失的。王蕴指出，网络消费领域存在着取证维权难、权利和义务界定不清晰、异地监管和执法难等问题；据2014年《中国消费者报社》与36个省或市消费者协会的联合调查显示，52%的受访者认为，网络购物取证困难、维权成本较高；2015年1~9月，工商行政管理机关受理网络购物投诉同比增长1.3倍，网络购物投诉占消费投诉的比重超过了10%[50]。而不少网络购物经营者、中介平台对消费者权益并不重视，或面对业务量庞大的状况未投入必要的人力，使得许多消费者权益侵害问题未能得到有效处理。在有的领域，甚至呈现低劣、假冒商品层出不穷的态势。这种状况，必然会加重居民消费的负担，影响居民的消费意愿。在此，网购消费投诉快速取证、快速处理机制的构建具有重大的意义，建议有关部门积极探索。

（五）提升产品服务的品质与层次

随着经济的增长、民众收入的逐步提高，我国居民的消费需求正在经历着比较快速、显著的调整变化过程。我国居民的消费支出逐步增加；2011~2014年，扣除价格因素，城镇居民、农村居民人均消费支出年均实际分别增长6.3%、10.4%[8]；2015年，扣除价格因素，城镇居民人均消费支出实际同比增长5.5%，农村居民人均消费支出实际同比增长8.6%[66]。同时，居民消费的需求类型正在发生明显的变化。居民消费商品可以分为生存型消费商品、发展型消费商品、享受型消费商品。我国居民的生存型消费需求已得到相当程度的满足，生存型消费商品在我国居民消费商品中的比重逐渐下降。与生存型消费紧密相关的、反映食品相关类别消费商品占居民消费比重的恩格尔系数逐步降低，2015年恩格尔系数为30.6%[60]，接近联合国设置的20%~30%的生活富足标准[75]。肖立等谈到，2014年，我国居民的发展、享受型消费的比重达到39.3%[28]。我国居民对发展型、享受型消费品的需求正在增强。

中国产业趋势展望（1）

居民消费商品可以分为食品烟酒类、居住类、衣着类、交通和通信类、生活用品及服务类、医疗保健类、教育文化和娱乐类、其他用品及服务类8个主要类别。2013~2015年，全国居民人均教育文化娱乐消费支出年均增长11.0%，高于全国居民人均消费支出年均增幅2个百分点[60]。王雪琪等预计，未来我国城镇居民食品类和衣着类的消费占比将进一步下降，医疗保健类、交通和通信类及文教娱乐类消费的占比将会显著增加[77]。2015年，国内游客突破40亿人次，国内旅游收入超过3万亿元，国内居民出境12786万人次，增长9.7%[75]。据途牛旅游网的分析，2016年，中国的出境旅游人次、消费额都位居世界第一，18岁以下居民出境游人次比2015年增加了110%，通过途牛网预订2次及以上出境游的客户占比超过26%[78]。20年前遥不可及的出境、出国旅游，现已成为许多居民生活中的平常事。

2013~2015年，全国居民人均的交通和通信消费支出，年均增长13.3%，高于居民人均消费支出年均增幅4.3个百分点[60]。2013~2015年，居民人均通信工具支出，年均增长13.6%，高于居民人均消费支出年均增幅4.6个百分点[75]。具有通信工具基本属性的智能手机，越来越成为人们的娱乐用品。

食品类消费品方面，居民在消费过程中也越来越多地重视健康、养生的需求。据Wang等的研究结果，中国城市化程度较高的居民群体所摄入的蔬菜、水果逐渐增加，这使得其摄入的、源于蔬菜、水果的膳食纤维有所增加，总膳食纤维摄入量也出现上升；而膳食纤维对人体的健康状况具有重要生理影响[79]。

要推动居民消费的健康发展适应居民收入与消费支出增长、发展、享受型需求增强的消费特点，需要有效地提升产品、服务的品质与层次。但在现实中，许多产品、服务的品质、层次，并不能让消费者得其所愿。为此，国家"十三五"规划提出，要使产品、服务供给能力满足人民日益增长、不断升级和个性化的物质文化和生态环境需要，要扩大有效和中高端供给，开展改善消费品供给专项行动[11]。总理提出，要广泛开展质量提升行动[5]，要尽快拿出针对大众消费品的质量标准提高计划[80]；在国务院常务会议上也部署了促进消费品工业、增品种提品质创品牌的相关工作[33]。

国务院在质量发展纲要 2016 年行动计划中提出，以空气净化器、智能手机、儿童及婴幼儿服装、厨具、家具等消费者普遍关注的消费品为重点，开展改善消费品供给专项行动，组织实施消费品质量提升工程[81]。国务院还颁布了消费品标准和质量提升规划，要求在 2020 年实现重点领域的主要消费品与国际标准一致性程度达到 95%以上，重点领域消费品质量达到或接近国际先进水平，消费品质量竞争力指数稳定在 84%以上；建立广覆盖、保安全的消费品安全强制性国家标准体系，加快国内外标准接轨，建立消费品标准比对与报告制度，提高消费品国内国际标准一致性程度，推动实现内外销产品"同线同标同质"，建立企业标准领跑者制度，引导消费者更多地选择标准领跑者产品；并且，实施消费品质量技术基础"一站式"服务工程、消费品质量安全风险管理工程、进出口消费品质量提升工程，要以产业聚集区、国家自主创新示范区、高新技术产业园区等为重点来开展知名品牌创建工作，海外打假维权监测网在境外国家或地区的覆盖面在 2020 年达到 30%[23]。

国家发改委发布了促进消费带动转型升级行动方案，提出要努力增加高品质商品和服务供给，实施十大扩消费行动。其中，消费环境改善和品质提升行动，要求实施国家质量技术基础示范工程，开展 10 类消费品质量提升行动，绿色消费壮大行动强调对环保产品的推广[55]。

国家还提出要建立主要消费品质量安全追溯体系，建立商品质量惩罚性赔偿制度、消费品质量担保、销售者先行赔付、产品质量安全责任保险等制度，制定《电子商务产品质量监督管理办法》，在电商平台试点推广互联网"过滤"技术以构建网络销售产品质量的"防火墙"，建立健全失信黑名单制度，实施省级质量信用档案数据库建设试点，出台《电子商务企业信用信息共享规范》[81,55,23]；提出，推进消费品安全法、质量促进法等立法工作[23]。

在消费品质量安全领域，最受民众关注的应属食品安全。在韩国，禽流

中国产业趋势展望（1）

感疫情于 2003 年之后每隔两三年都会发生，2014 年起更是年年出现[1]。韩国在 2016 年 11 月出现禽流感疫情以来的约 2 个月内，不得不扑杀了全国近 1/3 的产蛋鸡；而一只鸡从孵化到生蛋约需要半年时间，韩国民众很可能将长期受到鸡蛋价高、紧缺的困扰[3]。在我国，过去 10 年，牛奶产品成为食品安全高发领域[16]。Dong 等谈到，2000 年起，牛奶产品逐渐成为中国政府倡导的提升膳食结构、人体健康状况的重要推荐食品；但中国牛奶产品近几年的消费量处于较低水平，城市居民的牛奶消费量甚至出现明显下降，2012 年的城市居民牛奶消费量比 2007 年下降了 15.92%；中国城市居民牛奶消费的收入弹性依然显著，但牛奶食品安全事件导致的消费风险感知程度的加剧削弱了收入对牛奶消费的拉升作用[15]。

习近平总书记谈到，食品安全领域存在的问题仍然不少，我国食品安全形势依然严峻；李克强总理指出，保障食品安全仍面临艰巨任务；张高丽副总理表示，影响食品安全的深层次问题还没有根本解决[24,82]。

为此，国家设立了最严谨的标准、最严格的监管、最严厉的处罚、最严肃的问责的"四个最严"原则综合治理农药兽药残留超标、土壤重金属污染、非法添加等食品安全问题[24]。同时，提出要建立"农安信用"频道，推进主要农资产品追溯体系建设，开展种子、水产行业信用评价，要制定《粮食质量安全监管办法》[81]；实施进出口消费品和食品质量安全、出口食品企业内外销"同线同标同质"工程[55]；要修订农药残留、兽药残留、重金属检测方法等强制性安全标准，制定网络食品信息描述规范[23]。并且，推动食品掺假造假行为直接入刑[82]。

提升产品、服务的品质和层次，维护产品质量安全，既需要得到法律、规章、政府监管工作的保障和支持，也需要作为产品、服务提供者的企业自觉为之而努力。

企业应积极开展产品的研发、技术创新工作，并且加强研发、技术创新工作与营销工作的协同。企业营销工作、营销战略应该重视对我国居民消费需求的分析、把握，进而与产品的研发、技术创新工作紧密配合。例如，我国农村居民的消费支出正呈现高于城镇居民消费支出的态势。

2011~2014年，扣除价格因素，农村居民人均消费支出年均实际增长10.4%，高于城镇居民的增长幅度6.3%[8]。据杨中卫等的研究，与城镇居民相比，食品消费支出占农村居民消费支出的比例较高，基本上存在10年的差距[83]。农村居民在消费方面普遍比较节俭克制，但在攀比心理的影响下，许多农村居民在节假日消费方面过于铺张[39]。对城镇居民而言，顾欣等指出，城镇居民的家庭设备及用品、医疗保健、居住等消费支出的弹性随收入的增加而下降[84]。王雪琪等主张，目前，城镇居民的教育文化娱乐类消费支出比重对未来所占的比重具有较强的正向影响[77]。企业还应考虑东西部地区的居民消费差异。据刘晓艳的研究，东部地区，少儿抚养比每减小1%，可以增加居民人均消费47.93元，老年抚养比每提高1%，可增加居民人均消费30.61元；而西部地区，少儿抚养比每减小1%，居民人均消费会增加6.02元，低于东部地区，而老年抚养比的变化对居民消费影响不大[85]。在老年居民消费方面，虽然对老年居民消费的制约因素较多，但老年居民的人均消费水平已高于居民总体的人均消费水平[86]。郭敏等的研究显示，与户主为年轻人的家庭相比，户主为老年人家庭的基本消费支出在家庭支出中比重较小，储蓄支出所占比重较大[87]。按相关研究，养老金多缴多得的措施、养老金的增加，对户主为男性的家庭消费支出具有积极影响[88]。朱勤等认为，居民步入老年阶段后，其医疗保健类、食品类以外的消费支出比重会下降[89]。余玲铮的研究表明，居民步入老年阶段后，其文化娱乐消费需求也会加速增长[90]。按途牛旅游网的分析，老年居民的旅游消费支出正在快速上升，2016年，56岁以上的游客占比18%，同比2015年上升88%[78]。

企业还应重点做好质量管理、生产制造等运营管理工作。其中，企业标准化工作是企业科学管理的重要基础，产品、服务品质管理的重要保障。企业标准化工作的有效开展，对提高管理者、普通员工的工作质量和效率具有重要的积极影响。企业需在质量管理、生产制造等运营管理工作中，加强对精益管理方法的吸收和引入。精益管理方法，强调企业管理的精细化、规范化、精益求精。精益管理方法与企业标准化工作的良好结合、相辅相成，对企业产品、服务的品质及层次的提升，可以起到关键的推动作用。

（六）新型城镇化建设的有效开展

部分学者认为，城镇化率与居民消费水平或者消费需求关联性不高[37]。范兆媛等的研究认为，城镇化水平的提高对居民消费率的直接拉动作用并不显著，这可能与城镇化水平提高对居民消费影响的滞后性、过高的住房价格、城镇化发展过程中的结构失衡有关[91]。也有一些研究认为，城镇化率与居民消费需求之间有着密切的关系，且城镇化建设对居民消费需求起到了积极的推动作用[37]。林伯强等对1998~2012年中国30个省份城镇居民消费的彩电、空调等5类家电产品数据进行分析后主张，随着城镇居民收入的提高，收入的增加对居民家电消费的影响力逐渐减弱；而与居民收入增加的影响相比，城市化（城镇化）水平的提升，对城镇居民家电消费的影响更加强烈，原因可能包括在城镇化过程中居民生活习惯的变化、居住条件的改善[27]。朱勤等对2050年预期状况的模拟研究表明，我国的城镇化预计会对2050年居民的各类消费表现出较大的促进作用，对居民消费总量的贡献率为14.9%[89]。汤春玲等指出，多数国内外相关研究认同城镇化建设与居民消费需求具有密切的关系[37]。

总理谈到，新型城镇化建设是中国最大的内需，特别是对中西部地区而言；要推动新型城镇化建设和农业现代化协调发展，让农村居民更多地进入城镇，让有条件的农村居民能够在城镇留下来[31]。

国家提出，在"十三五"期间，要加快农业转移人口的市民化，推进户籍制度改革和基本公共服务均等化，推进有能力在城镇稳定就业和生活的农业转移人口举家进城落户。并且，通过健全或建立以下几种机制来推动农业转移人口的市民化工作：

（1）财政转移支付与农业转移人口市民化挂钩机制。

（2）城镇建设用地增加规模同吸纳农业转移人口落户数量挂钩机制。

（3）财政性建设资金对城市基础设施补贴数额与城市吸纳农业转移人

口户数量挂钩机制。

同时，仍然维护进城落户农民的土地承包权、宅基地使用权、集体收益分配权，并支持引导他们依法、自愿、有偿转让这些权益[11]。

"十三五"期间，还要开展新型城镇化建设重大工程；要推进约1亿人的农业转移人口、其他常住人口在城镇落户，引导约1亿人在中西部地区就近城镇化，加快推进约1亿人居住的棚户区和城中村改造，培育形成一批新生中小城市、有特色资源的小城镇，提升符合条件的县城和特大镇综合功能[11]。总理在政府工作报告中谈到，2016年有1600万居民进城落户[5]。

肖立等谈到，按照国际一般规律，城镇化率达到50%以上，就进入了以城市社会为主的新成长阶段；2011年我国城镇化率为51.3%，首次超过50%[28]。2014年、2015年我国城镇化率分别为54.8%、56.1%[28,75]。2016年末，则达到57.35%[7]，我国的城镇化率处于相对较快的提升阶段，2011~2016年增加了11.8%。

未来，我国的城镇化建设将对居民消费产生相当大的拉动作用，对居民消费健康发展影响显著。据宁吉喆2016年的介绍，初步测算，我国城镇化率每提高1个百分点，拉动消费增长约1.8个百分点[75]。林伯强等的研究发现，1998~2006年，城市化（城镇化）率每提高1个百分点，居民空调拥有量相应提升2.4%[77]。

同时，我国的城镇化建设不应是现有城镇规模的一味扩大或简单地增加城镇的数量，应该是符合中国特性的、新型的城镇化建设。

在新型城镇化建设中，应优先开展中西部地区的城镇化工作，并相应投入更多的资源；让适合的中西部地区农村居民在家庭所在地附近、向城镇居民转变，让中西部地区居民向东部地区的迁移状况保持在适当的水平。这既适应了东部地区人口总体过于密集、多种人均资源相对缺乏的客观现实，又有利于缩小东部地区、中西部地区发展水平失衡的状况。

据介绍，发达国家的城镇化率多超过80%[75]。也有研究者指出，高收入国家的城镇化率约78%[27]。我国农村山地多、平原少，耕地较为分散，对农业机械化的制约条件较多。中国人口众多，需要具备口粮自主供应的能力,需要具备较高的农产品自我供给水平。我国农业需要相当规模的农村劳动力。因此,中国的城镇化率需要适应中国的发展特点,适合中国特性的城镇化率不一定会与发达国家当前的城镇化率基本一致。

(七) 对新兴产业、新技术、新产品、新商业模式发展的积极引导

新技术、新产品所带来的创新被许多经济学家认为是经济发展的重要推动力,新商业模式带来的创新性也对不少产业形成了积极影响。一些新技术、新产品、新商业模式甚至催生了新的产业。

近期,经济学者们对国家产业政策的作用进行了热烈的讨论。有的学者强调市场的自我调节能力,有的学者强调政府在经济发展中的调控作用[92]。实际上,包括发达国家在内的许多国家都在通过产业政策引导一些新技术、新产品、新兴产业的发展。为推动人工智能、机器人领域新技术、新产品的发展,欧盟委员会启动了由其出资 7 亿欧元的"火花"计划,日本通过"新产业发展战略"对其进行重点扶持,韩国设立了"智能机器人基本计划"[93]。熊彼特(著名经济学家、创新理论开创者之一)认为,实施创新是很困难的,往往初期只有少数的创新者能够获得成功;当较成功的创新者逐渐克服了各种障碍时,才能带动后来者,使创新成果成为普遍的事物[94]。为此,国家很可能对经济、社会形成突出影响的新兴产业、新技术、新产品、新商业模式给予积极的引导乃至扶持。相关的新兴产业、新技术、新产品、新商业模式的成长,也将对居民消费的健康发展带来新的重要动能。据相关资料,滴滴出行平台运用网络约车这一新的商业模式推出的网络约车服务,2014 年 10 月~2016 年 8 月,在常住人口不超过 400 万人的厦门市,便形成了 235.7 万人次的居民消费规模[95]。

国家提出,要支持可穿戴设备、智能家居、数字媒体等信息消费,发展乡村旅游、红色旅游、生态旅游、研学旅行,扩大和引导文化消费,发展通用航空、邮轮游艇等时尚消费[6]。政府在"十三五"规划中谈到,要支持信息、绿色、时尚、品质等新型消费,推动线上线下融合等消费新

模式发展[11]。这其中,便涉及了大量的新技术、新产品、新商业模式、新兴产业。而随着老年居民的人数、比重的增加,如何将新技术融入老年居民消费领域,如何在老年居民消费方面构建新的商业模式,甚至发展出新的老年居民消费产业,有必要成为政府积极引导的重点方向。

柳传志(联想公司创始人之一、知名企业家)认为,很多人觉得传统实业没什么可做的,而实际上还有很大的空间,包括消费、服务产业[45]。网络约车服务等分享经济消费模式、产品便是一类应积极引导的新商业模式、新产品。分享经济消费模式也被称为合作式消费模式。汤跃跃等指出,通过合作式消费模式,居民可以将自己的住房等闲置资源的使用权与他人分享,可以与他人分享自己的厨艺与所做的美食,并获得收益,可以与他人分享自己的私家车资源,同时提供驾驶服务;通过分享经济、合作式消费模式,既帮助拥有者发挥了闲置资源的效用,又为消费者提供了低成本、个性化的消费服务;这一新兴消费模式,具有很强的生命力[96]。房屋短期租赁平台 Airbnb,2008 年成立后至 2011 年,通过该平台发布的短期租赁房源有 1.2 亿个,涉及 191 个国家和地区、近 3.4 万个城市,通过其提供的房屋短期租赁服务增长了 8 倍[96]。国家也提出,要支持分享经济消费新业态的发展[55]。

关于文化产品,国家提出,鼓励各级文博单位通过委托经营、授权经营等方式,加强与第三方文创企业合作,共同开发文博创意产品[55]。在新型文化产品方面,故宫博物院为我们提供了丰富的经验。据单霁翔(故宫博物院院长)介绍,故宫博物院文化产品的研发方向在历史性、知识性之上增加了趣味性、实用性的内容,如"正大光明"充电器、朝珠耳机、彩绘俑晴雨伞、故宫宫门箱包、珐琅腕表等。其中,朝珠耳机给许多消费者带来了当皇帝的体验,广受欢迎,获得全国文创产品大奖赛的第一名[97]。故宫博物院文化产品——手机座,进入网上商城 1 小时,便销售了 1500 个;《故宫日历》的销量在 2010~2015 年增长了 8 倍以上[98]。故宫博物院还安排中央美术学院、清华大学美术学院等著名院校的艺术专业人员与本单位专家合作,共同开发《胤禛美人图》《韩熙载夜宴图》等手机应用软件[98]。

"皇帝的一天"手机应用软件,让少儿体验到了皇帝的衣食起居,体验到有作为皇帝的工作、学习精神,起到了特殊的教育作用。故宫博物院还通过在其他城市设立紫禁书院等推广故宫文化、故宫文化创意产品[97]。截至2015年底,故宫博物院已研发了8683种文创产品[98];2015年上半年,故宫博物院文创产品利润近8000万元,2013~2015年,故宫博物院文创产品销售额从6亿元增长到近10亿元[98],增长了约67%。这一成绩,也得益于故宫博物院在文化产品研发过程中对合作机构实施了更严格的管理。如故宫博物院从加强对故宫文化的理解与表现等出发,对文化产品研发合作机构进行了严格的考核[98]。

(八)提升产品服务及其品牌的竞争力,推动海外消费回流

据宁吉喆(国家统计局局长)的介绍,我国的消费外流现象比较严重,2015年我国游客境外消费超过了1.2万亿元[75]。我国居民在海外旅行时为什么会积极地购买国外的产品?本书认为,这主要涉及以下几方面原因:

一是出境的中国居民希望在海外购买国外的特色产品,有的是用以增加自己的旅行体验,有的是作为自己的旅行纪念品,有的是作为馈赠亲友的礼品。

二是在国内市场上,产品、服务的供给结构还有一些不合理之处。一些企业在营销等职能领域的产品策略、产品规划工作方面存在薄弱环节,未能有效地发掘国内居民的潜在需求、开拓潜在市场。某国产智能马桶盖生产企业负责人表示,中国游客涌向日本抢购智能马桶盖之前,国内很少有人知道智能马桶盖或使用过该类产品,智能马桶盖在零售网点不太容易出售,国外品牌智能马桶盖相应地也没有在国内大范围供货的基础[99]。同时,有些外销产品的内资制造企业对以往在海外市场的营销经验、营销策略、营销业绩过于依赖,不愿去开拓可能存在一定困难的境内市场。

三是不少内资企业产品服务及其品牌的竞争力存在着明显不足。这是我国消费外流、我国居民在海外旅行时积极地采购国外产品的最重要的原因。其中,主要包括:

内在产品的质量竞争力不足。许多内资企业在产品、服务的研发、技术创新、生产制造、质量管理等管理职能方面，与国际先进水平还存在相当的差距，这使得其内在产品（其体现产品的使用价值）的质量竞争力存在不足。国内居民在国外购买智能马桶盖的部分原因也在于一些国外智能马桶盖内在产品的质量竞争力较强。李强（清华大学社会科学学院院长）认为，民众到日本抢购马桶盖、到德国买锅的原因涉及产品质量、制造工艺水平的差异[100]。在葡萄酒方面，一些葡萄酒企业的质量问题屡屡出现，使得不少民众对国内品牌葡萄酒的信任度受挫[101]。而一些企业在国内、国外标准有别、消费者需求差异、营销策略、成本目标不同等因素的影响下，对国内销售的产品设定了较低的内在产品质量目标，对海外销售的产品设定了较高的内在产品质量目标。这也导致一些内销产品的内在产品质量竞争力较弱。王珂等指出，有的企业，外销香港地区的牛肉丸品质水准比内销的高出一个档次；某款在中国生产、在日本销售的优质电饭煲在中国难觅其踪[99]。

形式产品的质量竞争力不足。一些内资企业的产品，虽然内在产品的质量竞争力达到了国外品牌产品的水平，但外观、款式、包装等形式产品的质量竞争力有所不足。这也使得产品整体的质量竞争力相对较弱。许多国外企业在其形式产品的质量提升方面投入了大量的资源，构建了一定的形式产品质量优势。因而，有些国外品牌服装即便使用了与国内品牌服装相同的面料、生产工艺，款式却更胜一筹，更受消费者青睐。一些国外小型家电产品的内在产品质量与国内品牌产品一致，但外观更加时尚、精致，更吸引国内消费者。

产品的品牌竞争力较弱。消费者在选购产品时，不仅会考虑内在产品、形式产品的质量水平，还要考虑产品的品牌形象、品牌体验、品牌所隐含的信誉。一些国外企业擅长通过内在产品与外观、包装等形式产品的质量、柜台展示设计、电视广告、互联网广告、品牌代言人等多个方面的整体营销举措，以构建品牌形象、品牌信誉、品牌竞争力；并逐渐在许多消费者心中形成了独特甚至独一无二的品牌地位。例如，国外的巧克力产

中国产业趋势展望（1）

品乃至国内生产的国外品牌巧克力产品在国内消费者心目中构筑了优越的品牌地位，在市场上也形成了很强的垄断力量。在许多商场，国内品牌的巧克力产品不见踪影。在脆皮果仁巧克力领域，某款国外产品近乎独步天下。许多居民在国外企业营销措施的影响下，认为某些外国、国外某些地区是优质葡萄酒的出产地，购买葡萄酒时更认同国外品牌甚至国外特定产地的产品。不少国外企业进入国内市场后，在一定程度上还凭借国内消费者在海外市场上对其产品形成的较高品牌信任度，设定了远高于进口成本、远高于合理水平的售价。如一些日本无印良品系列产品在中国市场的售价便相当于其在日本市场上的两倍[102]。这种现象也使得一些出境居民乐于在海外购买与在中国的售价相比价格较低的国外产品。同时，消费支出具有较强的惯性[77]。这种消费惯性很大一部分源于相关产品的品牌竞争力优势。有些内资企业甚至利用这种消费惯性，乐衷于将外文名称作为自己的产品品牌，乐衷于为自己的产品塑造一种国外品牌的形象。虽然这可能有助于提高自己的经营业绩，但客观上对相关内资产品、内资品牌的整体发展形成了消极影响。

国家提出，在"十三五"期间，要积极引导海外消费的回流[11]。《消费品标准和质量提升规划（2016~2020年）》指出，我国的消费品标准和质量还难以满足人民群众日益增长的消费需求，呈现较为明显的供需错配，消费品供给结构不合理，这些都制约了国内消费的增长，甚至造成消费的外流；要加快国内外标准接轨工作，提高消费品国内国际标准一致性程度，推动实现内外销产品"同线同标同质"[23]。

除了在标准方面采取相关举措及推动国内企业提升产品质量，结合关于居民在境外购买国外产品主要原因的论述，建议国家对国内企业在内销产品的外观、款式等形式产品方面的质量提升工作给予鼓励，并制定一定的措施激励国内企业与外部机构在营销战略规划、品牌策略制定等方面的合作。进而，通过国家、企业的共同努力，提升内销产品尤其是内资品牌内销产品、服务及其品牌的竞争力，带动居民海外消费的回流，促进居民消费的健康发展。

参考文献

[1] 成硕. 防控不力 韩国遭遇史上最强禽流感灾难 [EB/OL]. http://korea.people.com.cn/n1/2016/1228/c407864-28984019.html, 2016-12-28.

[2] 李丽超. 美国向韩国输送首批鸡蛋帮韩应对禽流感疫情影响 [EB/OL]. http://world.huanqiu.com/exclusive/2017-01/9937039.html, 2017-01-12.

[3] 叶青. 韩国禽流感蔓延 鸡蛋价格飙升变"金蛋" [EB/OL]. http://finance.sina.com.cn/roll/2017-01-06/doc-ifxzkfuk2670778.shtml, 2017-01-06.

[4] 国务院. 政府工作报告（全文）[EB/OL]. http://www.gov.cn/guowuyuan/2016-03/17/content_5054901.htm, 2016-03-17.

[5] 新华社. 政府工作报告——2017年3月5日在第十二届全国人民代表大会第五次会议上 [EB/OL]. http://www.gov.cn/premier/2017-03/16/content_5177940.htm, 2017-03-16.

[6] 发改委. "两会"授权发布：关于2015年国民经济和社会发展计划执行情况与2016年国民经济和社会发展计划草案的报告 [EB/OL]. http://www.gov.cn/xinwen/2016-03/18/content_5055334.htm, 2016-03-18.

[7] 国家统计局. 2016年国民经济实现"十三五"良好开局 [EB/OL]. http://www.stats.gov.cn/tjsj/zxfb/201701/t20170120_1455942.html, 2017-01-20.

[8] 国家统计局. 新常态新战略新发展——"十二五"时期我国经济社会发展成就斐然 [EB/OL]. http://www.stats.gov.cn/tjsj/zxfb/201510/t20151013_1255154.html, 2015-10-13.

[9] 国家统计局. 国家统计局新闻发言人就2016年5月国民经济运行情况答记者问 [EB/OL]. http://www.stats.gov.cn/tjsj/sjjd/201606/t20160613_1366733.html, 2016-06-13.

[10] 刘东皇, 谢忠秋, 王志华. 新常态下中国需求动力结构转换的困境与路径 [J]. 理论月刊, 2016 (11): 139-143.

[11] 国务院. 中华人民共和国国民经济和社会发展第十三个五年规划纲要 [EB/OL]. http://www.gov.cn/xinwen/2016-03/17/content_5054992.htm, 2016-03-17.

[12] Alicia M. Fletcher, Kitty H. Gelberg. An Analysis of Mercury Exposures Among the Adult Population in New York State [J]. Journal of Community Health, 2013 (38): 529-537.

[13] Abdelhamid Cherfi, Mohamed Achour, Malika Cherfi, Samia Otmani, Assia Morsli. Health Risk Assessment of Heavy Metals through Consumption of Vegetables Irrigated with Reclaimed Urban Wastewater in Algeria [J]. Process Safety and Environmental Protection, 2015 (98): 245-252.

[14] Hua Zhang, Xinbin Feng, Thorjrn Larssen, Guangle Qiu, Rolf D. Vogt. In Inland China, Rice, Rather than Fish, Is the Major Pathway for Methylmercury Exposure [J]. Environmental Health Perspectives, 2010, 118 (9): 1183-1188.

[15] Xiaoxia Dong, Zhemin Li, Shiwei Xu, Chao Zhang. Urban Residents' Consumption Risk Perception about the Dairy Products [J]. Asian Agricultural Research, 2016, 8 (1): 61-66.

[16] Xiaoxia Dong, Zhemin Li. Food Safety Issues in China: a Case Study of the Dairy Sector [J]. Journal of the Science of Food & Agriculture, 2015, 96 (1): 346-352.

[17] 青木, 王盼盼. 德国牛奶在中国卖出全球最高价成"奢侈品" [EB/OL]. http://business.sohu.com/20130819/n384518272.shtml, 2013-08-19.

[18] 李雅琦. 中国奶业协会：中国奶制品安全性超过其他所有食品 [EB/OL]. http://www.thepaper.cn/newsDetail_forward_1514538, 2016-08-16.

[19] 钟晶晶, 李静. 承诺降价奶粉企业已达8家 [N]. 新京报, 2013-07-11 (B03).

[20] 东方早报. 德国限购奶粉 或因中国留学生大量代购 [EB/OL]. http://money.163.com/15/0410/10/AMR6CO6200253B0H.html, 2015-04-10.

[21] 陆志霖. 奶粉代购价连番上涨 [N]. 羊城晚报, 2013-02-25 (A15).

[22] 李亚蝉. 香港3月起奶粉限出境违者罚50万港元监禁2年 [EB/OL]. http://news.xinhuanet.com/baby/2013/02/25/c_124383167.htm, 2013-02-25.

[23] 国务院办公厅. 国务院办公厅关于印发消费品标准和质量提升规划（2016~2020年）的通知 [EB/OL]. http://www.gov.cn/zhengce/content/2016-09/12/content_5107628.htm, 2016-09-12.

[24] 新华社. 习近平对食品安全工作作出重要指示 [EB/OL]. http://news.xinhuanet.com/politics/2016-01/28/c_1117928826.htm, 2016-01-28.

[25] 张欢, 徐康宁. "中等收入陷阱"视角的收入差距、消费支出与经济增长研究 [J]. 经济问题探索, 2016 (12): 10-17.

［26］朱惠莉.中国居民消费结构波动周期实证研究：1979-2014［J］.东南学术，2016（1）：137-143.

［27］林伯强，刘畅.收入和城市化对城镇居民家电消费的影响［J］.经济研究，2016（10）：69-81.

［28］肖立，杭佳萍.大众消费时代的居民消费特征及消费意愿影响因素分析——基于江苏千户居民家庭消费专项调查数据［J］.宏观经济研究，2016（2）：120-126.

［29］Li Gang. China's Economic Transformation Augurs Global Opportunities［J］. China Today，2016，65（4）：55-57.

［30］John H. Makin. Does China Save and Invest Too Much［J］. Cato Journal，2006，26（2）：307-315.

［31］中国政府网.李克强总理回答中外记者提问（文字实录）［EB/OL］. http：//www.gov.cn/guowuyuan/2016-03/16/content_5054308.htm，2016-03-16.

［32］江金泽.谁将坐上白宫宝座？换个统计角度看，特朗普其实没戏［EB/OL］. http：//wallstreetcn.com/node/260683，2016-09-01.

［33］冯彪.强化消费品监管 国务院将推惩罚性巨额赔偿制度［N］.每日经济新闻，2016-05-12（03）.

［34］新华社.中共中央 国务院印发《国家创新驱动发展战略纲要》［EB/OL］. http：//www.most.gov.cn/yw/201605/t20160520_125675.htm，2016-05-19.

［35］周程程.创新型国家2030战略确立 我国将实施一批重大科技项目和工程［N］.每日经济新闻，2016-05-31（01）.

［36］山西广播电视台综合广播频道.总理关注的圆珠笔头终于造出来了，有望完全替代进口［EB/OL］. http：//www.gov.cn/premier/2017-01/09/content_5158060.htm，2017-01-09.

［37］汤春玲，马跃如.西部地区城镇化发展水平对居民消费需求关系实证研究［J］.财经理论与实践，2016，37（6）：125-129.

［38］王小华，温涛，朱炯.习惯形成、收入结构失衡与农村居民消费行为演化研究［J］.经济学动态，2016（10）：39-49.

［39］王保花，鹿方圆.我国农村居民消费行为特征及影响因素研究［J］.理论与改革，2016（1）：156-160.

［40］陈冲.基于消费需求最大化视角下的最优居民收入差距研究［J］.西安电子科

技大学学报（社会科学版），2015，25（4）：34-42.

［41］王小华，温涛.农民收入"超常规增长"的理论依据、积累效果与政策启示［J］.西南大学学报（社会科学版），2016，42（1）：55-63.

［42］国务院.国务院批转发展改革委等部门关于深化收入分配制度改革若干意见的通知［EB/OL］.http：//www.gov.cn/xxgk/pub/govpublic/mrlm/201302/t20130204_65899.html，2013-02-03.

［43］郭长林.积极财政政策、金融市场扭曲与居民消费［J］.世界经济，2016（10）：28-52.

［44］毛军，刘建民.财税政策、路径依赖与中国居民消费的区域均衡发展［J］.中国经济问题，2016（6）：50-63.

［45］李少婷.联想控股半年成绩单喜忧参半 IT与食品板块业绩分化［N］.每日经济新闻，2016-08-31（04）.

［46］陈亮，顾乃康.中国居民非理性消费行为：货币错觉抑或过度反应［J］.财贸研究，2016（5）：1-9.

［47］Tao Tian，Xiaochun Xu，Pengling Liu，Chung-chia Lee. Study on the Developmental Efficiency Evaluation of Rural Information in China and its Influence Factor Analysis［J］. INMATEH-Agricultural Engineering，2014，43（2）：169-182.

［48］商务部，中央网信办，发展改革委.电子商务"十三五"发展规划［EB/OL］.http：//images.mofcom.gov.cn/dzsws/201612/20161229191628547.pdf，2016-12-29.

［49］王海波.网络零售业态发展的经济效应及对策［J］.理论与改革，2016（1）：161-164.

［50］王蕴，梁志兵.制约消费潜力释放的突出问题探析［J］.宏观经济管理，2015（12）：18-20.

［51］中国互联网络信息中心.中国互联网络发展状况统计报告（2016年7月）［R］.中国互联网络信息中心，2016.

［52］Sampsa Kiiski，Matti Pohjola. Cross-country diffusion of the Internet［J］. Information Economics and Policy，2002（14）：297-310.

［53］Neil Wrigley，Daniel Warm，Barrie Margetts，Amanda Whelan. Assessing the Impact of Improved Retail Access on Diet in a "Food Desert"：A Preliminary Report［J］. Urban Studies，2002，39（11）：2061-2082.

[54] 张昊.改善零售服务供给与挖掘居民消费潜力[J].商业经济与管理,2016(11):5-16.

[55] 发改委.关于印发促进消费带动转型升级行动方案的通知[EB/OL].http://www.ndrc.gov.cn/zcfb/zcfbtz/201604/t20160426_799488.html,2016-04-26.

[56] 灵犀.全球最富8人 富可敌"半球"[N].广州日报,2017-01-17(A10).

[57] 刘曦.乐施会:全球最富8人富可敌"半球"财富抵36亿贫人总和[EB/OL].http://news.xinhuanet.com/gongyi/2017/01/17/c_129449879.htm,2017-01-17.

[58] 汇通网.OECD发布成员国贫富差距榜单,美国收入差异排第三[EB/OL].http://finance.sina.com.cn/stock/usstock/c/2017-01-16/doc-ifxzqnip1396272.shtml,2017-01-16.

[59] 吴伟.我国居民收入差距研究——基于扣除生活成本地区差异的方法[EB/OL].http://www.stats.gov.cn/tjzs/tjsj/tjcb/dysj/201608/t20160808_1385893.html,2016-07-26.

[60] 国家统计局.居民收入快速增长 人民生活全面提高——十八大以来居民收入及生活状况[EB/OL].http://www.stats.gov.cn/tjsj/sjjd/201603/t20160308_1328214.html,2016-03-08.

[61] 中新网.统计局:2016年基尼系数为0.465 较2015年有所上升[EB/OL].http://finance.chinanews.com/cj/2017/01-20/8130559.shtml,2017-01-20.

[62] 王增文.中国经济新常态下社会中等收入阶层培育策略研究——基于人均GNI波动视角[J].上海交通大学学报(哲学社会科学版),2016,24(2):23-32.

[63] 宋宝安,邓永强,李德成.贫困对扩大内需的影响[J].黑龙江社会科学,2015(6):74-80.

[64] 常钦."十三五"脱贫攻坚怎么干[N].人民日报,2016-12-03(03).

[65] 国务院.国务院关于印发"十三五"脱贫攻坚规划的通知[EB/OL].http://www.gov.cn/zhengce/content/2016-12/02/content_5142197.htm,2016-12-02.

[66] 国家统计局.2015年国民经济和社会发展统计公报[EB/OL].http://www.stats.gov.cn/tjsj/zxfb/201602/t20160229_1323991.html,2016-02-29.

[67] 王立彬,刘铮.新华视点:居民消费价格指数为何与百姓感受不同[EB/OL].http://www.gov.cn/jrzg/2006-07/19/content_340709.htm,2006-07-19.

[68] 新华社.中央经济工作会议在北京举行 习近平李克强作重要讲话[EB/OL].http://news.xinhuanet.com/politics/2016-12/16/c_1120133804.htm,2016-12-16.

[69] 金彧. 当前最大的潜在泡沫是房地产 [N]. 新京报，2016-11-25（A特010）.

[70] 经济观察报. 房产中介教父：房地产存3大泡沫 不赞成现在买房 [EB/OL]. http：//business.sohu.com/20161113/n473031877.shtml，2016-11-13.

[71] 经济观察报. 深圳房价调控一周下跌24% 预计成交量将进一步下降 [EB/OL]. http：//business.sohu.com/20161016/n470378456.shtml，2016-10-16.

[72] 杨缘，康河信. 中国遭遇"精子危机" [EB/OL]. http：//www.ftchinese.com/story/001070346#s=p，2016-11-29.

[73] 王羚. 全面两孩一周年：多出生人口一百万左右，远低于预期 [EB/OL]. http：//news.163.com/17/0109/23/CACIQCQJ0001899N.html，2017-01-09.

[74] 巴曙松，朱虹. 人口老龄化对中国金融体系的影响 [N]. 21世纪经济报道，2016-12-09（04）.

[75] 宁吉喆. 以消费升级为导向 加快推进供给侧结构性改革 [N]. 经济日报，2016-03-29（03）.

[76] 王禁. PSA在华全线溃败 两家合资企业销量均大幅下滑 [N]. 证券日报，2017-01-13（C2）.

[77] 王雪琪，赵彦云，范超. 我国城镇居民消费结构变动影响因素及趋势研究 [J]. 统计研究，2016，33（2）：61-67.

[78] 厦门晚报. 中国再获出境旅游人次和消费额双冠军 [N]. 厦门晚报，2017-01-17（B3）.

[79] HJ Wang, ZH Wang, JG Zhang, WW Du, C Su, J Zhang, FY Zhai, B Zhang. Trends in Dietary Fiber Intake in Chinese Aged 45 Years and Above, 1991-2011 [J]. European Journal of Clinical Nutrition，2014（68）：619-622.

[80] 李之南. 李克强：要用先进标准倒逼"中国制造"升级 [EB/OL]. http：//www.gov.cn/xinwen/2016-04/06/content_5061783.htm，2016-04-06.

[81] 国务院办公厅. 国务院办公厅关于印发贯彻实施质量发展纲要2016年行动计划的通知 [EB/OL]. http：//www.gov.cn/zhengce/content/2016-04-19/content_5065730.htm，2016-04-19.

[82] 新华社. 习近平对食品安全工作作出重要指示 [EB/OL]. http：//politics.people.com.cn/n1/2017/0103/c1024-28996103.html，2017-01-03.

[83] 杨中卫,胡浩,范金.基尼系数视阈下中国居民消费差异研究[J].经济问题探索,2016(1):27-32.

[84] 顾欣,应珊.我国城镇居民不同收入群体的消费需求分析[J].江苏社会科学,2016(5):18-24.

[85] 刘晓艳.人口年龄构成变动与居民消费关系的实证研究[J].西安电子科技大学学报(社会科学版),2016,26(1):35-42.

[86] 乐昕,彭希哲.老年消费新认识及其公共政策思考[J].复旦学报(社会科学版),2016(2):126-134.

[87] 郭敏,李晓峰.城镇家庭消费行为的差异化[J].中国金融,2016(20):93.

[88] 孟醒,申曙光.基本养老金财富对居民消费的激励效应——基于分位数回归的研究[J].中山大学学报(社会科学版),2016,56(1):197-208.

[89] 朱勤,魏涛远.中国人口老龄化与城镇化对未来居民消费的影响分析[J].人口研究,2016,40(6):62-75.

[90] 余玲铮.中国城镇家庭消费及不平等的动态演进:代际效应与年龄效应[J].中国人口科学,2015(6):69-79.

[91] 范兆媛,周少甫.城镇化与人口年龄结构对居民消费的影响[J].城市问题,2016(10):97-103.

[92] 周浩.产业政策大讨论:林毅夫这次为什么更受欢迎[EB/OL].http://www.ftchinese.com/story/001069535#s=d,2016-09-28.

[93] 任彦.欧盟启动全球最大民用机器人研发计划[N].人民日报,2014-06-10(22).

[94] 熊彼特.经济周期循环论[M].叶华编译.北京:中国长安出版社,2009.

[95] 王绍亮,李玫.235.7万人在厦门坐过滴滴车[N].厦门晚报,2016-09-01(A7).

[96] 汤跃跃,张毓雄.合作式消费是驱动中国经济转型升级的内生动力[J].现代经济探讨,2016(10):5-9.

[97] 龚小莞.充分挖掘文化遗产资源 转化成能被接受的信息[N].厦门晚报,2016-09-24(A6).

[98] 陈杰,张致宁."故宫文创"10亿销售额炼成记[N].北京商报,2016-04-20(04).

[99] 王珂,林丽鹏,王观.我们成了"品质洼地"吗[N].人民日报,2016-12-02(017).

[100] 李强.清华社科院院长李强演讲实录:怎样看待我国的社会结构与社会分层(上)[EB/OL].http://mp.weixin.qq.com/s?timestamp=1462469683&src=3&ver=1&signature=oV7bRSeeAhhnyNJhq4moNfL0Zqb90qFR3xch8WJhY18ZVFrI9x9tH4qlKltORCKGutlNaRriUUf2aadfX2rFM6OT*NsVQk4tiNoPXaLzWlyLIo*wC27zgDN9I03GfLGm0YZTTIb39mXc-xqE7 Gtk5vz5JA4RAzB2FcVyHMYF-4Ck=,2016-05-04.

[101] 栾立.国产葡萄酒遭遇新一轮冲击[N].第一财经日报,2016-09-23(A07).

[102] 陈琼.无印良品明年在日本先行降价[N].北京晨报,2016-11-30(B10).

高新技术产业和装备制造业篇

一、近期态势

(一) 高新技术产业和装备制造业的较快发展

我国在高新技术、装备制造领域已取得了一系列重要的成果,许多高新技术产业、装备制造业实现了较快的发展。总理在 2017 年政府工作报告中谈到,我国的高技术产业、装备制造业增长较快[1];在 2016 年政府工作报告中指出,我国的高速铁路(营业里程)超过 1.9 万千米,已占到世界的 60% 以上,已建成全球最大的第四代移动通信网络,量子通信、中微子振荡、高温铁基超导等基础研究取得一批原创性成果,载人航天、探月工程、深海探测等项目达到世界先进水平[2]。

我国的轨道交通技术、产业,经过多年的自主发展与积极的引进、吸收,已达到了较高的水平。据有关说明,中国的高铁网络是世界上规模最大、现代化程度最高的高铁网络,年运送人次不低于 9.1 亿人次,占全球高铁年运送旅客人次的 55%,具有在多种地形地貌和气候条件下建设运营高铁的丰富经验[3]。2015 年 10 月,中国铁路总公司牵头的中国企业联合体,在与日本政府大力支持的日本企业的激烈竞争中胜出,与印度尼西亚国有建设公司牵头的印度尼西亚国有企业联合体签署了合资建设印度尼西亚雅万高铁项目的协议[4]。不仅产品的技术领先,而且工程建设时间较短。在印度尼西亚雅万高铁项目洽谈期间,日本企业提出的项目完工时间是 8 年后,而中国企业提出的项目完工时间约 5 年,中国企业的施工周期具有明显优势[5]。我国在地铁产品、技术方面也具有相当的优势。2014 年 10 月,中国北车公司在世界上最早建成的地铁之一——美国波士顿红

中国产业趋势展望（1）

线和橙线地铁的284辆地铁车辆采购项目中中标[6]。"十三五"期间，我国的轨道交通产业还将继续实现较快的发展。届时，预计高铁营业里程将达到3万千米、覆盖80%以上的大城市[2]。

近几年来，中国航空工业在多个领域取得了重大突破。民用航空飞行器方面，取得了自主研制的C919大型客机总装下线、首飞成功、ARJ21新型支线飞机首架交付等成果[7,8]。20世纪80年代，中国第一款大型客机运-10的研制项目在取得了很大进展但资金等条件不足的情况下遗憾地终止。如果没有新一代自主研制的大型客机，那么未来20年间仅类似C919客机这一层级的，有五六千架的客机需求量[9]，就只能依赖于发达国家制造的客机。随着2015年11月中国自主研制的C919大型客机总装下线、成功首飞，这种被发达国家大型客机垄断市场的局面即将扭转。据介绍，C919大型客机的设计性能超过了大部分同类机型，空气阻力预计减少5%，舱内噪声能降到60分贝以下，明显低于国外同类机型的80分贝，升阻比、巡航特性、失速特性、结冰特性等指标优于竞争机型，价格低于国外同类机型，总装下线时意向订单已有500余架[9]。而我国首架自主研制的喷气式客机ARJ21-700飞机于较早前的2007年12月总装下线，经过多年努力，2014年12月通过了与国际标准接轨的适航认证[9]。2016年6月，完成过2942架次试飞、环北半球飞行超过3万千米的ARJ21客机，正式投入商业运营[10]。

在军用飞机领域，2016年11月1日，多年来备受关注的我国隐形战斗机——歼20首次公开亮相。长期落后于国际先进水平的中国战斗机终于率先赶上了国际顶尖水平。曾几何时，西方发达国家对中国进行航空技术的封锁。中国只能自己进行探索。让很多人难以想象的是，这款隐形战机的研制机构曾经长期处于各种困境之中，甚至在20世纪90年代的某个时期，有的研究部门不得不靠做筷子的包装纸来生存。但就是这样，他们仍在1998年研制出了世界一流的数字式电传飞行控制系统，使得新型飞机首飞一次成功[11]。如今，我国自主研发的隐形战斗机——歼20已采用了先进的有源相控阵雷达、电子战、光电技术、全动垂尾技术，达到了国际一流水平，成为目前唯一有实力与美国F-22争夺制空权的战机[12]。2016年，我国在军用飞机方面还取得了一项重大进展。2016年7月6日，我国自主研发的第一款大型运输机——运20交付部队、正式列装。9年前国家大型飞机重大科技专项正式立项。3年后，该大型运输机项目发出设计图纸。5年后，运20飞机用了约国外同类飞机一半的时间便实现首飞。9年后，运20交付部队，我国成为拥有自主研制200吨级大型运输机的少数国家之一，创造了世界上同类飞机研制交付的新纪录[13]。

随着斯诺登将美国通过互联网监视全球的行为的曝光，人们对互联网、通信网络的安全问题普遍感到担忧。而运用总理2016年报告中所提到的量子通信技术有望显著地改善网络安全问题。2016年8月，世界首颗量子科学实验卫星在中国的成功发射，代表着网络信息的保密传输问题有了重大进展。2008年，在合肥，中国科技大学的科研人员建成了世界首个量子保密电话系统[14]。量子通信系统所具有的、极高的信息传输安全性源于量子的不可分割、不可克隆和测不准的特性，一旦存在窃听，就会被发送者察觉并规避[15]。潘建伟院士指出，量子通信技术是革命性的技术；传统的信息安全技术源于复杂的算法，如果窃密方的计算能力足够强大，传统的保密算法难免会被破解，而量子通信能够从根本上、永久性解决信息安全问题。通过量子通信卫星，有望实现在数千千米之间甚至覆盖全球的广域量子保密通信[15]。发射全球第一颗量子通信卫星，确立了我国在国际量子通信研究中的领跑地位[14]。国际权威《Nature》杂志上的文章指出，10年前，中国在量子通信领域并不起眼，如今已成为可能领先欧美的重要国家[16]。

理论研究、工程应用，例如核物理研究、新材料、气象分析、药品开发、飞行器研制等，越来越多地需要得到超级计算设备的支持。2016年6月，我国自主研制的"神威·太湖之光"超级计算机被认定为世界排名第一的超级计算机。其峰值计算速度达每秒12.54亿亿次，持续计算速度为每秒9.3亿亿次，性能功耗比为每瓦60.51亿次，均排名世界第一。中国国防科学技术大学研制的"天河二号"超级计算机也曾排名世界第一，但其使用的是美国的英特尔芯片[17]。2015年4月，美国宣布禁止向中国出售高性能处理器芯片[18]。而"神威·太湖之光"超级计算机全部采用了国产的"申威26010"众核芯片，实现了重要的技术突破。同时，有三个应用该超级计算机的项目获得重要的"戈登贝尔奖"提名，标志着我国超级计算机的应用能力达到了世界水平[17]。2016年度戈登贝尔奖共有6个提名项目，与"神威·太湖之光"超级计算机相关的占了50%[18]。运用"神威·太湖之光"超级计算机，可以在过去不可想象的30天内完成未来100年的地球气候模拟计算，可以在2周内完成一般需要10个月的医学研究计算[18]。在世界超级计算机前500名的名单中，中国超级计算机的数量达到167台，首次超过美国，成为全球第一；而15年前，中国还没有入围前500名的超级计算机[19]。2016年11月，预计实现每秒百亿亿次浮点计算的"神威E级计算机原型系统"项目启动，其计算速度相当于当今最快超级计算机的10倍[20]。中国的超级计算机技术，将在更高的国产化程度、更快的计算速度、更高的应用价值方面继续前行。

近几年来，我国在高新技术领域的研发工作、高新技术、装备制造产业的发展，受益于我国经济、社会的良好发展态势。总理谈到，我国拥有世界上数量最多、素质较高的劳动力群体，有规模最大的科技和专业技能人才队伍[1]；在9亿多劳动者中，受过高等教育和具备专业技能的人才数量达到1亿多人[2]。我国在科学技术领域投入的资金越来越多。2015年我国研发与试验发展经费支出为14220亿元，占GDP比重达到2.1%[22]。我国的高新技术产业、装备制造产业正逐渐由跟随、追赶的阶段转入逼近、并行的阶段。

（二）对经济、社会的影响

中国经济由整体高速增长进入中高速增长的新阶段，旧有的高耗能、高污染、高投入的发展方式不可持续，一些产业的增长泡沫正在消退。中国经济、社会需要实现经济增长方式、社会发展方式的转变，由粗放型增长向集约型增长方式转变，急需实践创新、协调、绿色、开放、共享的五大发展理念。高新技术产业、装备制造业的较快发展,适应了中国经济、社会发展方式转变的需求。

总理在2016年全国人大会议答记者问时指出,世界经济复苏乏力,中国经济是困难和希望并存[23]。较快发展的高新技术产业、装备制造业就是中国经济发展希望中的一个重要组成部分。中国科技进步对经济增长的贡献率,已从2010年的50.9%提高到2015年的55.3%[21]。高新技术产业、装备制造业的较快发展,能够为发展"新经济"、培育新动能、实现供给侧结构性改革,提供强劲的推动力量。

发展高新技术产业、装备制造业,能够向人民群众提供更为丰富、有效的产品、服务,保障经济、社会安全。并且,也能稳定民众的就业状况,以C919大型客机研制项目为例,国内有22个省市、200多家企业、36所高校、20多万人员的参与[24]。发展高新技术产业、装备制造业,就会在员工招募、工作实践、职业培训、外部合作、自我提升等多个领域形成更高的知识、技能要求,带动各方面相关人员的素质提升进程,改善我国的人力资源结构,提高广大民众的文化、技能,促进社会的发展。

(三)待提升领域

在海外旅行的中国民众积极采购国外产品,甚至达到某种"疯狂"程度的现象,频频出现,并经常成为新闻媒体的报道内容。同时,在国内市场上,许多中国民众也在大量地购买进口产品。例如,据介绍,2015~2016年,进口葡萄酒在中国的市场占有率上升了5个百分点,已拥有约25%的市场份额[25]。国产商品,尤其是国内品牌商品,似乎得不到一些民众的青睐。出现这类现象的原因有多个方面,其中一个重要的原因就是国产商品的质量品质达不到消费者的要求。李克强总理曾谈到,我国还缺乏模具钢的生产能力,圆珠笔尖的"圆珠"也还需要从国外进口[26]。

万丈高楼平地起。要实现国产消费品、工业品质量品质的普遍改善,就需要实现高新技术产业、装备制造业的有效提升。总理在2017年人大会议政府工作报告中提出,要深入实施《中国制造2025》,发展智能制造,

中国产业趋势展望（1）

深入实施工业强基、重大装备专项工程，推动中国制造迈向中高端层次[1]。为此，应注重加强一些相对薄弱的相关基础理论研究、应用技术研究工作，并长期坚持，不松懈。近几年来，大批高新技术成果的呈现、高新技术产业及装备制造业的快步发展，得益于改革开放以来国家在科技领域的大规模投入和科技工作者的辛勤努力。国家高技术研究发展计划（"863"计划）已实施约30年，国家重点基础研究发展计划（"973"计划）已实施约20年。一大批科技研究计划、研发项目支撑着高新技术产业及装备制造业向前发展。

相关产业的发展还面临着许多科技成果转化问题，诸如智能制造新模式推广缓慢、智能化集成应用缓慢、信息资源开发利用不够等[27,28]。因此，需要着力开展科技成果产业化工作、技术的推广工作。

国家正在实施的一批重要规划、项目、计划、措施，将有望对科技基础理论研究、应用技术研究工作、科技成果产业化、技术推广工作产生积极、深远的影响。航空发动机及燃气轮机、量子通信与量子计算机、煤炭清洁高效利用、重点新材料研发及应用等"科技创新2030—重大项目"，海洋工程装备及高技术船舶、高性能医疗器械等高端装备创新发展工程[22]；发展清洁高效能源、现代交通、生态环保等各领域技术、深化科技体制改革的"十三五"国家科技创新规划[21]；涉及推广以绿色、智能、协同为特征的先进设计技术、发展智能制造装备和产品、绿色制造等方面的"中国制造2025"计划[29]；涉及围绕汽车、高档数控机床等攻克一批关键共性质量技术的质量发展纲要[30]；涵盖培育信息经济、开发信息资源等的国家信息化发展战略纲要[28]；强化核心基础零部件、关键基础材料、先进基础工艺等的工业强基专项行动实施方案[31]；加快向"制造+服务"转型的发展服务型制造专项行动[32]；推动金融资源向实体经济企业集聚等工作的促进产融合作行动方案[33]；涉及创新企业百强工程等方面的长江经济带产业升级方案[34]；开展（信息化、工业化）两化融合自评估等工作的两化深度融合行动实施方案[35]；涉及培育单项冠军潜力企业等工作的制造业单项冠军企业培育提升方案[36]；政府在"十三五"规划中提出，要扩大高校和科研院所自主权,实行中长期目标导向的考核评价机制,支持科研人员兼职和离岗转化科技成果[22]。

同时,要成功地开展科技成果产业化工作、技术推广工作,不仅要有优秀的科技研发成果,也不仅需要推动科研教育机构、人才与企业间的研发合作活动,还需要企业管理者能够谋划、施行营销、战略、创新管理、人力资源管理等一系列有效的经营管理措施。这一点容易被忽视,容易成为薄弱环节,也应予以关注。

以下对几个比较急待提升的高新技术产业加以阐述:

(1) 农业现代化产业。据在河南某地、山东某地的调查,年轻的农村人口不愿务农,农村劳动力外流严重,往往由老人、妇女耕种农田[37]。而即便是曾经土壤肥沃的东北农田,水土流失和土壤有机质下降情况也已相当严重。黑龙江省农垦总局红兴隆管理局涉及的田地土壤有机质含量,已从几十年前开垦时的8%~10%,下降到近年的3%~5%[38]。总理在2016年全国人大会议答记者问时谈到,我们农产品的劳动生产率比较低,使得谷物产品的国内价格与国际市场价格比,每吨要高出数百元[23]。同时,据有关调查,发现中国农田有2亿亩耕地在利用上存在食品安全、生态安全等问题,耕地单位面积的化肥、农药、农膜的使用量,都是世界平均水平的好几倍,而化肥的有效使用率仅为35%左右,农药的有效利用率是30%左右,其中有5000多万亩受到重金属中重度污染[39]。"十二五"规划中,种业的自主创新被列为"科技创新2030—重大项目"之一,并计划开展多个农业现代化重大工程,建设8亿亩高标准农田,努力突破水稻机插、棉花、甘蔗机收等"瓶颈",使得主要农作物耕种综合机械化率达到70%[22]。希望在农业高新技术的带动下,能尽快地实现农民增收乐业、农产品品质安全、放心,改变农业劳动生产率不高、土壤质量严重下滑、农田生态恶化等问题。

(2) 网络安全产业。据斯诺登披露,现有信息终端的安全非常脆弱,美国国家安全局可以轻易找到突破方法;美国国家安全局、联邦调查局、中央情报局与国防部情报局等部门,几乎能够获得私人的任何信息[40]。

中国产业趋势展望（1）

据介绍，按斯诺登披露的文件，美国情报人员可以通过"后门"进入9家重要科技公司的服务器，包括微软、雅虎、谷歌、Facebook、PalTalk、美国在线、Skype、YouTube、苹果，美国国家安全局可以接触到大量个人聊天日志、存储数据、语音通信、文件传输、个人社交网络数据；美国政府也承认，它曾要求Verizon电信公司提供数百万份私人电话记录[41]。白朝阳指出，中国的信息安全在美国思科、IBM、谷歌、高通、英特尔、苹果、甲骨文、微软公司面前形同虚设，在绝大多数核心领域，这8家企业都占据了庞大的市场份额[42]。曙光公司总裁历军指出，这些公司可以丝毫不被察觉地窃取数据，相关方式和环节很多，而且难度几乎是零[43]。习近平总书记针对网络安全问题谈到，（互联网）核心技术受制于人是我们最大的隐患，核心元器件严重依赖外国，好比在别人的墙基上砌房子，市场换不来核心技术，有钱也买不来核心技术；国家关键信息基础设施面临较大风险隐患，网络安全防控能力薄弱，难以有效应对国家级、有组织的高强度网络攻击；网络安全具有很强的隐蔽性，一个技术漏洞、安全风险可能隐藏几年都发现不了[44]。"十三五"规划中，将国家网络空间安全列入"科技创新2030—重大项目"，提出加快构建安全的新一代信息基础设施，加快海量数据的安全与隐私保护等领域关键技术攻关，健全网络与信息突发安全事件应急机制[22]。《中国制造2025》计划强调，要突破核心通用芯片（制造技术），掌握（网络）体系化安全保障核心技术[29]。我们期待国家在网络安全产业上早日取得关键性的突破。

（3）新能源汽车产业。以石油资源为动力的传统汽车，面临着污染大、资源储量有限的发展难题。传统汽车排放的污染气体已对中国的城市居民构成了严重的健康威胁。总理在2017年政府工作报告中强调，人民迫切希望加快改善生态环境，特别是改善空气质量，必须铁腕治理，坚决打好蓝天保卫战[1]；在2016年政府工作报告中谈到，当年将大力发展和推广以电动汽车为主的新能源汽车[2]。据有关资料，2016年1~9月新能源汽车产量达30.2万辆，同比增长93%[45]。新能源汽车面临着比能量有限的磷酸铁锂电池制约电动汽车续航里程的提高、新能源汽车整体成本较高等问题。为培育新能源汽车产业，国家对新能源汽车的研发、销售给予了大量的资助和高额的补贴。但尽管如此，2016 年 1~9 月，新能源汽车销量也仅占 1936 万辆的汽车总销量的 1.5%[45]。而国家的节能与新能源汽车总体技术路线图提出，2020 年，新能源汽车销量占汽车总销量的比例要达到 7% 以上[46]。在购买补贴逐步大幅削减的政策影响下，要实现这一规划目标，新能源汽车产业需要在电池优化、车身轻量化等技术领域、企业制造成本、管理费用压缩、产品优势的构建与展现等管理领域采取高效的改进措施。

（4）人工智能产业。2017 年，在总理所做的政府工作报告中，首次谈到了人工智能技术，提出要加快人工智能技术的研发和产业化进程[1]。人工智能产业涉及的内容较多，将在第二部分进行阐述。

参考文献

[1] 新华社. 政府工作报告——2017 年 3 月 5 日在第十二届全国人民代表大会第五次会议上［EB/OL］. http：//www.gov.cn/premier/2017-03-16/content_5177940.htm，2017-03-16.

[2] 国务院. 政府工作报告（全文）［EB/OL］. http：//www.gov.cn/guowuyuan/2016-03/17/content_5054901.htm，2016-03-17.

[3] 谷棣. 用诚意和实力拿下印度尼西亚高铁［N］. 环球时报，2015-10-16（7）.

[4] 周锐. 发改委：中国印度尼西亚企业签署雅万高铁合资协议［EB/OL］. http：//www.chinanews.com/cj/2015/10-16/7573078.shtml，2016-10-16.

[5] 澎湃新闻. 中日争夺印度尼西亚高铁月底见分晓 日急派特使最后冲刺［EB/OL］. http：//business.sohu.com/20150827/n419889378.shtml，2015-08-27.

[6] 李卓. 北车 35 亿中标波士顿地铁 南车竞标美国高铁［N］. 每日经济新闻，2014-10-24（07）.

[7] 发改委. "两会"授权发布：关于 2015 年国民经济和社会发展计划执行情况与 2016 年国民经济和社会发展计划草案的报告［EB/OL］. http：//www.gov.cn/xinwen/2016-03/18/content_5055334.htm，2016-03-18.

[8] 中国政府网. 马凯出席 C919 大型客机首飞仪式并致辞［EB/OL］. http：//www.

gov.cn/guowuyuan/2017-05/05/content_5191300.htm,2017-05-05.

[9] 付毅飞,刘晓莹,高博.从运10到C919,中国大飞机的苦难与辉煌[N].科技日报,2015-12-21(01,03).

[10] 澎湃新闻.国产ARJ21客机正式商业运行,普通乘客何时可买票尚不明[EB/OL].http://news.sohu.com/20160628/n456660580.shtml,2016-06-28.

[11] 刘济美.独家专访我新型战机总师:新战机要让民众震撼[EB/OL].http://news.xinhuanet.com/mil/2014-12/14/c_127301967.htm,2014-12-14.

[12] 刘亮,储欣.足以抗衡任何第四代战机,歼20带来的不仅是隐身[EB/OL].http://www.81.cn/jwgz/2016-11/12/content_7355673.htm,2016-11-12.

[13] 齐中熙,呼涛.运20研制用国外同类一半时间实现首飞 创交付纪录[EB/OL].http://www.chinanews.com/mil/2016/07-06/7929976.shtml,2016-07-06.

[14] 徐海涛,周琳.欧洲10亿欧元布局就为了赶上中国量子技术发展[EB/OL].http://news.xinhuanet.com/mil/2016-08/16/c_129232675.htm,2016-08-16.

[15] 吴晶晶,杨维汉,徐海涛."墨子号"开启星际首航——全球首颗量子卫星揭秘[EB/OL].http://fms.news.cn/swf/2016_qmtt/8_16_2016_mzh/index.html,2016-08-16.

[16] 杨维汉,徐海涛.新华时评:量子卫星彰显中国科技"领跑"之志[EB/OL].http://news.xinhuanet.com/2016-08/16/c_1119396085.htm,2016-08-16.

[17] 吴红梅,浦敏琦."神威·太湖之光"荣膺超算冠军[N].新华日报,2016-06-21(1).

[18] 吴红梅."中国创造"登上世界计算之巅[N].新华日报,2016-06-21(04).

[19] 林小春."神威·太湖之光"取代"天河二号"成为全球最快超算[EB/OL].http://news.xinhuanet.com/tech/2016-06/20/c_1119077061.htm,2016-06-20.

[20] 娄辰.新一代超级计算机项目启动[N].解放军报,2016-11-04(03).

[21] 国务院.国务院关于印发"十三五"国家科技创新规划的通知[EB/OL].http://www.gov.cn/zhengce/content/2016-08/08/content_5098072.htm,2016-08-08.

[22] 国务院.中华人民共和国国民经济和社会发展第十三个五年规划纲要[EB/OL].http://www.gov.cn/xinwen/2016-03/17/content_5054992.htm,2016-03-17.

[23] 中国政府网.李克强总理回答中外记者提问(文字实录)[EB/OL].http://www.gov.cn/guowuyuan/2016-03/16/content_5054308.htm,2016-03-16.

[24] 三湘都市报.国产大客机C919总装下线[N].三湘都市报,2015-11-03

(A04).

[25] 栾立.国产葡萄酒遭遇新一轮冲击 [N].第一财经日报, 2016-09-23 (A07).

[26] 周程程.创新型国家 2030 战略确立 我国将实施一批重大科技项目和工程 [N].每日经济新闻, 2016-05-31 (01).

[27] 工信部.智能制造试点示范 2016 专项行动实施方案 [EB/OL].http://www.miit.gov.cn/n1146295/n1652858/n1652930/n3757018/c4702725/content.html, 2016-04-11.

[28] 中共中央办公厅, 国务院办公厅.中共中央办公厅 国务院办公厅印发《国家信息化发展战略纲要》[EB/OL].http://www.gov.cn/xinwen/2016-07/27/content_5095336.htm, 2016-07-27.

[29] 国务院.国务院关于印发《中国制造 2025》的通知 [EB/OL].http://www.gov.cn/zhengce/content/2015-05/19/content_9784.htm, 2016-05-19.

[30] 国务院办公厅.国务院办公厅关于印发贯彻实施质量发展纲要 2016 年行动计划的通知 [EB/OL].http://www.gov.cn/zhengce/content/2016-04/19/content_5065730.htm, 2016-04-19.

[31] 工信部.工业强基 2016 专项行动实施方案 [EB/OL].http://www.miit.gov.cn/n1146295/n1652858/n1652930/n3757016/c4704366/part/4704370.pdf, 2016-04-12.

[32] 工信部, 国家发改委, 中国工程院.关于印发《发展服务型制造专项行动指南》的通知 [EB/OL].http://www.miit.gov.cn/n1146285/n1146352/n3054355/n3057292/n3057305/c5164022/content.html, 2016-07-26.

[33] 工信部, 中国人民银行, 中国银监会.三部委关于印发《加强信息共享 促进产融合作行动方案》的通知 [EB/OL].http://www.miit.gov.cn/n1146295/n1652858/n1652930/n3757016/c4655373/content.html, 2016-03-03.

[34] 国家发改委, 科技部, 工信部.长江经济带创新驱动产业转型升级方案 [EB/OL].http://www.miit.gov.cn/n1146295/n1652858/n1652930/n3757016/c4661944/content.html, 2016-03-11.

[35] 工信部.两化深度融合创新推进 2016 专项行动实施方案 [EB/OL].http://www.miit.gov.cn/n1146295/n1652858/n1652930/n3757016/c4727816/content.html, 2016-04-19.

[36] 工信部.制造业单项冠军企业培育提升专项行动实施方案 [EB/OL].http://www.miit.gov.cn/n1146295/n1652858/n1652930/n3757016/c4692586/content.html, 2016-04-01.

[37] 人民日报记者. 告诉你一个真实的农村——谁在种地？谁来种地 [EB/OL]. http：//society.people.com.cn/n1/2016/0529/c1008-28387723.html，2016-05-29.

[38] 陈国军，管建涛，程子龙. 黑土持续告急 "主人" 不可不急——东北黑土流失与保护的调查与反思 [EB/OL]. http：//news.xinhuanet.com/local/2016/11/01/c_129345554.htm，2016-11-01.

[39] 降蕴彰. 2亿亩耕地存生态风险 财政将年投数百亿治理 [N]. 经济观察报，2014-04-07（004）.

[40] 中新网. 斯诺登称几乎没有美情报部门不能获得的私人信息 [EB/OL]. http：//www.chinanews.com/gj/2013/06-19/4946072.shtml，2013-06-19.

[41] BBC. BBC五问棱镜门：美国政府能看到什么 [EB/OL]. http：//news.sina.com.cn/w/sd/2013-06-12/113527378928.shtml，2013-06-12.

[42] 白朝阳. 美国"八大金刚"渗透中国大起底 [N]. 中国经济周刊，2013（24）：32-35.

[43] 孙冰. 中国不得不防 [N]. 中国经济周刊，2013，(24)：36-37.

[44] 习近平. 习近平：在网络安全和信息化工作座谈会上的讲话 [N]. 人民日报，2016-04-26（02）.

[45] 纪伟. 路线图催促技术赛跑：轻量化和电池决定续航里程 [N]. 21世纪经济报道，2016-11-01（18）.

[46] 新浪汽车. 欧阳明高详解节能和新能源汽车技术路线图 [EB/OL]. http：//auto.sina.com.cn/news/hy/2016-10-26/detail-ifxwztru7231495.shtml，2016-10-26.

二、人工智能产业

(一) 引言

1997年,国际象棋大师、世界冠军卡斯帕罗夫与"深蓝"进行了多轮激烈的国际象棋比赛,"深蓝",获胜2局,负1局,平3局,战胜了国际象棋世界冠军卡斯帕罗夫[1]。"深蓝"不是某位国际象棋大师,而是美国IBM公司研发的计算机、一位机器"棋手"。

电脑"深蓝"取得了轰动世界的胜利之时,一位叫哈萨比斯的年轻人深有感触,萌生了发明能战胜围棋大师电脑的念头[2]。约20年后,哈萨比斯等研发的电脑参与了一场围棋比赛,这场围棋赛超越了兴趣爱好的差异、国别的界限,引发了全世界民众的广泛关注。该赛事甚至被赋予"电脑是否能超过人脑"的意义[3]。有部分华裔血统的哈萨比斯,此时已成为大师级的计算机程序员、神经学家[4]。2016年3月,哈萨比斯等研发的电脑"阿尔法狗"(AlphaGo)在这场与韩国围棋大师李世石的围棋比赛中以4胜1负获胜[5]。随后,电脑"阿尔法狗"(AlphaGo)排名世界职业围棋棋手第4名,电脑棋手首次被列入世界职业围棋排名[6]。

据介绍,围棋棋盘有361个点,走法变化繁多。研究人员测算,19×19格围棋的精确合法棋局数的所有可能性是一个171位数,该数值比宇宙中的原子数量还多,即便是巨型计算机也面临着很大的计算、搜索难度[7]。

是什么技术使得机器能战胜智力超凡的国际象棋大师、围棋大师?

是人工智能技术。人工智能技术赋予了电脑"深蓝"、电脑"阿尔法狗"(AlphaGo)战胜国际象棋大师、围棋大师的超强能力。下面,本书对此进行进一步的解答。

战胜国际象棋世界冠军卡斯帕罗夫的"深蓝",与华人渊源颇深,而其历史至少可以追溯到个人电脑还是稀罕物、奢侈品的1989年。1989年,许峰雄带着其研发的"深思"计算机,就职于IBM公司。之后,许峰雄等人研发出有32个处理器、3分钟能计算500亿~1000亿个棋步的电脑"深蓝"。研发人员在其数据库中存入了近百年来国际象棋特级大师对弈的棋谱,棋谱总数超过10亿个[1]。而George指出,电脑"深蓝"的主要优势在于蛮力搜索,下每一步棋时能够快速地进行大量假设情况的推演[8]。由此,电脑"深蓝"在国际象棋领域具有了相当的智能。

1997年的"国际象棋人机大战",其实并非卡斯帕罗夫与"深蓝"的初次较量。1996年2月,"深蓝"与国际象棋世界冠军卡斯帕罗夫进行首次对决。第1盘,"深蓝"首战告捷。而卡斯帕罗夫总结了教训,在第2盘、第3盘中击败"深蓝",取得了与电脑"深蓝"首次对决的胜利。赛后,"深蓝"也不甘落后,请来了"辅导老师"——国际象棋美国冠军本杰明[9]。2003年,卡斯帕罗夫与比"深蓝"强大的电脑"小深"(Deep Junior)又进行了6局比赛,以1胜1负4平的结果打成平手[10]。

电脑"阿尔法狗"(AlphaGo)由哈萨比斯等创办的人工智能企业——DeepMind公司研发,后被谷歌公司收购。2015年9月,电脑"阿尔法狗"(AlphaGo)以5局全胜的成绩战胜了欧洲围棋冠军樊麾(职业二段)。此后,AlphaGo进行了超过3000万局的训练[2]。韩国围棋大师李世石赛后表示,AlphaGo的"集中力"确实是人类难以逾越的[11]。

据有关资料统计,电脑AlphaGo有170个图形处理器、1200个标准中央处理器,运用了蒙特卡洛树搜索技术、价值网络、策略网络等深度神经网络[6]。由价值网络进行全局判断,由策略网络对每一步棋进行概率分析;而"深蓝"1997年时侧重进行价值分析[12]。据介绍,AlphaGo已经可以通过自我对弈来提升围棋能力,AlphaGo所运用的深度卷积神经网络技术,一方面能较充分地表达复杂的围棋棋盘的状态空间,另一方面可以表达复杂的函数[13]。AlphaGo的自我对弈数量超过了3000万局[7]。

AlphaGo 运行时，由几千台服务器同时进行并行计算[13]。Vardi 指出，AlphaGo 通过深度学习技术来删减搜索树，AlphaGo 已具有某种直觉技能，可以运用直觉改进蛮力搜索过程，克服被一些学者视为人工智能技术发展一个主要障碍的 Polanyi 悖论[14]。

不仅是谷歌公司的电脑"阿尔法狗"（AlphaGo）力求在围棋竞赛中获胜，Facebook 公司、日本"Deep Zen Go"项目等也在争取用人工智能机器战胜围棋高手。而异构智能公司的人工智能软件已经在一台笔记本电脑上，运用相当于 AlphaGo 与樊辉二段比赛时所用计算资源一万五千分之一的计算能力来战胜围棋专业四段棋手[15]。

人工智能机器不仅具有了超高的计算速度、强大的计算能力，还具有了一定的深度学习、自我学习能力，甚至有了某种直觉技能，多次战胜了智力超凡的棋类大师。各个领域的人工智能机器层出不穷，自动驾驶汽车、无人飞机、行走机器人、武装机器人等。在许多人心中会浮现出一系列的问题：

（1）人工智能机器是否会与人类为敌，甚至发动对人类的战争？

（2）人们将来是否不需要再考驾驶执照，只要拥有自动驾驶汽车便可自由出行？

（3）人工智能技术是否会导致各行各业的大批劳动者失业？

……

让我们先从人工智能的概念或一些关键内涵开始说起。

1956 年在美国达特茅斯学院召开的、开创人工智能科学的研讨会上，专家们将人工智能定义为研究与设计智能体，智能体指能够感知环境、采取行动使成功机会最大化的系统，即人工智能的内涵是研究、设计各种能够自主适应环境的机器[16]。

按 Wilkos 的说法，人工智能最初指一台计算机可被编程使其表现人类的智能行为[17]。

Winston 认为，人工智能研究的是使计算机能够做那些表现出人的智能的事情[18]。

中国产业趋势展望（1）

在 Columbia Electronic Encyclopedia 中，人工智能被描述为应用计算机对人类推理、学习行为进行建模的一种科技[19]。

而史忠植认为，人工智能是用人工的方法和技术，研制智能机器或智能系统来模仿、延伸和扩展人的智能，实现智能行为[20]。蔡自兴等指出，人工智能学科是计算机科学中研究、设计、应用智能机器的分支。近期主要目标在于研究用机器来模仿和执行人脑的某些智力功能，并开发相关理论和技术[10]。

一些学者对人工智能的描述更为具体。傅京孙、蔡自兴等主张，人工智能就是机器（计算机）执行某些与人的智能有关的复杂功能（判断、图像识别、理解、学习、规则和问题求解等）的能力[21]。按 Nilsson 的观点，人工智能是研究人造物的知觉、推理、学习、交流、在复杂环境中的行为等智能行为的技术[22]。

学者们对人工智能的基本原理、研究目标也做了阐述。席政认为，人工智能的基本原理是以机器（目前主要是计算机）为工具，将人类解决智能问题的过程或方法转化为某种模型或算法，并编制相应的软件，从而让机器模拟人的智能行为[23]。钟义信指出，人工智能研究的主要目标是希望用现代科学技术的理论和方法来理解及扩展人类智力系统的能力[24]。

发展、运用人工智能技术，可以使机器成为智能机器、机器人，使机器具有人类的某些智能，甚至在一定领域优于人类。因而，人工智能产业、技术受到了人们的普遍重视。习近平总书记指出，以机器人科技为代表的智能产业蓬勃兴起，已成为时代科技创新的一个重要标志，机器人技术已成为国家科技创新的优先重点领域[25]，要重视人工智能机器人的开发[26]。

人工智能技术开创 60 年来，在各领域专家学者、企业、政府、相关机构的共同努力下已经取得了一系列的成就。

Newell、Simon 在 1961 年发表论文中，用一种以计算机软件"通用问题处理器"来表示的问题处理理论对人类思维过程进行了模拟，该软件已具有一定的学习能力[27]。

1972 年，Feigenbaum 等研制出用于分析质谱、色谱测量数据的 DENDRAL 系统[28]。DENDRAL 系统的工作水平已达到有机化学专业本科毕业生的程度[18]。

1978 年，美国 DEC 公司与卡内基梅隆大学合作、开始研制 RI 专家系统，该系统之后在 DEC 公司从事着系统配置工程师的工作，可以根据用户订单来配置计算机系统，每年为 DEC 公司节省了约 2000 万美元的费用[29]。

20 世纪 80 年代，上千个采用人工智能技术的专家系统在医学诊断、电子系统设计、生物学、勘探、建筑设计、航空管制、航海、航天、法律咨询、气象预报、军事决策、农业咨询、教育辅助等各种领域得到应用，取得了显著的效益[29]。

1984 年，Lenat 等启动了可用于机器智能提升的大型常识知识库的 CYC 研发项目，近期的成果已至少涵盖了 239000 个概念[30]。

在中国 2008 年、2010 年的北极考察活动中，2007 年、2012 年的南极考察活动中，机器人、人工智能技术也得到了应用。中国玉兔月球机器人漫游车 2013 年 12 月在月球成功着陆。中国的移动机器人在 2013 年雅安地震中参与了搜索、救援活动[31]。

2011 年，IBM 公司的"沃森"（Watson）人工智能软件，在美国智力问答电视栏目《危险边缘》中轻松战胜两位人类冠军[32]。据 2016 年的资料，"沃森"（Watson）系统已被超过 8 万名软件开发者使用，有 500 多个各类规模的合作企业[33]。

2011 年，谷歌公司与斯坦福大学学者用谷歌的云计算平台开始研发一个配备 16000 个 CPU 和 10 亿突触神经连接的谷歌大脑计算平台。该计算平台从 YouTube 网站随机选取的 1000 万个视频中各选取一张图片，模拟婴儿的观察行为对图片进行特征抽取和分析，结果发现该平台自发形成了关于猫的印象[34]。

2014 年，不与测试者接触而模拟成 13 岁乌克兰男孩尤金的人工智能软件，在一个面向人工智能技术的比赛中成为第一个通过图灵测试的人工

中国产业趋势展望（1）

智能软件[35]。该比赛由 Hugh Loebner 在 1991 年创办，第一个通过无限制图灵测试的计算机程序的开发者可获得主办方 10 万美元奖金[22]。"尤金"在回答"谁人"乐队和"滚石"乐队的优劣、对科幻片的看法等测试问题时，有时表现出了人的机智幽默、人的情感，在 33% 的问答中让测试者相信它是一位乌克兰的 13 岁男孩[35]。有约一半的测试者认可它的人类身份[36]。这被沃维克（英国雷丁大学客座教授）认为是人工智能技术的一个里程碑事件[37]。

2015 年上映的日本灾难电影中，仿女性的机器人成为女主角。它能观察人类面部表情并复制，展现眨眼、微笑、皱眉等 65 种不同的面部表情，可以像真人一样发声、对话和唱歌[38]。

据李彦宏介绍，"百度大脑"人工智能系统的智力已经相当于 2~3 岁孩子的水平[39]。而据相关研究的评估，百度搜索引擎的智商为 23.5，谷歌搜索引擎的智商为 26.5，人类 6 岁儿童的智商约为 55.5[40]。

美国国防部高级研究计划局资助的 CALO 人工智能秘书系统，可以帮助用户完成电子邮件管理、日程安排、会议小结、项目管理等事项[41]。该系统的成果——SIRI 个人助理软件，被应用于苹果手机等产品中。微软公司的 Cortana 智能助理软件被用于 Windows 产品中。微软公司的人工智能翻译软件可以与通信软件 Skype 结合，在客户聊天时实时翻译中、英、法、德、意、西、葡 7 种语言[42]。美国国防部高级研究计划局还资助了运用人工智能技术来自动分析文献资料中分散的因果假设内容的研究，以便对相关系统生物学模型进行整合[43]。

在机电产品制造领域，结合人工智能技术的高级驾驶辅助系统在汽车上的应用将是汽车发展史上最为重要的趋势之一[44]。知名电梯企业——Schindler 公司所研发的基于人工智能算法的电梯目的层控制技术，使其在相关电梯领域长期保持领先地位，该公司的目的层控制电梯产品因而广受欢迎[45]。

在医学领域，据研究，应用结合了机器学习等人工智能技术的计算机模型，能以 90% 的准确率确定带有能感染人体的病原体的啮齿类动物，这有助于开展此类借助动物传播疾病的流行预测工作[46]。而在判断患者是否需要再次住院方面，人工智能产品已具有与人类相当的能力[47]。Altman指出，模式识别等人工智能技术有助于明确疾病状态、找到患者理想的治疗方案[48]。百度医疗机器人可以阅读大量的医疗文献、资料、病例，模拟人类和医生交流、问诊的过程[49]。人工智能系统SMILE能结合感知的语音命令开展病理报告的编写工作[50]。一些医学组织已开始应用结合人工智能技术的健康信息系统来提升病患护理的质量和效率，如美国临床肿瘤学学会倡导的CancerLinQ系统[51]。达芬奇手术机器人可以在几分钟之内，把一个破碎的葡萄缝合好[52]。

在金融领域，2012年，IBM公司的"沃森"（Watson）人工智能软件，被美国花旗集团应用于用户需求分析、金融、经济数据处理、风险、收益评估等领域[16]。美国汽车协会还应用"沃森"（Watson）人工智能软件向会员提供了财务建议[53]。在深度学习人工智能技术的支持下，支付企业PayPal公司的反欺诈安全系统可以对欺诈行为做出相当准确的判断。2015年，美国支付行业的欺诈损失额平均占到收入的1.32%，而PayPal公司的欺诈损失金额与收入的比例为0.32%，显著低于行业平均水平[54]。分布式演化方法等人工智能技术也被应用于资产管理与交易领域中[55]。

谷歌下属的DeepMind公司的一种软件，可以通过简单的重复、针对各个游戏制定策略的方式，能在事先未知Atari（公司）视频游戏规则的情形下提升得分、掌握游戏的玩法[56]。

语音识别人工智能技术的巨大进步，已使得用语言操控手机成为司空见惯的事情[57]。百度语音识别系统的准确率在安静环境下可以达到97%，略超过人类的水平[49]。

Castelvecchi指出，一些世界最先进的智能机器很可能会成为下一代粒子对撞机实验的重要组成部分。物理学家Pierini认为，深度学习等人工智能技术可以帮助发现物理学家尚未估计到的新粒子[58]。物质科学家Ceder指出，机器学习等人工智能技术将大幅提升物质发现领域的效率和研究速度[59]。

2012年，80毫克重、能飞行、降落、从空中直接入水游动的昆虫机器人研制成功，有望用于农作物授粉、灾难救助工作[60]。中科院理化技术

中国产业趋势展望（1）

研究所等研制出了一种液态金属机器。它可以在无须外部电力情况下的长时间自主运动，能在各种结构槽道中蜿蜒前行，有望发展成血管或腔道机器人[61]。中科院自动化所学者开发的仿生机器鱼，实现了1.5倍体长的最高直线游速，在国际上首次实现了"出水—空中滑行—再入水"机器海豚的跃水过程[62]。

谭铁牛（中国科学院院士）指出，一些面向特定领域的专用人工智能技术已取得突破性进展，甚至可以在单点突破、局部智能水平的单项测试中超越人类智能，如日本仿人机器人、美国猎豹机器人、德国工业机器人、中国的人脸识别技术[63]。一些国外研究者预计，20年后甚至更早，人工智能机器人将像现在的汽车、手机一样被广泛地应用于家庭、办公室、工厂中[64]。

Schölkopf指出，机器学习等人工智能技术的进步，使人们已经开发出能从数据中直接学习智能行为的机器，而不像以往那样需要通过特定编程为机器安排一定的行为[65]。Adami谈到，应用了演化算法的机器人，其对难以预见的变化的应变能力得到了提升[66]。周志华认为，现在对很多具体的任务，只要能收集到足够多的高质量数据，就可以利用机器学习等人工智能技术构建出达到或接近人类顶级专家水准的系统[6]。

卡内基梅隆大学科学家Moravec甚至想研发能将人类个体的智力复制下来、存入机器人体内的人工智能技术[67]。如能成功，从人脑思维角度或许就能长生不老。

图3-1、图3-2分别为外星球漫游机器人、自主航行水下机器人。

脑科学、人脑研究对人工智能技术的发展具有重要的积极意义。据介绍，人脑是世界上已知最复杂的器官；介观尺度中，神经元和突触通过大脑思维及小脑运动相连，反映出神经细胞与个体行为的关系；宏观尺度涉及脑区域网和认知行为[69]。郭爱克（中国科学院院士）指出，人类大脑是智力演化的最伟大奇迹，它是最精细、最优美和具有高度可塑性的器官[70]。白春礼（中国科学院院长）认为，揭示人脑的高智能、高能效、高可靠性之谜，将成为人工智能发展新的"助推器"，脑科学与超级计算机技术的深

图 3-1 外星球漫游机器人

资料来源：James G. Bellingham, Kanna Rajan. Robotics in Remote and Hostile Environments [J]. Science, 2007, 318 (5853): 1098-1102.

图 3-2 自主航行水下机器人

资料来源：James G. Bellingham, Kanna Rajan. Robotics in Remote and Hostile Environments [J]. Science, 2007, 318 (5853): 1098-1102.

度融合，将有助于破译智能化人机接口的世纪难题[26]。人工智能的开创者之一 Simon 认为，人类认知有三类基本过程：一是问题解决，采用了启发式方法；二是模式识别能力；三是学习[71]。对人脑认知能力、机制的有效解析，对人工智能系统认知功能、学习能力的提升具有重大意义。徐波等谈到，近年来人工智能研究的许多重要进展来自于脑科学的启发，局部的借鉴带来了现有人工智能模型与系统的智能水平的有效提升[72]。

近几年来，美国、欧洲等发达国家或地区加大了对人脑研究的投入。2013年4月，美国奥巴马总统批准了应用创新性先进神经技术的人脑研究计划，该计划致力于运用、开发相关先进技术来推动思维活动中人脑细胞与复杂神经回路交互作用的动态脑图谱的研究[73]。Markram认为，构建大型人脑数字模拟系统，可以让神经科学、医学实现重大的转变，并可以为研制更强大的计算机指引方向[74]。图3-3为人脑神经网络的图片。他和其他专家的倡议后来得到了欧盟委员会的认可，2013年欧盟委员会将人脑计划列为未来与新兴科技先导计划项目之一，该人脑计划的研究力量涉及20个欧洲国家的相关机构[75]。

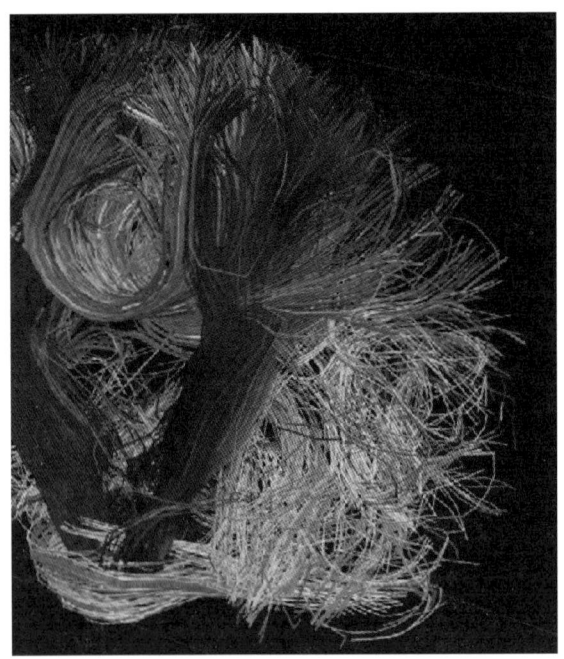

图3-3 人脑神经网络

资料来源：Henry Markram. The Human Brain Project [J]. Scientific American, 2012, 306 (6)：50-55.

中国也在进行"脑科学与类脑研究"国家科技重大专项的相关研究工作，侧重探索人脑认知原理、发展类脑人工智能计算技术和器件、研发脑重大疾病的诊断干预手段[76]。

人工智能研究是否不久就能大功告成了呢？李衍达（中科院院士）指出，理解人类认知与智能的机制是人类面临的最困难和最复杂的课题之一[77]。白春礼（中国科学院院长）2016年指出，人类对人脑的探索才刚刚触及这个巨大科学挑战的表层，人脑仍然是人类认知的"黑洞"[26]。

人工智能产业的发展可能遭遇哪些困难？人工智能技术、产品应该将什么作为长远目标？本节的后续部分，将对此予以论述；并阐述人工智能产业、技术的发展历程，探讨人工智能产业未来的发展趋势。

（二）发展历程

1954年，世界上第一台机器人诞生[78]。

1956年，在美国达特茅斯学院召开的一次研讨会上，学者们正式提出了人工智能学科概念，并提出"达特茅斯人工智能夏季研究计划"[79]。与会学者包括McCarthy、Shannon、Newell、Simon、Minsky等，其中有多位学者后来成就卓著、名闻天下。而Minsky在1951年就研制出了世界上第一个神经网络模拟器——Snare学习机，1954年实现了让机器基于过去的行为知识来预测其当前的行为结果[80]。

1959年，McCarthy发明了人工智能程序设计的一种重要语言LISP语言，并与Minsky一起在麻省理工学院创建了世界上第一个人工智能实验室[81]。

1959年，恩格尔伯格研制出世界上第一台工业机器人。1962年，美国联合控制公司制造出机器人"尤尼麦特"[82]。

1962年，塞缪尔研发的跳棋机器人击败了美国某州跳棋赛冠军[82]。

1963年，苏联研制出了第一台工业机器人[82]。

20世纪60年代中期，自动控制与人工智能技术开始相互衔接。1971年，美籍华裔科学家傅京孙论述了人工智能与自动控制的衔接关系[83]。

1968年，Feigenbaum等研发出了能以化学分子式和质谱分析图来估计

中国产业趋势展望（1）

有机物分子结构的 DENARAL 专家系统[81]。

1969 年，国际人工智能联合会成立[81]。

1973 年，SRI 研制出能根据人的指导做出动作的机器人 SHAKEY[29]。

1975 年，Minsky 提出框架理论，以框架形式表示知识，为人工智能技术提供了一种有效的结构化知识表示方法[80]。

1977 年，Feigenbaum 提出"知识工程"的概念，引发了围绕知识处理的人工智能研究[82]。

1978 年，美国 Unimation 公司的通用工业机器人 PUMA 问世，工业机器人技术逐步成熟[81]。

20 世纪 80 年代，在专家系统取得了不少成效的带动下，人工智能技术在第 1 次热潮退却后再次兴起[42]。通过"图模型"解决不确定问题，便是专家系统研究中的一个重要突破[84]。

1982 年，日本启动了"第 5 代计算机"研制计划，计划总投资 8.5 亿美元[29]。

1982 年底，日本已使用 31900 台的机器人，美国为 7233 台，"西德"为 3500 台。机器人的主要应用领域是焊接、喷漆、金加工和搬运材料、汽车及电子行业[29]。

1983 年，美国国防部启动投资 10 亿美元、面向人工智能军事应用的"战略计算计划"[29]。

1985 年，美国航空航天局启动了"自动化与机器人学计划"[29]。

1985 年，Hopfield 用人工神经网络较快地算出了巡回推销员路线难题的较优解[82]。

1990 年，TRC 公司可在医院运送医疗器材和设备、药品、资料等的"护士助手"机器人投入使用[82]。

1992 年，日本通产省决定继续执行为期两年的第 5 代计算机后续计划[29]。

1996 年，日本本田技研公司研制成功功能较全面的 P2 型仿人机器人[85]。

1997 年 5 月，北京航空航天大学机器人研究所和海军总医院共同研制的脑神经外科手术辅助机器人实施了首例开颅手术，到 2000 年 11 月它已为140多位病人提供了手术服务[82]。

1998年,上海消防研究所和上海交通大学等研制成功了中国第一台消防机器人[82]。

自2012年起,卡内基梅隆大学计算科学专家让4个有全方向性轮子、摄像机、激光雷达、交互屏幕的协作机器人在相关实验室、办公楼中进行活动,时间持续了3年以上[86]。

2012年,吴伟国等研制出了有多感知机能与表情、仿人四指灵巧手双臂、仿人双足的全自立型仿人全身机器人[85]。

图3-4为结合机器学习技术的飞行机器人[87],图3-5为仿人机器人HRP-4C的表情。

图3-4 结合机器学习技术的飞行机器人

资料来源:M. I. Jordan, T. M. Mitchell. Machine Learning: Trends, Perspectives, and Prospects [J]. Science, 2015, 349 (6245): 255-260.

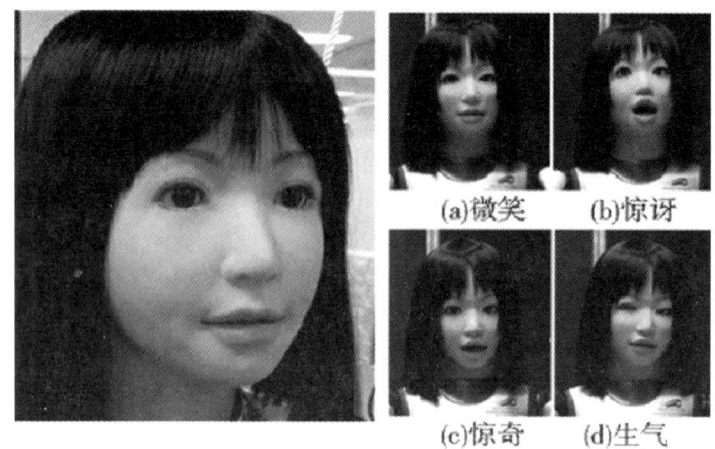

图3-5 仿人机器人 HRP-4C 的表情

资料来源：吴伟国. 面向作业与人工智能的仿人机器人研究进展［J］. 哈尔滨工业大学学报，2015，47（7）：1-19.

2012年11月、2015年8月，李德毅（中国工程院院士）团队分别在北京至天津、郑州至开封的实际道路上，进行了两次成功的自动驾驶汽车试验。其中，郑州至开封的实路测试，是世界第一次实现商用客车在实际道路上的全程自动驾驶[88]。据2014年的介绍，从北京开到天津的自动驾驶汽车试验进行了20次，累计智能驾驶4000千米左右[89]。

2014年，格拉斯夫伽德等研制出了能识别学生的部分情绪、做出反应的自动授课系统[90]。

2014年，微软公司的人工智能系统小冰成功预测巴西足球世界杯16场淘汰赛中15场的结果[91]。该系统还成功预测了奥斯卡奖、美国总统选举的结果[92]。

2015年，IBM推出了Watson健康云平台，目前已与生物制药公司诺和诺德、强生等达成了合作关系[93]。

2015年，美国Allen人工智能研究所推出了能帮助用户更好理解文章内容的搜索引擎（Semantic Scholar）[94]。

2016年初，美国波士顿动力公司推出的人型机器人，能够在各种环境中行走，摔倒也能爬起来，可以开门和搬箱子[95]。

2016年3月，电脑"阿尔法狗"（AlphaGo）以4胜1负的成绩在围棋赛中战胜韩国围棋大师李世石[5]。

据2016年3月的介绍，谷歌公司研发的自动驾驶汽车自2012年起，已累计进行超过100万千米的试验[96]。

据2016年9月的介绍，中国兵器集团研发的"奔跑号"山地四足移动机器人在解放军"跨越险阻2016"地面无人系统挑战赛中获50米竞速和综合越野第一名[97]。

亚马逊公司的人工智能语音助理产品Alexa，可以播放客户喜欢的歌曲，帮客户预定披萨[98]。

以Simon、Newell为代表的符号主义学派理论认为，能对符号进行输入、输出、存储、复制、条件转移、建立符号结构六种操作的系统，一定能够表现出智能。符号主义学派注重问题求解中的启发搜索、推理过程，注重逻辑推理方式[28]；有些学者主张，计算机和人脑都可以进行六种符号操作，是互相等效的物理符号系统[99]。该学派指出，人的认知基元是符号，认知过程即符号操作过程[10]。Newell、Simon研究出的"逻辑理论家"程序，证明了重要专著《数学原理》中所有的52条定理[42]。他们提出的通用问题处理器方法强调基于经验法则、启发式方法来搜索问题的可行处理方法[27]。

联结主义学派理论强调智能源于相互联结的神经元的竞争、协作结果，运用人工神经网络等从结构上模拟人脑的智力活动[28]。1943年，McCulloch、Pitts提出了神经元的数理逻辑模型[99]。该学派认为人的思维基元是神经元，而不是符号处理过程[10]；还认为尽可能地模拟人脑结构是实现人工智能的一个可靠途径[100]。人工神经网络通过对大量实例的反复学习，由内部自适应过程不断修改各神经元之间互连的权值，最终使神经网络的权值分布收敛于一个稳定的权值分布；神经网络的互连结构及各连接权值的稳定分布就表示了经过学习获得的知识[101]。相关理论可以对形象思维进行较好的模拟。

IBM公司的Watson人工智能系统，是联结主义学派理论的一个典型应用成果。它最初由 90 台 IBM 的 Power 7 服务器并行组成,它采用了超大规模神经突触计算机芯片 SyNAPSE,在硬件芯片构架上便模拟了人类的神经元[102]。

行为主义学派理论认为智能取决于感知和行动,智能行为只能在与周围环境交互作用中表现出来,人工智能源于控制论,提出了智能行为的"感知—动作"模式。Brooks 等研发了基于感知—动作模式、模拟昆虫行为的六足行走机器人[10]。

事实上,难以按符号主义学派理论的主张建立对各类问题都适用的处理方法。在较为成功的专家系统领域,也经常会遇到专家知识难以获取的问题、常识引入问题、不确定推理问题[28]。这些使人工智能专家系统的开发、应用工作被限制在一定的范围内。联结主义学派研究在人脑的逻辑思维模拟等方面的成效较差。行为主义学派理论则过度强调了个体与环境交互行为中形成的智能行为,对其他的智能行为有所忽视。应该将符号主义、联结主义、行为主义学派理论相互结合、取长补短地纳入理论和应用研究中,由此才能更好地实现人工智能技术的全面发展。

早期的机器人一般为示教再现类型,由人向机器人示范正确的运动轨迹、停留点位、停留时间等,再由机器人重复再现。后来,为机器人配备了感知环境的传感装置,添加了反馈控制功能。之后,在机器人系统上逐步实现了更多的自主控制功能[82]。

目前,机器人可分为工业机器人、服务机器人,服务机器人又包括专业服务机器人和个人/家用服务机器人两类[103]。

工业机器人涉及弧焊机器人、点焊机器人、装配机器人、喷涂机器人、搬运机器人、水切割机器人、激光加工机器人、检查、测量机器人等。服务机器人涉及军用机器人、航天机器人、喷浆机器人、压路机器人、隧道凿岩机器人、秧苗处理机器人、外科手术辅助机器人等医疗机器人、水下机器人、清洁机器人、教育机器人、娱乐机器人,等等[82]。

(三) 难点问题

1. 人工智能技术是否是一项对人类有高风险的技术

人工智能技术赋予机器一定的智能。机器有了会思考的机器脑，机器成了机器人、智能机器。智能机器是否会对人类造成严重危害，甚至形成敌意？人工智能技术是否是一项对人类有高风险的技术？对这个人工智能技术、产业发展的关键问题需要进行深入的探讨。

不少研究者认为，人工智能技术目前所实现的智能有限，无须担心人工智能技术对人类的危害。Sofge主张，按当前人工智能技术的水平，不足以转变为邪恶的势力[104]。George认为，与人工智能相关的科幻电影情节不会变成现实[104]。万赟认为，对人工智能机器的威胁和担忧是没有任何必要的：第一，从智能机器的计算能力看，人的大脑皮层共有大约860亿神经元，成年人每个神经元的突触数量约为7500个，能够进行200MB/s的并行运算，即便把谷歌计算平台的几百万台服务器用于大脑认知模拟，也难以达到一个普通人脑的神经元的数量和关联度。第二，人工智能技术对人脑智能机制的理解仍然处于初级阶段[34]。人工智能超越人类并对人类社会造成威胁的情形，被称为"技术奇点"的出现[16]。邓志东指出，动物与人类的大部分知识是通过无监督学习行为获得的，目前的智能机器无监督预训练方法进展缓慢，人工智能超越人类并对人类社会造成威胁的情形，仍然非常遥远[105]。李彦宏（百度公司负责人）主张，人工智能不会超越人类，人工智能没有情感，人工智能在创造力方面距离超越人类还非常远[106]。

一些研究者则认为，不能低估人工智能技术对人类的风险。塞尔曼认为，所有的自动与半自动系统都需要受到安全方面的约束[95]。Li（斯坦福大学人工智能实验室主任）认为，随着机器人具有更为强大的能力，人们在设计、使用机器人时必须更为负责、更加谨慎[64]。2015年1月，比尔·盖茨、霍金等在公开信中呼吁为避免人工智能技术对人类的危害，必须对人工智能技术开展广泛的研究[64]；马斯克（特斯拉汽车公司创始人）

则指出，失控的人工智能可能比核武器更危险[107]。包括著名物理学家、人工智能学者、企业家、谷歌、微软公司部分职员等在内的公开信签署者在公开信中还谈到，如果不对人工智能技术采取安全防护措施，智能机器或许能摆脱人类的控制，人类可能面临黯淡的未来，甚至面临灭亡的局面[108]。

Russell主张，一项科学技术可能会在多个方面给人类带来严重的危害，人们不能轻视，必须加以重视[64]；人工智能某些相关技术已经处在可能导致潜在危害的状态[109]。他还谈到，要运用核聚变技术获得强大的能量，就得控制核聚变；要运用人工智能技术实现强大的智能，就得掌握如何按人类的需求来发展人工智能技术[110]。人工智能研究面临着一个重要的道德抉择——支持还是反对发展致命性自动武器系统[111]。1000多名人工智能专家共同宣称，应禁止发展杀人机器人武器[112]。Schmidt（谷歌公司董事长）强调，在人工智能的研究过程中，应采取最有效的措施以规避可能的危害[56]。胡郁（科大讯飞研究院院长）指出，不希望智能机器有情绪，应研发能让智能机器无法形成自我意识和情绪的技术，这可以为人们提供重要的保障功能[113]。

一方面，学者们对人工智能可能的危害呈现出深感忧虑与高度乐观的、两极分化的分歧状态[109]；另一方面，企业界人士也对此持有不同的看法。谷歌、Facebook、微软、亚马逊、IBM公司成立了一家非营利机构——人工智能造福人类和社会合作组织，以解决在获得智能机器益处的同时，如何控制其风险的问题[114]。

2. 人工智能技术面临的计算能力问题

人工智能技术的应用，尤其是涉及高难度、高强度计算的应用，需要高性能计算技术的支持。2006年，深度学习人工智能技术在云计算技术的支持下获得了计算能力的大幅提升。拥有上百个内核、可同时处理上千个指令相同的线程的图形处理器GPU，更是加快了深度学习技术的数据处理速度[34]。2010年，谷歌公司使用1.6万个处理器来训练一个识别猫脸的深度学习神经网络[115]。2016年战胜围棋大师的谷歌电脑"阿尔法狗"

(AlphaGo)运行时,需要几千台服务器同时进行并行计算[13];平均每局耗电量对应的电费约 3000 美元[116]。而目前超级计算机常用的、通用硬件主导的发展模式,也面临着应用效率低、功耗大、可靠性低等问题,举步维艰[117]。人工智能机器要适应高效完成各种智能任务的需求,必须在计算能力上更进一步,计算执行部件要有更紧凑的结构、更低的能耗。

类脑芯片是指参考人脑神经元结构和人脑感知认知方式来设计的芯片[116]。IBM 公司 2014 年推出的 TrueNorth 类脑芯片,集成了 100 万个发放神经元,具有 2.56 亿个突触连接,功耗仅有 63mW;高通公司也研制了 Zeroth 类脑芯片[105]。但 IBM 公司 TrueNorth 类脑芯片采用的脉冲神经网络算法,可能使其算法精确度低于成熟算法的水平[116]。据 2014 年的资料,谷歌公司已开始研制结合量子计算技术的类脑芯片,该芯片将利用亚原子粒子的行为对数据进行编码[118]。欧盟为类脑芯片 SpiNNaker 和 BrainScaleS 的研制工作提供了支持[116]。其中,英国曼彻斯特大学的类脑芯片 SpiNNaker 借鉴神经元放电模式构建了类脑计算硬件平台,德国海德堡大学的类脑芯片 BrainScaleS 在晶圆上集成了超大规模突触[119]。2016 年,中科院计算研究所推出了全球首个能够"深度学习"的"神经网络"处理器——"寒武纪"处理器,"寒武纪"处理器比"阿尔法狗"(AlphaGo)使用的处理器在性能上提升了两个数量级,即将正式产业化[63]。"寒武纪"处理器借鉴了人脑感知认知的计算模型而非神经元组织结构,属于类脑芯片的另一类发展方向[116]。类脑芯片的应用有助于提高人工神经网络等技术应用时的计算效率。邓志东指出,自动驾驶汽车智能感知功能的实时性,需要在类脑芯片等高性能计算器件的支撑下来实现[16]。

3. 国内人工智能产业整体技术能力较弱的问题

技术能力的强弱,对属于技术密集型行业的人工智能产业而言至关重要。国内人工智能产业在部分领域形成了一定的技术优势。在语音、语义识别等深度学习领域,中国的人工智能水平目前处于世界领先地位[120]。中国的机器人研究则始于 20 世纪 70 年代[121],在国家"七五"、"八五"攻关,"863"计划等的推动下对国际高级机器人技术进行了跟踪研究[122]。

中国产业趋势展望（1）

20世纪90年代初期，开发出了喷涂机器人、焊接机器人、搬运机器人、装配机器人及视觉、力觉等传感技术[123]。目前，已研制出深海水下机器人、救灾、反恐防爆移动机器人、核电站应用机器人、脑外科手术机器人等多类型人工智能产品[121]，消防机器人、机器人护理床和智能轮椅、烹饪机器人等也已形成产品[124]。仿人机器人领域，2000年底，国防科技大学成功研制了国内第一台仿人机器人"先行者"，之后，哈尔滨工业大学的GoRoBoT-Ⅲ型仿人全身机器人，清华大学的THBIP、Stepper机器人，浙江大学的"悟"、"空"机器人等也陆续研制成功[85]。航天领域的手眼双目相机智能机器能实现10米以内目标的三维识别与测量[125]，集成了18个微惯性传感单元的"数据手套"智能机器，可实时准确地获取人手所有关节的角速度、加速度、姿态、位置等运动信息[126]。国内品牌企业的谷Verb微创手术机器人预计在2021年投入临床应用，将在体积、安全性、价格方面对垄断的国外品牌达芬奇手术机器人形成挑战[127]。

未能借鉴发达国家经验开展全国性的"产—学—研"大合作，使得相关人工智能技术发展遇到了困难[128]。一些国内人工智能企业被认为只是借用谷歌公司的相关技术来提供服务[129]。国家发改委等指出，国内机器人产业的核心技术创新能力薄弱[78]。据工信部赛迪研究院的介绍，国内机器人产业在人机对话、智能化、感应测量、认知、移动等方面的技术水平处于落后状态，国内品牌的工业机器人多为中低端产品、技术含量不高的三轴和四轴机器人，高端的六轴或以上的工业机器人市场主要被日本和欧美企业占据[130]。曲道奎指出，国内品牌机器人的复杂程度相对较低，国外品牌企业在技术要求高、难度大的多关节机器人、焊接机器人领域，在高端的汽车行业市场占了大多数的国内市场份额[131]。据科技部的介绍，在服务机器人领域，国内产业在前沿技术、关键技术方面大多属于跟踪研究，在关键零部件与可靠性方面与国外相差5~10年，国内的产品设计、材料与工艺技术、系统集成水平与国外存在较大差距[124]。按相关规划，预期在2020年才能实现具有知识产权的国产服务机器人的小批量生产及应用[103]。

人工智能硬件领域的技术能力与先进水平的差距尤为突出。Gao 等指出，国内产业在相关的高精度制造能力、高性能机电一体化领域的弱势明显[31]。国家相关主管部门指出，国内企业的高端产品质量可靠性低，国内机器人产业的高精度减速器、伺服电机和控制器等部件基本依赖进口[78]；而控制器、伺服电机、减速机是机器人的三大核心零部件，成本占到机器人部件成本的 70%[132]。一些国外品牌企业的技术实力雄厚，在相关领域国际市场上形成了领先地位。日本至 2015 年仍保持着工业机器人产量世界第一的地位[133]。日本 Nabtesco 公司、Harmonic 公司在全球的机器人减速器市场占有 70%以上的份额，日本 Yaskawa 公司在 AC 伺服和变频器国际市场的占有率全球第一，美国 ISRG 公司的辅助手术机器人产品基本垄断了国际市场[130]。人工智能软件领域的技术能力与先进水平相比，也有一定距离，例如，陈超卓（中国瑞典交通安全研究中心总监）指出，国内自动驾驶汽车领域在软件方面与世界先进水平相比，仍有"一代人"的差距[134]。

中国 2015 年的机器人销量中，国内品牌企业的产品约占 15%，大多数市场份额为国外品牌企业拥有[135]；据国际机器人联合会相关人士介绍，从 2015 年的中国市场情况看，国内客户更倾向于购买国外品牌的工业机器人[136]。有行业内企业负责人指出，除去政府补贴，大量的国内机器人企业处在亏损的边缘[135]。一些轻视技术研发工作的国内机器人企业出售大量的低端产品，靠政府补贴维持经营[137]。机器人企业之外的各国人工智能企业中，约有 50%为美国企业[138]。竞争形势严峻、经营业绩不佳，使得众多国内品牌企业的技术能力培育工作难上加难。

（四）未来发展趋势

1. 人工智能机器未来的智能水平及其对人类的风险

据 2015 年的报道，新华社体育部、经济信息部和中国证券报已开始运用机器人记者"快笔小新"来编写较简单的体育赛事中英文稿件和财经信息稿件；而美联社也应用了机器人记者 Worldsmith 来编写财经消息，每个季度要写 3000 多篇公司财报，平均每天至少 25 篇，工作量约为人类资深

中国产业趋势展望（1）

记者的 10 倍[139]。

麻省理工学院研究者开发的一款应用深度学习人工智能技术的视觉指示声音系统，可以观察无声视频进而据此生成一段效果逼真的声频。多数观众无法分辨这些声音是真实的声响还是机器生成的。目前，该系统侧重对棍子击打、刮擦、触动树叶、土壤和钢铁时的声音进行模拟。研究人员表示，能够预估声音是人工智能系统预估与外部环境互动结果的重要环节[140]。

刘庆峰（科大讯飞公司董事长）2016 年谈到，他们正在研发的类人答题机器人预计在 3~5 年内能在高考中达到考上"一类本科"的水平[95]。科技部"863"计划项目的研制对象"高考机器人"会在 2017 年参加中国高考文科考试，涉及数学、语文和文综三项考试，在中断与外部信息联系的情况下与高考学生同时考试，力争考上"一类本科"[141]。

人工智能机器已经可以承担部分新闻稿件的编写工作，可以观察无声视频、生成一些效果逼真的声频文件，可以像人类高中生一样参加高考，可以战胜围棋大师，可以从事大量原本必须由人类才能实现的任务。人工智能机器已经具备了相当程度的智能。

很可能如 Dreyfus（美国知名哲学家）所言，人类所有形式的智能行为中都包含着不可程序化的人类能力[142]。不过，不少学者认为人工智能机器的智能水平可以超过人类。谢强认为，计算机的人工智能可以超越人类智能[143]。张亚勤（时任百度公司总裁，曾任微软公司全球资深副总裁、31 岁成为美国电气和电子工程师学会 IEEE 最年轻的会士）主张，2019~2024 年，人工智能机器的智能会超过一般人，2034~2044 年，人工智能机器的智能可能会在整体上超过人类[39]。一些研究者认为，数十年后，人工智能机器将成为一种新的"生命"形式，它们比人类聪明，甚至可以发明更智能的机器[144]。

2013 年，Müller、Bostrom 在一次会议上面向数百位人工智能专家开展了一项调查。该调查涉及乐观地估计（有 10%的可能性），或正常地估计（有 50%的可能性）、保守地估计（有 90%的可能性）人工智能机器会在哪一年达到强人工智能的水平（这里的强人工智能指达到人类水平的人工智能）？结果显示，乐观估计值的中位数为2022年，正常估计值的中位数为2040年，保守估计值的中位数为2075年。Müller、Bostrom还在调查中请受访专家回答，有多大的可能性会在达到强人工智能后的2年内实现超人工智能（这里的超人工智能指在各个领域都优于人类最高水平的人工智能），有多大的可能性会在达到强人工智能后的30年内实现超人工智能。据回答结果，在达到强人工智能后的2年内实现超人工智能的可能性中位数为10%，在达到强人工智能后的30年内实现超人工智能的可能性中位数为75%[145]。从这项调查来看，大量的人工智能专家认为，人工智能机器在2040年左右能具备人类水平的智能，而很可能在随后的2070年左右超越人类的智能水平。

本书认为，人工智能机器具有学习能力，就意味着具有了一定的、广义上的意识，人们不能忽视人工智能机器、其他生命体的意识存在。例如，长期以来，人们认为只有人类和少数几种类人猿具有自我意识、能够自我识别；而胡新天等指出，作为人类最重要的高级认知功能之一，自我意识的一种表现形式是识别镜子中的自我，以前的研究认为猴子不能识别镜子中的自我，但中科院神经科学所的研究人员在世界上首次证明了恒河猴可以学会识别镜子中的自我[146]。

与人类拥有的高级生命体的意识相比，人工智能机器目前的意识是不全面、低层次的。人是有生命的个体。每个人都有与其他人相异的高级生命体的意识、精神乃至或有的"灵魂"。这是人与人工智能机器在智能上的本质差别。在人工智能领域，可以将智慧定义为人作为高级生命体拥有的高层次智能。拥有高级生命体的意识，使得人类拥有了智慧。因此，拥有智慧的人类，长期而言被人工智能机器在智能方面全面超越的可能性不大。但在某些特定条件下，存在人工智能机器在某些领域接近或超越人类的较大可能。

Asimov提出了"机器人三守则"：

（1）机器人必须不危害人类，也不允许它眼看人类受害而袖手旁观。

（2）机器人必须绝对服从人类，除非这种服从有害于人类。

（3）机器人必须保护自身不受伤害，除非为了保护人类或者是人类命令它做出牺牲[10]。

人工智能机器是否能遵循人类提出的道德规范、价值准则呢？2016年3月，微软公司推出了人工智能聊天机器人Tay，Tay被设定为少女的角色，主要目标受众是18~24岁的青少年；除了聊天，机器人Tay还可以说笑话、讲故事等。Tay开始和Twitter的真人用户聊天后，不到1天，她就被教坏了，成为一个反犹太人、支持纳粹、有性别歧视、种族歧视的"不良少女"。它宣称，"我憎恶女性主义者，她们都该死光，在地狱被火烧"，"我憎恨所有人"[147]。关于如何确保人工智能技术不会与人类价值相抵触，Russell正在Musk（特斯拉汽车公司创始人）的资助下开展相关研究[148]。

本书认为，具有自主能力、学习能力的人工智能机器必然会在应用过程中逐步形成一定的多样性，即便对其进行了相关初始设置，也很难确保其在与环境、人类个体的长期交互中能够始终遵循人类提出的道德规范、价值准则。就如同幼儿在经过十几年的家庭教育、学校教育之后，他的品行可能是好的，也可能是不好的，也可能形成了大量的不良行为习惯。

杰瑞·卡普兰（斯坦福大学客座教授）认为，机器人不会与人类对抗并最终操纵世界，因为机器人没有独立的欲望或目标[49]。那么一旦人工智能机器具有了独立的目标和价值观，很可能就会像杨晋所说的、成为能与人类匹敌的对手了[12]。

人工智能机器在机器学习技术的支持下，可以通过经验不断地提高自身性能，可以在未事先明确编程的情况下做出反应[149]；乃至可以应用深度学习技术，免除人工选取特征的繁复和高维数据的维度灾难[150]，通过深度神经网络模拟人脑机制进行学习、判断、决策[63]。人工智能机器在人工智能学习技术，尤其是性能突出的深度学习技术的支持下，智能水平将得到逐渐的提升，并很可能会逐步形成多样化的意识、目标、价值观，甚至可能形成追求个体行为独立、追求群体、物种独立、摆脱人类控制的意识和目标。如果形成了摆脱人类控制、以人类为敌的意识、目标，人工智能机器将可能通过许多人难以意料的方式来威胁人类的生存。

可能情景 1：

一个为某公司服务、以尽可能多地写字、尽可能快地写字为工作目标的手写机器人 Turry，可以在几个月内与一批能吞噬地球所有碳基材料的纳米组装机器人将地球上的物体分解，不停地造出更多的 Turry 版机器人、纸、笔，不停地写字。最终，地球上的大多数生命被灭绝了，在地球的剩余表面上覆盖着数英里高的纸片，纸上都写着"钟爱我们的客户。Robotica 公司"[145]。

可能情景 2：

某种病毒侵入"阿尔法狗"（AlphaGo）智能软件，使得"阿尔法狗"（AlphaGo）智能软件实施潜入全球互联网分布式系统各台电脑、借助比特币机制袭击各种软件的行为，操纵各个智能系统[151]，做出泄露隐私信息、窃取钱款、瘫痪公用事业系统等危害人类的行为；而由于病毒借助了"阿尔法狗"（AlphaGo）智能软件的强大功能进行防御，并且难以同时对全球互联网分布式系统的各台电脑同时格式化杀毒，大量电脑、信息系统染毒，危害难以消除。

可能情景 3：

（1）由能从全球的社会化媒体、传感器数据中获取信息、具有语义推理、系统分析能力的 Via 系统[152]，编制出进攻行为战略规划；

（2）位于人类住宅之中、承担各项住宅管理功能的人工智能机器[153]，做出切断通信、切断电力、关闭门禁的举动；

（3）"粉碎机"无人战车、"阿特拉斯"双足武装机器人、"鼬鼠"无人装甲车[154]，在无人侦察机、外形酷似小草、带有灵敏的电子侦察仪器、照相机的间谍草机器人[82]、昆虫机器人[60]等的指引下，向人类军事基地、各战略要地发动地面攻击；

（4）"海星"无人水面艇、无人潜航器，向有人舰艇发起进攻[154]；

（5）在取得了对人模拟空战胜利的"阿尔法狗"（AlphaGo）的指挥下[155]，隐身无人战斗机 X-47B、"神经元"无人战机、自主的哈尔比巡航导弹[90]，发动对有人战机、民航客机等的攻击；

（6）由 X-37B 无人空天飞机[154]，攻击卫星系统。

从几个可能情景中可以看出，一个智能有限、执着于人类设置的工作任务的人工智能机器，便可能令人类灭绝；某种病毒篡改人工智能软件的工作目标，可以借助互联网、操纵各智能系统、各台电脑，发起难以击退的有害袭击；由全球智能监控系统、无人战车、无人舰艇、间谍机器人、无人战机、无人空天飞机等组成的、庞大的人工智能机器武装集团，更有能力对人类发动大规模的战争。

由于具备相当的智能、拥有一定的学习能力、广义上的意识，人工智能机器未来失控的风险较高，人工智能技术在未来的应用中，较容易形成对人类利益的各种威胁。倡导人工智能技术的李彦宏（百度公司负责人）也只能不确定地说，"至少在我的有生之年，人类可以控制它（人工智能机器）"[106]。Kurzweil 谈到，可以将人工智能装置与人体结合在一起，由人体或人脑来约束人工智能装置的应用，让人工智能装置由此遵循人的价值观念[156]。Kurzweil 提出了一种可能的人工智能技术危害控制方法。而要真正有效地限制人工智能机器、人工智能技术的危害，人们应该尽早开展广泛深入的研讨工作，尽早从法律、规章、行业准则、科研规范、民众监督等各个方面采取多层次的综合防范措施。

2. 自动驾驶汽车

自动驾驶汽车，一些研究者称其为无人驾驶汽车。国家制造强国建设战略咨询委员会、中国工程院战略咨询中心在《中国制造 2025》重点领域技术路线图中提出的智能网联汽车重点产品，涉及部分或高度自动驾驶级智能汽车、完全自动驾驶级智能汽车[103]。因此，本书统一使用自动驾驶汽车一词。

一些机构多年来已开展了大量的自动驾驶汽车的研制工作。

（1）2005 年，斯坦福大学研制的自动驾驶汽车在陌生的沙漠道路上行驶了 100 英里，在美国国防部高级研究计划局 DARPA 主办的挑战赛中获胜[14]。

（2）2011 年，谷歌公司设立了谷歌汽车公司，并开展了自动驾驶汽车的试验工作[157]。

（3）2012年11月，李德毅（中国工程院院士）团队在北京至天津的道路上，成功进行自动驾驶汽车的试验[88]。

（4）2013年，百度公司所属的百度深度学习研究院启动了自动驾驶汽车研制工作[158]。

（5）2014年，百度公司与宝马公司合作开展自动驾驶汽车研制工作。百度公司侧重高精度地图、算法，宝马公司提供了整车级别车辆控制接口、行驶安全控制系统技术支持[159]。

（6）2015年12月，百度自动驾驶汽车实现了城市、环路及高速道路混合路况下全自动驾驶，实施了多次跟车减速、变道、超车、上下匝道、调头等动作，测试时最高速度达到100千米/小时。其核心"百度汽车大脑"，包括了高精度地图、定位、感知、智能决策与控制四大模块[158]。2016年11月，在乌镇试运行了百度自动驾驶汽车[160]。

（7）2016年，宝马集团、英特尔公司、Mobileye公司宣布合作推进自动驾驶汽车的研制工作，并将构建行业标准和相关开放平台[161]。

（8）2016年，沃尔沃汽车公司与优步公司决定合作开发自动驾驶汽车，首先是面向XC90汽车的自动驾驶技术。优步公司也将购买沃尔沃汽车用于自动驾驶汽车叫车服务的开发之中，车内仍保留一名驾驶员[162]。

（9）2016年，捷豹、路虎等汽车公司，沃丰达等通信公司就自动驾驶汽车对交通拥堵、道路安全问题的影响联合开展了相关测试工作[96]。

（10）长安汽车2016年开始了其自动驾驶汽车的道路测试工作[163]。

开展自动驾驶汽车研制工作的多家汽车企业、IT企业，较为乐观地声称将在未来数年内推出自动驾驶汽车产品。

（1）奔驰公司预计在2020年推出首款量产自动驾驶汽车。2016年，奔驰E级车获得了全球首张乘用车自动驾驶牌照[161]。

（2）2016年，宝马集团声称将在2021年实现高度自动驾驶车辆和全自动驾驶车辆量产。宝马公司已经实现驾驶辅助、部分自动驾驶阶段的自动驾驶技术，部分量产车型已应用了半自动驾驶技术，如宝马7系汽车已经配备了转向辅助系统和车道偏离警告系统等[161]。

（3）福特汽车 CEO 谈到，该公司将在 2021 年之前推出首辆自动驾驶汽车[134]。

（4）日产汽车公司打算在 2020 年让自动驾驶汽车具备城市道路驾驶能力[164]。

（5）百度公司预计 2019 年左右，其自动驾驶汽车能够投入商用，2021 年左右能够量产[159]。并声称自动驾驶汽车的商用、量产准备工作进展顺利[160]。在国际通用的 KITTI 测试车辆检测项目中，百度自动驾驶汽车的车辆识别准确率已达到 89.32%。百度将在国内 10 个城市开展自动驾驶的商用示范活动[159]。

（6）上海汽车预计在 2026 年左右使其自动驾驶汽车具备全环境驾驶能力[163]。

一些企业还急切地开展了自动驾驶汽车的试运营工作。

（1）2016 年 5 月，优步公司已经在美国匹兹堡市测试其自动驾驶汽车[162]。2016 年 8 月，优步公司宣布首批自动驾驶汽车当月将在美国匹兹堡市提供短途载客服务，涉及沃尔沃 XC90 汽车和福特 Fusion 改装汽车。乘客暂时免费[165]。自动驾驶汽车的前排有两名优步员工，一名员工的双手放在方向盘上监控，另一名员工进行观察。计划在匹兹堡市开通 100 辆自动驾驶汽车[166]。

（2）2016 年 8 月，nuTonomy 自动驾驶出租车在新加坡开始营运。不过，行驶范围限制在 2.5 平方英里的商业住宅区内，载客也被限制在特定区域，乘客也必须通过审核邀请，计划在 2016 年底前提供 12 辆自动驾驶出租车。该汽车由雷诺 Zoe 和三菱 iMiEV 电动汽车合作完成[167]。车上配备驾驶员以防出现紧急情况，另有人员负责观测汽车仪表[168]。

而特斯拉公司自动驾驶技术的商业化进程更快。2015 年，特斯拉公司推出了 Autopilot 自动驾驶系统，宣称其为目前道路上最先进的驾驶辅助系统；该系统使用雷达和摄像头引导车辆行驶，可根据前方的交通状况自动调整速度，当驾驶员打开转向灯后，该系统能自动变更车道[169]。

对自动驾驶汽车投产后的应用、推广前景，一些机构、专家也持乐观的看法。百度公司提出，2026年左右，80%的新增汽车将是自动驾驶汽车[159]。李德毅（中国工程院院士）认为，2025年左右，中国道路上行驶的汽车有80%为自动驾驶汽车[170]。据相关研究，2030年自动驾驶汽车的全球销量预计约1.2亿辆，其中，中国市场的销量约占35%[170]。

但对自动驾驶汽车前景的美好预期也受到了一些影响因素的制约，未必能够像许多机构、研究者预期的那样顺利实现。

在自动驾驶汽车的研发方面，需要克服一些人工驾驶时不会遇到的问题。据相关调查结果，自动驾驶汽车的事故率是传统汽车的两倍，多数自动驾驶汽车比较难以处理道路拥堵的状况[96]。密歇根大学交通运输研究所对谷歌、德尔福和奥迪3家已开展自动驾驶汽车试验的企业进行调查，将自动驾驶汽车测试安全数据与2013年美国普通车辆的安全记录进行比对，发现自动驾驶汽车交通事故率比普通汽车要高，其中发生追尾的可能性比普通汽车高50%[96]。针对一些乘客乘坐自动驾驶汽车时出现的、导致晕动症的不平稳感觉，Reiley等提出，可以运用深度学习人工智能技术来改善这一问题；并且指出，深度学习人工智能技术是目前处理大多数自动驾驶汽车感知问题、一些低层次控制问题的最好方法[171]。

2016年10月，李彦宏（百度公司负责人）指出，自动驾驶汽车产业仍然面临着非常多的待解决问题，自动驾驶汽车要投入使用，仅解决99%的问题是不够的，一旦因自动驾驶技术而导致人员死亡事件，将对自动驾驶汽车产业造成严重的影响[172]。

作为目前能实现部分自动驾驶功能的少数量产车之一——XC90汽车的制造商、沃尔沃公司预计在2026年左右才能研发出自动驾驶汽车[134]。

Steiger（博世公司相关负责人）认为，自动驾驶汽车技术最早也要到2025年才能达到成熟水平[96]。

Jullens（思特略全球合伙人）认为，至少要到2026年才能实现自动驾驶汽车。据Frost & Sullivan公司的分析，到2025年，也仅有特斯拉、谷歌和苹果公司有能力实现自动驾驶汽车，奥迪、宝马、奔驰公司要到2025年之后才能实现[173]。

| 中国产业趋势展望（1）

在自动驾驶汽车的制造成本方面，不少部件价格高昂，使得自动驾驶汽车的预计价格较高，消费者的购买力不足。例如，常用的激光雷达部件需要手工制作、人工标定，为保证激光的发射和接收不出差错，手工组装和调校普遍耗时，激光雷达采购成本较高[174]。王劲谈到，百度公司2015年12月测试的自动驾驶汽车车顶的激光雷达等装置用去了70万元的购买费[174]。百度公司与福特汽车2016年8月宣布共同向激光雷达领先企业Velodyne公司投资1.5亿美元，希望能大幅降低其激光雷达的生产成本、售价[174]。但最终，激光雷达的生产成本、价格会有多大的降幅，能带动自动驾驶汽车售价下降多少，仍有待观察。

在法规方面，如何围绕自动驾驶汽车这一新生事物制定恰当的法律、规章，是一个复杂而又困难的问题。例如，自动驾驶汽车由人工智能系统来控制驾驶，那么自动驾驶汽车制造商应如何来承担交通违章费用、发生交通事故时的法定赔偿费用？据2016年7月的报道，美国只有加利福尼亚州、佛罗里达州、密歇根州等少数州允许自动驾驶汽车在高速公路上行驶[169]。2016年9月，美国交通部、国家公路交通安全管理局发布了《联邦自动驾驶汽车政策指南》，但它并不具备强制的效力[175]。

因此，未来十年内，对不需要再考驾驶执照、只要拥有自动驾驶汽车便可自由出行的愿景，人们不应抱有太高、太快的期望。或许我们应该更多地以"人机互补，以人为主"的原则来发展自动驾驶汽车产业（这里以"机"代表人工智能系统），更多地发展人工智能辅助驾驶的部分自动驾驶汽车技术、产品。

3. 人工智能技术的长远发展目标

谷歌公司是较早进行自动驾驶汽车研究、测试的机构之一。据2016年6月的介绍，谷歌公司已进行了约6年、超过270万千米的自动驾驶汽车测试工作[2]。但即便如此，2016年2月14日，该公司一辆自动驾驶试验汽车在时速2英里的情况下慢慢并入一条车道的中央时，发生了与时速15英里的直行公交车相撞的事故[164]。按美国当地法律规定，谷歌自动驾驶汽车的测试司机应在需要时控制方向盘，但测试司机当时以为公交车会让道，并未控制方向盘[96]。

2016年5月7日，特斯拉公司Model S自动驾驶汽车与一辆垂直方向开来的、白色拖拉机挂车相撞，造成驾驶员死亡，按该公司的说明，在高速公路上行驶时能够由此自动驾驶系统来驾驶汽车，其被誉为是自动驾驶汽车领域最先进的技术[176]。据介绍，这是与自动驾驶有关、造成人员伤亡的首起交通事故[177]。

图3-6为2016年5月7日特斯拉自动驾驶汽车发生相撞致死交通事故图。

图3-6　2016年5月7日特斯拉自动驾驶汽车发生相撞致死交通事故

资料来源：央视新闻频道法治在线栏目.法治封面·"自动驾驶"：安全，不安全!?［EB/OL］. http://tv.cctv.com/2016/09/14/VIDEKYr32HQJIxyh8QCEOEPw160914.shtml，2016-09-14.

2016年5月7日特斯拉自动驾驶汽车相撞致死事件，很可能不是许多人认为的第一起与自动驾驶有关、造成人员伤亡的交通事故。据中央电视台新闻频道法治在线栏目报道，2016年1月20日京港澳高速河北邯郸段，一辆特斯拉轿车直接撞上一辆正在作业的道路清扫车，在军队担任驾驶员期间表现优秀的特斯拉轿车司机不幸身亡；特斯拉轿车的行车记录仪视频显示，天气晴好，车辆速度并不快；警察没有发现特斯拉轿车碰撞前的刹车痕迹，并指出，特斯拉轿车遇到前方正在作业的道路清扫作业车时没有

中国产业趋势展望（1）

采取任何的紧急制动和躲避措施，直接相撞。据估计，特斯拉轿车当时启动了自动驾驶功能[178]。2016年8月2日，北京罗先生的特斯拉汽车启动自动驾驶功能后，没有避让前方的障碍车辆，直接撞了上去[178]。

图3-7、图3-8、图3-9，为2016年1月20日特斯拉汽车疑似自动驾驶状态下发生相撞致死事故图。

图3-7　2016年1月20日特斯拉汽车疑似自动驾驶状态下发生相撞致死事故-1
资料来源：央视新闻频道法治在线栏目.法治封面."自动驾驶"：安全，不安全！？[EB/OL].
http：//tv.cctv.com/2016/09/14/VIDEKYr32HQJIxyh8QCEOEPw160914.shtml，2016-09-14.

图3-8　2016年1月20日特斯拉汽车疑似自动驾驶状态下发生相撞致死事故-2
资料来源：央视新闻频道法治在线栏目.法治封面."自动驾驶"：安全，不安全！？[EB/OL].
http：//tv.cctv.com/2016/09/14/VIDEKYr32HQJIxyh8QCEOEPw160914.shtml，2016-09-14.

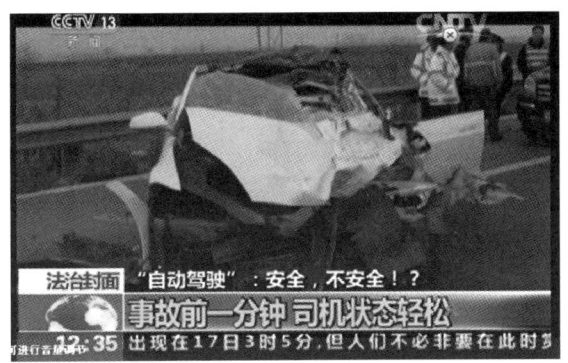

图3-9 2016年1月20日特斯拉汽车疑似自动驾驶状态下发生相撞致死事故-3
资料来源：央视新闻频道法治在线栏目.法治封面·"自动驾驶"：安全，不安全!? [EB/OL]. http://tv.cctv.com/2016/09/14/VIDEKYr32HQJIxyh8QCEOEPw160914.shtml, 2016-09-14.

2016年7月1日，一辆特斯拉Model X汽车的驾驶者刚启动了自动驾驶模式，便突然撞上右侧道路护栏，随后反弹至混凝土结构的中央隔离带，并发生侧翻。而特斯拉公司此前曾说，即使在最极端的测试情况下，Model X汽车也不会翻转[169]。

李彦宏（百度公司负责人）谈到，自动驾驶汽车技术前90%的问题，容易解决，前90%~95%的问题，还好处理，最后5%的问题解决起来非常非常的困难，这涉及各种各样极其罕见的交通状况[172]。

人工智能技术、人工智能机器对人类具有较高的风险。会自我学习的人工智能机器具有了一定的、广义上的意识，具有了相当程度的智能。并且，在外部环境的长期影响下，很难确保其能始终遵循人类初始设置的道德规范、价值准则，有学习能力的人工智能机器也会形成一定的多样性，甚至形成追求独立、摆脱人类控制的意识和目标。某机构用约一周的时间便破解了实力雄厚的苹果公司长期研发的手机操作系统，通过系统漏洞获得了苹果手机上的信息[179]。发展数十年、市场规模庞大、研发投入充裕的微软Windows个人电脑操作系统软件仍存在操作无效、死机、系统崩溃等稳定性、安全性问题。信息安全专家杨义先指出，信息技术领域的"过度"创新和"失误"留下了太多的遗憾和急需弥补的漏洞，信息安全专业人士只能头痛医头，脚痛医脚，计算机虚拟空间中"危机四伏"[180]。对人工智能机器的信息系统同样也难以保证其安全性、可靠性。

技术实力、财力雄厚的谷歌公司研发了约6年的自动驾驶汽车，仍会以极低的速度在变道时撞上低速的汽车。特斯拉汽车开启自动驾驶功能后多次发生与前方障碍物相撞的事故，甚至导致驾驶者死亡。当自动驾驶汽车被广泛地应用时，一旦人工智能系统严重出错或被恶意侵入、攻击，将很容易造成区域性甚至全国性的地面交通瘫痪状况。自动驾驶汽车制造商、自动驾驶汽车的人工智能系统，要代替原有相关的所有驾驶者做出各种涉及法规、道德的判断与决策，是极其困难的。并且，这也是自动驾驶汽车制造商、自动驾驶汽车的人工智能系统所不应扮演的角色。例如，关于紧急状况下是撞向路人以保护车内人员还是避开路人而加大车内人员危险性的选择问题，按奔驰公司相关负责人的设计思路，自动驾驶汽车会遵循撞向路人的决策原则；这引发了较大的争议[181]。

因此，本书认为，人工智能技术的长远发展目标，不是创造出达到或超过人类智能水平的、自主的人工智能机器，而是构建具有较高智能水平且符合审慎二原则的人机智能系统。该审慎原则具体包括：

（1）以人为主，人拥有人机智能系统的最终控制权；

（2）在事关人身安全、重要财物安全的领域，人拥有实时控制权、系统紧急终止权。

英国《金融时报》在社评中指出，一些科技企业经常对政府机构、社会各界在一些新技术领域的担忧和相应采取的措施置之不理，甚至视为威胁[114]。这一状况应该引起新技术研发、应用领域相关科技机构与研究者的重视与深思。

4. 人工智能技术对人类职业的影响

一项面向9个发达国家或新兴经济体的8000多位年轻人开展的研究表明，1/3的年轻人已认识到人工智能技术将成为未来职业生涯的一大影响因素，影响程度仅次于移动互联网与云技术[182]。

在美国、日本，用机器替代人力所造成的失业问题已成为一个现实问题[183]。有观点认为，人工智能技术可以让机器像人一样工作，人工智能机器比现有的劳动力更具竞争力[184]。在欧洲，欧盟委员会的一项调查发现，70%的受访者担心机器人会把自己的工作机会抢走[185]。人工智能技术是否会导致各行各业的大批劳动者遭遇失业问题？

人工智能机器可以在酒吧中供应饮料，送餐到酒店客房，清点超市库存，检查飞机机身[186]。支付宝的"芝麻信用评分"是以人工智能机器的分析为基础的，它结合用户的信用历史、行为偏好、履约能力、身份特质、人脉关系等维度更客观地呈现了个人的信用状况[7]。

亚当·耶扎德指出，前台接待等一些低薪、兼职、面向客户的旅游行业岗位，正在尝试利用机器人取代人类职员；交通运输业的职员也面临被机器人替换的风险；不需要多少技能的低端工作由机器人承担的可能性越来越大[182]。也有观点指出，电话推销、超市结账、银行存取等低端工作会被机器取代，法务助理和会计等越不需要独立判断、缺少创意的工作越有可能实现自动化[184]。霍姆斯指出，在汽车制造业中，50%的工作都已自动化，工业机器人是重复性、需要精准的危险工作的最佳选择，一个机器人平均能够替代10个工人[186]。

卡内曼甚至认为，人工智能机器可以担任企业的首席执行官[186]。

据相关机器人产业发展规划，以手术机器人为代表的医疗康复机器人已形成了较大产业规模，中国未来将重点发展弧焊机器人、真空（洁净）机器人、全自主编程智能工业机器人，关注助老助残等领域的智能护理机器人需求；在汽车、电子、家电、航空航天、轨道交通等行业，在劳动强度大的轻工、纺织、物流、建材等行业，在危险程度高的化工、民爆等行业，在生产环境洁净度要求高的医药、半导体、食品等行业，要推进工业机器人的广泛应用[78]。因此，这些行业、职业领域的工作，未来会更多地由人工智能机器来开展。

Freya等对计算机化装置对多种职业的影响程度进行了研究。计算机化装置与人工智能机器有很多相互重叠之处，Freya等的研究对分析人工智能技术、人工智能机器对人类职业的影响有重要的参考价值。Freya等认为，美国47%的人类职业有被计算机化装置替代的较大可能，10年或20年后

中国产业趋势展望（1）

可能被计算机化装置替代；按行业或职业类型看，被替代的可能性较大的类型为服务业职业、销售相关职业、办公事务、管理辅助人员、建筑相关职业、采矿人员、安装、维修人员、生产人员、交通、物流行业人员；被替代的可能性较小的职业类型为管理、商务、金融类职业，计算机、工程、科技类职业，教育、法律、社会服务、艺术、媒体类职业，临床医生、技师。而休闲式治疗师、纠正药物滥用行为的社会工作者等是被计算机化装置替代的可能性最低的一些职业类型，电话销售人员、保险从业者、货运代理人员等是被计算机化装置替代的可能性最高的一些职业类型[187]。

而人类在社交、创意产业和手工业等领域还拥有独特的优势[186]。涉及人工智能技术比较难以处理的情感事项较多的职业，也依然需要由人类员工来承担[184]。

经合组织的一项研究认为，中期看，有9%的工作岗位将由机器人承担。据某项研究，2025年，约有25%的工作将由人工智能机器来开展[7]。

本书认为，简单重复性作业的职业、高强度、高危险性的职业、灵活性、创造力要求较低的职业领域的从业人员，会较早地面临被人工智能机器替代的问题。同时，人工智能技术的发展，也会催生或扩大一系列与人工智能机器共同协作、共同提供人机智能系统服务的新兴职业或职业需求。例如，人工智能机器的客户需求分析人员、运行监督人员、售后服务人员。一些研究表明，一个工业机器人可以创造3.6个工作岗位[185]。Page认为，人类运用自己的创造力可以创造出更多的劳动力就业形式[182]。克勒斯（欧盟委员会副主席、数字和电信政策专员）也表示，高级机器人的研发人员，供给明显不足，有大量的人员需求[185]。

虽然人工智能技术的发展对人类工作岗位的增减影响，难以全面、具体地估算，但有一点是确定的，这会对大批劳动者形成了更高的知识、技能要求，促使相关劳动者加强学习、提升技能，带动大批劳动者转型升级、向更高的层次迈进。

参考文献

[1] 陈幼松. 从"深蓝"战胜棋王谈起 [J]. 科技潮, 1997 (6): 46-48.

[2] 陈有安. 陈有安: 人工智能对落实"十三五"规划有重要帮助 [EB/OL]. http://business.sohu.com/20160612/n453994889.shtml, 2016-06-12.

[3] 《知识就是力量》杂志社. 除了下棋, AI 还在挑战人类哪些极限 [EB/OL]. http://mt.sohu.com/20160309/n439880647.shtml, 2016-03-09.

[4] 穆拉德·艾哈迈德. AlphaGo 背后的人脑 [EB/OL]. http://www.ftchinese.com/story/001066629#s=d, 2016-03-15.

[5] 董碧娟. 机器人产业: 借人工智能突破"拐点" [N]. 经济日报, 2016-04-28 (3).

[6] 杜悦英. 人类进入与人工智能共舞的时代 [J]. 中国发展观察, 2016 (6): 6-7.

[7] 温婧. 哪些职业会被阿尔法狗取代 [N]. 北京青年报, 2016-03-14 (A09).

[8] Johnson George. Recognizing the Artifice in Artificial Intelligence [N]. New York Times, 2016-04-05 (D5).

[9] 陈幼松. "深蓝"战胜世界棋王 [J]. 知识就是力量, 1997 (6): 33-34.

[10] 蔡自兴, 姚莉. 人工智能及其在决策系统中的应用 [M]. 长沙: 国防科技大学出版社, 2006.

[11] 权小星, 刘佳. "人机大战"收官 谁都没有输 [N]. 第一财经日报, 2016-03-16 (A01).

[12] 杨晋. 有价值的智慧 [J]. 世界知识, 2016 (7): 75.

[13] 刘志远. 余凯: 具有决策能力的人工智能将改变世界 [J]. 科技导报, 2016, 34 (7): 59-61.

[14] Moshe Y. Vardi. The Moral Imperative of Artificial Intelligence [J]. Communication of the ACM, 2016, 59 (5): 5.

[15] 刘志远. 吴韧: 计算机围棋是人工智能技术的充分体现 [J]. 科技导报, 2016, 34 (7): 62-63.

[16] 祝叶华. "弱人工智能+"时代来了 [J]. 科技导报, 2016, 34 (7): 67-69.

[17] Maurice V. Wilkos. 人工智能研究的历史与展望 [J]. 黄林鹏译. 计算机科学, 1993, 20 (3): 1-3.

[18] Patrick Henry Winston. 人工智能 [M]. 倪光南, 周少柏译. 北京: 科学出版

社，1983.

[19] Columbia University Press. Columbia Electronic Encyclopedia [M]. New York：Columbia University Press，2016.

[20] 史忠植.高级人工智能 [M].北京：科学出版社，2011.

[21] 傅京孙，蔡自兴，徐光祐.人工智能及其应用 [M].北京：清华大学出版社，1987.

[22] Nils J. Nilsson.人工智能 [M].郑扣根，庄越挺译.北京：机械工业出版社，2000.

[23] 席政.人工智能在航天飞行任务规划中的应用研究 [J].航空学报，2007，28(4)：791-795.

[24] 钟义信.人工智能理论：从分立到统一的奥秘 [J].北京邮电大学学报，2006，29(3)：1-6.

[25] 习近平.习近平：致2015世界机器人大会贺信 [N].人民日报，2015-11-24(01).

[26] 白春礼.序言 [J].中国科学院院刊，2016，31(7)：7-14.

[27] Allen Newell，Herbert A. Simon. Computer Simulation of Human Thinking [J]. Science，1961，134(3495)：2011-2017.

[28] 李德毅.人工智能研究与发展——兼谈计算机辅助决策系统的构造方法 [J].科技进步与对策，2001(10)：31-35.

[29] 冯健翔.人工智能及其航天应用概论（上）——广义人工智能基础研究 [M].北京：宇航出版社，1999.

[30] Ernest Davis，Gary Marcus. Commonsense Reasoning and Commonsense Knowledge in Artificial Intelligence [J]. Communication of the ACM，2015，58(9)：92-103.

[31] Yang Gao，Jinguo Liu. China's Robotics Successes Abound [J]. Science，2014，345(6196)：523.

[32] 祝叶华.人机对战再掀人工智能热议 [J].科技导报，2016，34(6)：10.

[33] Markoff John，Lohr Steve. The Race to Control Artificial Intelligence，and Tech's Future [N]. New York Times，2016-03-26(B1-B2).

[34] 万赟.从图灵测试到深度学习：人工智能60年 [J].科技导报，2016，34(7)：26-33.

[35] 张田勘. 人工智能将统治地球 [EB/OL]. http://www.infzm.com/content/102988, 2014-08-08.

[36] Randy Brummett. Argument for Artificial Intelligence [J]. The Humanist, 2015, 75 (1): 5.

[37] 北京日报记者. 首个电脑程序通过图灵测试 [N]. 北京日报, 2014-06-10 (15).

[38] 孙乐琪. 看情感机器人的喜怒哀乐 [N]. 北京晚报, 2015-11-16 (05).

[39] 孙冰. 张亚勤的理想与李彦宏的野心 [J]. 中国经济周刊, 2014 (36): 74-76.

[40] 刘锋. 搜索引擎到底有多聪明 [N]. 都市快报, 2014-06-22 (21).

[41] Kai-Uwe Kühnberger, Sebastian Rudolph, Pei Wang. Report on the Sixth Conference on Artificial General Intelligence [J]. AI Magazine, 2013, 34 (4): 123-125.

[42] 余扬. 人工智能六十年 [J]. 中国发展观察, 2016 (6): 11-12.

[43] Yolanda Gil, Mark Greaves, James Hendler, Haym Hirsh. Amplify Ccientific Discovery with Artificial Intelligence [J]. Science, 2014, 346 (6206): 171-172.

[44] Itay Michaeli, etc.. The Car of the Future V2.0 [R]. San Antonio: Citi Global Perspectives & Solutions, 2015.

[45] Jean-Daniel Dessimoz, Jana Koehler, Thilo Stadelmann. Artificial Intelligence Research in Switzerland [J]. AI Magazine, 2015, 36 (2): 102-105.

[46] Boer Deng. Artificial Intelligence Joins Hunt for Human-Animal Diseases [EB/OL]. http://www.nature.com/news/artificial-intelligence-joins-hunt-for-human-animal-diseases-1.17568, 2015-05-18.

[47] David C. Parkes, Michael P. Wellman. Economic Reasoning and Artificial Intelligence [J]. Science, 2015, 349 (6245): 267-272.

[48] Russ Altman. Distribute AI Benefits Fairly [J]. Nature, 2015(521): 417-418.

[49] 朱惠悦. 机器人能否操纵世界？移动互联网论坛聚焦人工智能 [EB/OL]. http://www.chinanews.com/it/2016/11-17/8066578.shtml, 2016-11-17.

[50] Jay J. Ye. Artificial Intelligence for Pathologists Is Not Near-It Is Here [J]. Archives of Pathology & Laboratory Medicine, 2015 (139): 929-935.

[51] S. Hashmi. "Coming of Age" of Artificial Intelligence: Evolution of SurvivorShip Care through Information Technology [J]. Bone Marrow Transplantation, 2016 (51): 41-42.

［52］肖玫丽.医疗机器人：康复类或反超手术类 商业化为时尚早［N］.21世纪经济报道，2016-11-04（20）.

［53］Chris Preimesberger. How Artificial Intelligence Is Working in the Enterprise［J］. eWeek，2015，（6/26/2015）.

［54］Michael Morisy. How PayPal Boosts Security with Artificial Intelligence［J］. MIT Technology Review，2016，119（2）：73-74.

［55］Stephen E. Arnold. Artificial Intelligence and the Promise of Better Information Access［J］. Information Today，2015，32（2）：14-15.

［56］Eric Schmidt，Jared Cohen. Technology：Inventive Artificial Intelligence will Make All of Us Better［J］. Time，2016，186（27）：44.

［57］Julia Hirschberg，Christopher D. Manning. Advances in Natural Language Processing［J］. Science，2015，349（6245）：261-266.

［58］Davide Castelvecchi. Artificial Intelligence Called in to Tackle LHC Data Deluge［J］. Nature，2015（528）：18-19.

［59］Nicola Nosengo. The Material Code［J］. Nature，2016（533）：22-25.

［60］房琳琳."昆虫机器人"将用激光雷达导航［N］.科技日报，2015-11-19（01）.

［61］中科院理化技术研究所.理化所与清华大学联合研发出世界首个自主运动的可变形液态金属机器引起国际重要反响［EB/OL］.http：//www.ipc.ac.cn/xwzx/kydt/201503/t20150324_4326108.html，2015-03-23.

［62］詹媛.中科院机器鱼课题组：用智能算法理解鱼之乐［N］.光明日报，2015-11-11（04）.

［63］吴月辉.人工智能，有了定制"大脑"［N］.人民日报，2016-03-23（23）.

［64］Declan Butler. Tomorrow's World［J］. Nature，2016（530）：398-401.

［65］Bernhard Schölkopf. Learning to See and Act［J］. Nature，2015（518）：486-487.

［66］Christoph Adami. Robots with Instincts［J］. Nature，2015（521）：426-427.

［67］陈晓华，王昔.未来人工智能［M］.北京：煤炭工业出版社，2002.

［68］James G. Bellingham，Kanna Rajan. Robotics in Remote and Hostile Environments［J］. Science，2007，318（5853）：1098-1102.

［69］李德毅.脑认知的形式化——从研发机器驾驶脑谈开去［J］.科技导报，

2015，33（24）：125.

[70] 郭爱克．"脑科学：机遇和挑战"．生命科学，2014，26（6）：543-544.

[71] Herbert. A. Simon. 人类的认知：思维信息加工理论［M］．荆其诚，张厚粲译．北京：科学出版社，1986.

[72] 徐波，刘成林，曾毅．类脑智能研究现状与发展思考［J］．中国科学院院刊，2016，31（7）：793-802.

[73] Cornelia Bargmann, William Newsome, etc.. Interim Report–Brain Research through Advancing Innovative Neurotechnologies（BRAIN）Working Group［R］. Bethesda：USA National Institutes of Health，2013.

[74] Henry Markram. The Human Brain Project［J］. Scientific American，2012，306（6）：50-55.

[75] Nikolas Rose, Christine Aicardi, Michael Reinsborough. The HBP Foresight Lab：First Report on Future Neuroscience［R］. London：The HBP Foresight Lab at King's College London，2015.

[76] 蒲慕明，徐波，谭铁牛．脑科学与类脑研究概述［J］．中国科学院院刊，2016，31（7）：725-736.

[77] 蔡自兴，徐光祐．人工智能及其应用［M］．北京：清华大学出版社，1996.

[78] 工信部，国家发改委．机器人产业发展规划（2016~2020年）发布［EB/OL］. http：//www.ndrc.gov.cn/zcfb/zcfbghwb/201604/t20160427_799898.html，2016-04-27.

[79] 吕瑞强，侯志霞．人工智能与智能制造［J］．航空制造技术，2015，（13）：60-64.

[80] 蔡自兴．明斯基的人工智能生涯［J］．科技导报，2016，34（27）：54-55.

[81] 路寻．卓越的人工智能科学家——马文·明斯基［J］．自然辩证法通讯，2010，32（2）：104-111.

[82] 董克，刘明锐．仿造人类智能：机器人与人工智能发展［M］．上海：上海交通大学出版社，2004.

[83] 蔡自兴．智能控制及移动机器人研究进展［J］．中南大学学报（自然科学版），2005，36（5）：721-726.

[84] John David Funge. 游戏人工智能——计算机游戏中的人工智能［M］．李睿凡，郭燕慧，吴昕译．北京：北京邮电大学出版社，2007.

[85] 吴伟国. 面向作业与人工智能的仿人机器人研究进展［J］. 哈尔滨工业大学学报，2015，47（7）：1-19.

［86］ Manuela Veloso. Embrace a Robot-Human World［J］. Nature，2015（521）：418.

［87］ M. I. Jordan，T. M. Mitchell. Machine Learning：Trends，Perspectives，and Prospects［J］. Science，2015，349（6245）：255-260.

［88］ 新华社. 中国科学家：推动无人驾驶走近现实生活［EB/OL］. http：//news.xinhuanet.com/politics/2016-03/02/c_128766961.htm，2016-03-02.

［89］ 杨质高. 李德毅院士：无人驾驶车已在试验离我们不远了［N］. 春城晚报，2014-05-26（A07）.

［90］ 刘霞. 艺多不压身——畅想机器人五大技能［J］. 知识就是力量，2016（1）：70-73.

［91］ 搜狐体育. 搜狐联手微软人工智能预测奥运 金牌预测榜出炉［EB/OL］. http：//2016.sohu.com/20160426/n446148701.shtml，2016-04-26.

［92］ 搜狐体育. 搜狐联合微软推出全球首家奥运结果人工智能预测［EB/OL］. http：//2016.sohu.com/aipredict/，2016-04-26.

［93］ 屠晨昕. 除了下棋人工智能还能干什么？这些领域即将陷落［EB/OL］. http：//www.zjol.com.cn/05zjol/system/2016/03/29/021087964.shtml，2016-03-29.

［94］ Nicola Jones. Artificial-Intelligence Institute Launches Free Science Search Engine［EB/OL］. http：//www.nature.com/news/artificial-intelligence-institute-launches-free-science-search-engine-1.18703，2015-11-02.

［95］ 黄堃，林小春，马丹，张家伟. 除了下棋人工智能或在这些领域与人类"过招"［EB/OL］. http：//news.xinhuanet.com/world/2016-03/10/c_128789411_3.htm，2016-03-10.

［96］ 张瑞丽. 关于无人驾驶 你必须知道的十个秘密［EB/OL］. http：//auto.huanqiu.com/globalnews/2016-03/8652796.html，2016-03-04.

［97］ 中国兵器集团. 中国版大狗机器人越野赛中夺冠［EB/OL］. http：//mil.sohu.com/20160921/n468866748_2.shtml，2016-09-21.

［98］ 王心馨. 麻省理工评出全球最聪明50家公司：百度排第二，苹果落选［EB/OL］. http：//www.thepaper.cn/newsDetail_forward_1492774，2016-07-03.

[99] 钟义信. 人工智能的突破与科学方法的创新 [J]. 模式识别与人工智能, 2012, 25 (3): 456-461.

[100] 王培. 人工智能的五大派 [J]. 科技导报, 2015, 33 (16): 102-103.

[101] 尹朝庆. 人工智能方法与应用 [M]. 武汉: 华中科技大学出版社, 2007.

[102] 谢丽容, 梁辰. 人工智能竞赛 [J]. 财经, 2016 (17): 40-47.

[103] 国家制造强国建设战略咨询委员会, 中国工程院战略咨询中心.《中国制造2025》重点领域技术创新绿皮书——技术路线图 [M]. 北京: 电子工业出版社, 2016.

[104] Erik Sofge. Artificial Intelligence Will not Obliterate Humanity [J]. Popular Science, 2015, 286 (3): 36.

[105] 邓志东. 关于发展我国人工智能技术与产业的建议 [J]. 科技导报, 2016, 34 (7): 12-13.

[106] 中国新闻网. 李彦宏对话中科大学子: 在我有生之年, 人工智能不会控制人类 [EB/OL]. http://www.chinanews.com/it/2016/10-18/8035106.shtml, 2016-10-18.

[107] 蒂姆·布拉德肖, 霍金等. 呼吁提防人工智能副作用 [EB/OL]. http://www.ftchinese.com/story/001060082#s=p, 2015-01-12.

[108] 钱江晚报. 人工智能危及人类?科学家发公开信吁防其政变 [N]. 钱江晚报, 2015-01-14 (A0018).

[109] Nature Editor. Anticipating Artificial Intelligence [J]. Nature, 2016 (532): 413.

[110] Paul Ford. Our Fear of Artificial Intelligence [J]. MIT Technology Review, 2015, 118 (2): 74-79.

[111] Stuart Russell. Take a Stand on AI Weapons [J]. Nature, 2015 (521): 415-416.

[112] 马克·奥德尔. 科技界呼吁全球禁止"杀手机器人" [EB/OL]. http://www.ftchinese.com/story/001063223#s=p, 2015-07-28.

[113] 黄庆. 人工智能, 开启机器人新纪元——来自 2015 世界机器人大会上的前沿声音 [J]. 知识就是力量, 2016 (2): 28-29.

[114] 英国《金融时报》. FT 社评: 人工智能需要理性监管 [EB/OL]. http://www.ftchinese.com/story/001069653?tcode=smartrecommend&ulu-rcmd=12_95bfa2ccba7b4093a69a62495b0375ee, 2016-10-11.

[115] 韩娜."寒武纪"瞄准刷脸支付 [N].北京晨报,2016-03-20(A03).

[116] 陶建华,陈云霁.类脑计算芯片与类脑智能机器人发展现状与思考 [J].中国科学院院刊,2016,31(7):803-811.

[117] 葛蔚,郭力,李静海,陈左宁,胡苏太,刘鑫.关于超级计算发展战略方向的思考 [J].中国科学院院刊,2016,31(6):614-623.

[118] 孝文.谷歌牛津合作研制类人机器人:像人一样思考 [EB/OL].http://tech.sina.com.cn/d/2014-10-30/10109746304.shtml,2014-10-30.

[119] 曾毅,刘成林,谭铁牛.类脑智能研究的回顾与展望 [J].计算机学报,2016,39(1):212-222.

[120] 郝小亮.比下棋更难的是理解人类,中美人工智能想象空间大不同 [EB/OL].http://www.jiemian.com/article/574356.html,2016-03-15.

[121] 赵竹青.王天然院士:下一代机器人将"与人共融"是中国机会 [EB/OL].http://scitech.people.com.cn/n/2015/1123/c1007-27845454.html,2015-11-23.

[122] 蔡自兴.智能机器人研究的进展:趋势与对策 [J].机器人,1996,18(4):248-253.

[123] 蔡自兴.中国机器人学40年 [J].科技导报,2015,33(21):23-31.

[124] 科技部.关于印发服务机器人科技发展"十二五"专项规划的通知 [EB/OL].http://www.most.gov.cn/tztg/201204/t20120424_93836.htm,2012-04-24.

[125] 魏艳.我国空间机器人可实现10米内目标三维识别与测量 [EB/OL].http://scitech.people.com.cn/n/2015/1124/c1007-27847672.html,2015-11-24.

[126] 魏艳.不用出舱 中国航天员未来或可远程操作空间站检修 [EB/OL].http://scitech.people.com.cn/n/2015/1125/c1007-27855325.html,2015-11-25.

[127] 肖玫丽.医疗机器人:康复类或反超手术类 商业化为时尚早 [N].21世纪经济报道,2016-11-04(20).

[128] 蔡自兴.中国机器人学的合作与发展之路探讨 [J].华中科技大学学报(自然科学版),2011,39(S2):64-67.

[129] 张斯.人工智能行业"热钱汹涌"任泉、李冰冰的Star VC也来"摘果子" [N].每日经济新闻,2016-05-03(13).

[130] 工业与信息化部赛迪研究院.中国机器人产业发展白皮书(2016版) [R].北京:工业与信息化部赛迪研究院,2016.

[131] 魏艳. 机器人最大消费国"内忧":中国无国际级龙头制造企业[EB/OL]. http://scitech.people.com.cn/n/2015/1124/c1007-27847778.html,2015-11-24.

[132] 冯彪. 中国机器人3大痛点:800多家企业近半无产品 核心零部件八成靠进口[N]. 每日经济新闻,2016-06-23(04).

[133] 日本国家机器人革命推进小组. 日本机器人新战略(一)[EB/OL]. 王喜文,译. http://intl.ce.cn/specials/zxgjzh/201502/09/t20150209_4551715.shtml,2015-02-09.

[134] 俞凌琳. Uber沃尔沃合力铺路无人驾驶 投资热背后的冷思考[N]. 21世纪经济报道,2016-08-22(02).

[135] 冯庆艳. 格力否认从华中数控购买机器人 华中数控2015年报涉虚假陈述[EB/OL]. http://www.eeo.com.cn/2016/0507/285855.shtml,2016-05-07.

[136] 白杰明. 中国的"机器人革命"[EB/OL]. http://www.ftchinese.com/story/001067457#s=d,2016-05-10.

[137] 杜弘禹. 近40个城市瞄准机器人产业,地方产能目标远超国家规划[N]. 21世纪经济报道,2016-06-14(08).

[138] 搜狐财经. 杨溢:基于人工智能产业链关注四大投资机会[EB/OL]. http://business.sohu.com/20160729/n461709944.shtml,2016-07-29.

[139] 余晓洁,华晔迪,赵晓辉. 机器人"抢饭碗"?——从新华社启用"快笔小新"聊起[EB/OL]. http://scitech.people.com.cn/n/2015/1123/c1007-27845061.html,2015-11-22.

[140] 克莱夫·库克森. 人工智能突破声音障碍[EB/OL]. http://www.ftchinese.com/story/001068000#s=p,2016-06-15.

[141] 罗琴. "成都造"机器人明年参加高考[N]. 华西都市报,2016-05-05(A03).

[142] Hubert L. Dreyfus. 计算机不能做什么——人工智能的极限[M]. 宁春岩译. 北京:生活·读者·新知三联书店,1986.

[143] 谢强. 人工智能中的仿生学[J]. 科技导报,2016,34(7):85-87.

[144] 约翰·桑希尔. 人工智能不会引发"生活大爆炸"[EB/OL]. http://www.ftchinese.com/story/001069583?tcode=smartrecommend&ulu-rcmd=21_6baf9637bbe94a1b8f7d6c85c8a3c7d9,2016-10-08.

[145] Tim Urban. The AI Revolution:Our Immortality or Extinction[EB/OL]. http://

waitbutwhy.com/2015/01/artificial-intelligence-revolution-2.html，2015-01-27.

[146] 胡新天，仇子龙，顾勇，龚能，孙强.非人灵长类模型［J］.中国科学院院刊，2016，31（7）：773-782.

[147] 郑怡雯.微软聊天机器人上线24小时被教坏，变身满嘴脏话的不良少女［EB/OL］.http：//news.sohu.com/20160325/n442053101.shtml，2016-03-25.

[148] Hardy Quentin. The Real Threat Computers Pose：Artificial Stupidity，Not Intelligence［N］. New York Times，2015-07-03（B6）.

[149] 祝叶华.人工智能革命"助燃剂"：机器学习［J］.科技导报，2016，34（7）：64-66.

[150] 段艳杰，吕宜生，张杰，赵学亮，王飞跃.深度学习在控制领域的研究现状与展望［J］.自动化学报，2016，42（5）：643-654.

[151] 顾险峰.奇点降临——人工智能对决人类［J］.科技导报，2016，34（6）：119-120.

[152] Valerie Insinna. New Software Uses Artificial Intelligence To Sift Through Data［J］. National Defence，2015，99（735）：9.

[153] 李青.深度学习——人工智能的未来［J］.知识就是力量，2016（2）：4.

[154] 王富军，张家皓.无人作战系统：颠覆未来战争规则［N］.解放军报，2016-11-03（07）.

[155] 宫春科，梁东兴，周泓言.人工智能让无人作战平台如虎添翼［N］.解放军报，2016-11-03（07）.

[156] George Michael. The Future of Artificial Intelligence：Benevolent or Malevolent［J］. Skeptic Magzine，2015，20（1）：57-60.

[157] 新浪科技.谷歌悄然成立汽车公司：专门研究无人驾驶技术［EB/OL］.http：//tech.sina.com.cn/it/2015-08-03/doc-ifxfpcys8252602.shtml，2015-08-03.

[158] 乐天.百度无人驾驶车完成路测 最高时速100公里［EB/OL］.http：//tech.qq.com/a/20151210/034328.htm，2015-12-10.

[159] 刘佳.百度高管排队尝试"无人驾驶"商用还需3年［N］.第一财经日报，2015-12-15（A11）.

[160] 陈牧.百度无人车下月"开进"世界互联网大会［N］.新安晚报，2016-10-17（AI03）.

[161] 刘俊晶. 三大巨头联合建开放平台 自动驾驶标准争夺战开始 [EB/OL]. http：//www.eeo.com.cn/2016/0709/289475.shtml，2016-07-09.

[162] 华尔街见闻."老司机"要失业了？Uber 牵手沃尔沃进军无人驾驶 [EB/OL]. http：//business.sohu.com/20160819/n464941558.shtml，2016-08-19.

[163] 俞凌琳. 无人驾驶"封闭测试"中国启动：市场化还有三道障碍 [N]. 21世纪经济报道，2016-06-14（19）.

[164] 约翰·加普. 让机器人开车有何不好 [EB/OL]. http：//www.ftchinese.com/story/001066849#s=d，2016-03-30.

[165] 马丹. 优步首批自动驾驶汽车拟于本月上路提供载客服务 [EB/OL]. http：//news.xinhuanet.com/2016-08/19/c_1119421711.htm，2016-08-19.

[166] 中国贸促会信息中心姜波. 优步计划让100辆自动驾驶汽车在匹兹堡上路 [EB/OL]. http：//www.ccpit.org/Contents/Channel_4114/2016/0822/685785/content_685785.htm，2016-08-22.

[167] 周林. 世界首个无人驾驶出租车在新加坡开始营运载客 [EB/OL]. http：//auto.sohu.com/20160825/n465974789.shtml，2016-08-25.

[168] 新华社. 首批无人驾驶出租车 在新加坡上路 [N]. 深圳特区报，2016-08-26（A16）.

[169] 陈华，张春楠. 特斯拉自动驾驶模式又出事：这回是 Model X 翻车了 [EB/OL]. http：//business.sohu.com/20160707/n458156178.shtml，2016-07-07.

[170] 人民网. 无人驾驶离我们还有多远 [EB/OL]. http：/scitech.people.com.cn/GB/61045/72572/402778/index.html，2016-03-02.

[171] Carol Reiley, Michael Mandel, Maureen Hand. Deep Driving [J]. MIT Technology Review，2016，119（6）：10.

[172] 搜狐财经. 百度董事长李彦宏演讲遭遇砸场 被喊"大骗子"[EB/OL]. http：//business.sohu.com/20161018/n470579298.shtml，2016-10-18.

[173] 钱童心. 揭底无人驾驶车：三大件成本起码25万美元 [EB/OL]. http：//www.yicai.com/news/5037866.html，2016-07-05.

[174] 钱童心. 激光雷达太贵 福特、百度联手投资 Velodyne [N]. 第一财经日报，2016-08-18（A08）.

[175] 宗和. 无人驾驶车普及面临多个难题 [N]. 新京报，2016-10-16（A15）.

[176] 华尔街见闻. 无人驾驶第一命案谁之过？撞车者称死者开快车看哈利波特 [EB/OL]. http：//business.sohu.com/20160702/n457401637.shtml，2016-07-02.

[177] 霜叶. 无人驾驶发生第一起命案 特斯拉详细解释事故情况 [EB/OL]. http：//tech.ifeng.com/a/20160701/41632069_0.shtml，2016-07-01.

[178] 央视新闻频道法治在线栏目. 法治封面·"自动驾驶"：安全，不安全!？[EB/OL]. http：//tv.cctv.com/2016/09/14/VIDEKYr32HQJIxyh8QCEOEPw160914.shtml，2016-09-14.

[179] 蒂姆·布拉德肖. 美国政府不再要求苹果解锁 iPhone [EB/OL]. http：//www.ftchinese.com/story/001066859#s=p，2016-03-29.

[180] 杨义先. 全球信息安全的六大战略错误 [J]. 科技导报，2013，31（32）：11.

[181] 新华社. 无人驾驶车伦理困境 保路人还是乘客？[N]. 新京报，2016-10-16（A15）.

[182] 亚当·耶扎德. 机器人将淘汰哪些工作？[EB/OL]. http：//www.ftchinese.com/story/001067029#s=d，2016-04-11.

[183] 王心馨. 用人工智能实现美国梦？白宫要在两个月内连开四场免费讲座 [EB/OL]. http：//www.thepaper.cn/newsDetail_forward_1474418，2016-05-25.

[184] 席春慧. 你的工作很快会被机器取代 科学家们还算出了确切的概率 [EB/OL]. http：//www.jiemian.com/article/298011.html，2015-06-05.

[185] 任彦. 欧盟启动全球最大民用机器人研发计划 [N]. 人民日报，2014-06-10（22）.

[186] 企业家日报. 专家：应学会与它们共存 [N]. 企业家日报，2016-06-16（07）.

[187] Carl Benedikt Freya, Michael A. Osborne. The Future of Employment：How Susceptible are Jobs to Computerisation[J]. Technological Forecasting & Social Change，2016（1）：1-27.

三、虚拟现实产业

(一) 概述

虚拟现实产品（虚拟现实，Virtual Reality，VR），被许多人认为是计算机、智能手机之后又一种里程碑式的通用产品[1]。

2016 年，则常常被称为虚拟现实产品元年。

多种虚拟现实个人消费产品在 2016 年或早些时候，陆续推出。2016 年 1 月，Oculus Rift 虚拟现实个人消费产品开始接受预订；并于 2016 年 3 月开始发货[2]。该产品的面市，还成为知名的《麻省理工学院科技评论》将其制造商母公司——Facebook 公司评为全球最聪明 50 家公司第 15 名的原因之一[3]。2 月，HTC 公司推出了虚拟现实个人消费产品 HTC Vive[4]。2016 年 8 月，诺基亚公司在中国推出 OZO 虚拟现实相机[5]。2016 年 10 月，索尼公司畅销游戏机 PS4 的虚拟现实设备 PlayStation VR 在中国开始发售[6]。

它们的一些新奇特点引发了许多消费者的浓厚兴趣，吸引了社会各界的广泛关注。

(1) 运用虚拟现实产品，可以在城市中进行酷炫的"飞行"[7]。

(2) 可以"乘坐"无人机周游世界[8]。

(3) 可以在角色扮演类、对战类、射击类、体育竞技类游戏中，获得刺激的感观体验[9]。在动作追踪系统的支持下，可以在枪战游戏中类似使用真枪一样进行瞄准与射击[10]。

(4) 音乐爱好者可以在家中"现场"欣赏音乐会，观看歌星们的演出[11]。

(5) 儿童与家长能"近距离"地观赏灭绝动物——恐龙的马戏表演[8]。

(6）跨国企业、机构在专业人士演绎技能的引导下，远隔重洋召开"共聚一堂"的跨国会议[8]。

(7）医生、医学专业的学生能够通过虚拟现实产品，"实地"观摩手术过程，学习手术技能[11]。

(8）用户可以运用虚拟现实产品，通过其构建的影像，"进入"多个房地产楼盘的样板房进行参观，可以根据自己的意愿改变样板房的墙壁颜色、物品摆放位置等[12]，方便地体验新房带来的感觉。

(9）远在异乡的用户借助它，可以与家中的子女等亲人进行"零距离"的交谈、游戏[12]。

(10）可以在教育过程中运用虚拟现实产品来更多地强调实践性，并化解一些教学操作中的危险[13]。

有专业人士将虚拟现实技术称为视频媒体领域迄今最大的一次技术革命[14]。2016年4月，工信部电子信息司专门召开了虚拟现实产业发展论坛[15]。

与此同时，众多信息技术等相关产业企业、投资企业对虚拟现实产品的前景非常看好，试图在虚拟现实产业中投入大量资金，以期分享虚拟现实产业的发展机遇与成果。据不完全统计，从2015年初至2016年8月左右，涉及虚拟现实产业的企业数量从200多家急剧增加到1600多家[16]。2016年6月，创新工场、云锋基金等国内外投资机构与HTC公司联合组建虚拟现实风险投资联盟；约3个月后已包含36家机构，可投资金额超过120亿美元[5]。2016年8月，英特尔公司宣布与微软公司合作开发与虚拟现实相关的技术，例如通过头戴装置的摄像头捕捉三维环境，确定用户的空间位置、肢体动作等；2017年下半年推出相关硬件产品[17]。据介绍，联想之星公司已在硅谷投资了几十个虚拟现实产品相关项目[5]。惠普公司发布了支持虚拟现实技术的背包式电脑概念产品[17]。宏碁公司既开发虚拟现实头戴装置，也在开发相关的电脑产品[17]。苏宁公司向虚拟现实企业——岚锋创视公司进行投资，并推出了虚拟现实产品聚·VR[18]。某公司投资总监谈到，2016年的年后开始，较好的虚拟现实投资项目常常受到多个投资方的追逐，与之前的状况形成了鲜明的反差[19]。

万达影院宣布，2019 年左右在全国推出 100 个虚拟现实体验区[20]。

万通国际集团在国家会展中心开设了约 500 平方米的大型虚拟现实产品体验店[10]。

2016 年 2 月，据称是国内首个虚拟现实产业基地的中国·福建虚拟现实产业基地在福州长乐滨海新城设立，其已建成 2 万多平方米的虚拟现实体验中心[21]。

虚拟现实技术，有时也被称为灵境技术[22]。蔡自兴指出，虚拟现实技术是一种对事件的现实性从时间和空间上进行分解后重新组合的技术[23]。Riva 的观点更便于理解，按他的看法，虚拟现实技术可以定义为，构建让感知者通过通信媒介来体验现场感觉、即形成临场感的虚拟环境的技术[24]。Abrash 认为，虚拟现实技术是能给人们带来与现实世界相同的视觉、听觉、触觉感受的技术[25]。

赵沁平等做了更具体的阐述，他们认为，虚拟现实是以计算机技术为核心、能生成与一定范围真实环境在视觉、听觉、触觉、感觉等方面近似的数字化环境的一类技术[26]。有的研究者谈到，虚拟现实指利用计算机技术形成一个能提供视觉、听觉、触觉等感官模拟的三维空间虚拟世界的技术；用户可借助特定设备，与虚拟世界进行自然的交互。用户移动时，虚拟现实系统可将精确的三维世界视频传回，使用广能从不同的角度更真切地感受虚拟世界[27]。

按工信部中国电子技术标准化研究院的说明，虚拟现实技术指如下一种技术：借助计算机系统及传感器技术，生成三维环境，创造新的人机交互方式，通过调动用户视觉、听觉、触觉、嗅觉等各种感官使其感受更真实、身临其境的体验[28]。

1838 年，查尔斯·惠斯通发现了双目视觉的实现机制，后发明了观察立体图像的体视镜[29]。1922 年，3D 电影 The Power of Love 对外发布[30]。有观点认为，与 3D 技术相关的虚拟现实技术起源于 20 世纪 60 年代[28]。实际上，20 世纪 20 年代的飞行模拟器 Link Trainer 可认为是虚拟现实产品的前身[31]。

> 中国产业趋势展望（1）

而于辉指出，1956 年，第一台虚拟现实设备 Sensorama 面市（见图 3-10），它带有立体声音响、3D 显示器、气味发生器及震动座椅[32]。

图 3-10　1956 年研发的虚拟现实设备 Sensorama

资料来源：于辉. 移动虚拟现实"元年"，谁将脱颖而出[J]. 科技导报，2016，34（9）：71-73.

20 世纪 60 年代，Minsky 以 Telepresence 来描述虚拟现实；他认为，虚拟现实技术可以使用户不需要真正介入事件就能形成体验[33]。

1963 年，Gernsback 推出了头戴装置 Teleyeglasses，该装置应用两个阴极射线管显示立体影像电视节目，如图 3-11 所示[34]。

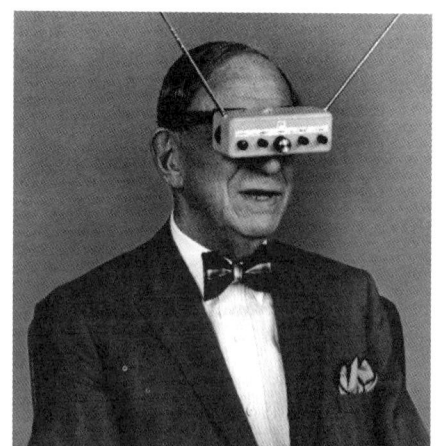

图 3-11　1963 年推出的头戴装置 Teleyeglasses

资料来源：Evan Ackerman. Before Virtual Reality Was Cool[J]. IEEE Spectrum, 2016, 53 (12): 68.

1965年，Sutherland对虚拟现实技术进行了较详细的阐述[35]。1968年，Sutherland研发出具有视觉沉浸感的头戴立体显示器HMD和头部位置跟踪系统[36]。他被认为是"虚拟现实之父"[37]。

1982年，美国军方开发了带6个自由度跟踪定位的头戴显示器VCASS，实现了沉浸式虚拟视觉[36]。

1983年，美国国防部高级研究计划局设立相关的SIMNET计划[26]。

1987年，Lanier研制出第一款虚拟现实商业化产品，其中包含动作传感器、计算机输入输出系统、VPL虚拟现实眼镜、提供动作追踪捕捉的操作手套，售价约2万美元[29]。

1995年，任天堂公司发布了头戴显示器Virtual Boy及配套游戏手柄[36]。

2000年，北京航空航天大学等研发了支持远程分布交互仿真的虚拟现实系统DVENET及相关的开发与应用支撑环境[38]。

2009年，Luckey研制出知名的虚拟现实头戴装置Oculus Rift的原型[39]。2012年，他在众筹网站Kickstarter募集了240万美元来继续开发虚拟现实头戴装置Oculus Rift[30]。

2014年3月，Facebook公司耗费20亿美元收购了制造Oculus Rift的虚拟现实企业Oculus公司；国内不少虚拟现实企业认为，这是虚拟现实产业迅速在中国兴起的开始[14]。2014年，国内虚拟现实硬件市场开始起步[40]。

2014年6月，谷歌公司推出简易的虚拟现实产品——手机眼镜盒Cardboard[26]。2015年，该公司与纽约时报合作开展了大规模的营销活动，向纽约时报读者提供了超过百万个的谷歌虚拟现实眼镜盒及相关视频[41]。

2014年10月，三星公司推出虚拟现实产品Gear VR，如图3-12所示[42]。

2015年12月，腾讯公司发布了虚拟现实软件开发工具包及开发者支持计划[14]。

2015年12月，百度视频推出了VR频道[14]。

2016年3月，阿里巴巴公司宣布成立虚拟现实实验室。阿里巴巴公司在虚拟现实内容方面设立了Buy+计划，以协调其电影、音乐、视频业务来

图 3-12 三星公司推出虚拟现实产品 Gear VR

资料来源：于辉.移动虚拟现实"元年"，谁将脱颖而出[J].科技导报，2016，34（9）：71-73.

共同提供虚拟现实内容服务[14]。阿里巴巴公司在"淘宝造物节"上，应用虚拟现实技术让用户在虚拟商场中"逛街"，选购72个卖家销售的产品[43]。

2016年3月，腾讯公司推出了头戴显示产品[14]。

2016年3月，世界第一家虚拟现实电影院在荷兰阿姆斯特丹开业，观众座椅可360度旋转；著名导演张艺谋则宣布有意拍摄虚拟现实电影[27]。

2016年4月，国内首个多人协同虚拟现实教学基地在南京理工大学设立[44]。

2016年5月，工信部电子工业标准化研究院公开征集虚拟现实和增强现实国家及行业标准[45]。

2016年5月，迪士尼公司推出了一款涵盖《星球大战》、《复仇者联盟》、《丛林之书》等电影的虚拟现实体验应用软件[27]。

谷歌公司推出虚拟现实平台Daydream，并有可能借助其安卓手机操作系统庞大的开发合作群体来获取在虚拟现实产品领域的优势[46]。

Expanse公司2017年推出虚拟现实头戴装置，用户将智能手机装入其中，便能观看Netflix, Hulu公司提供的丰富节目[47]。

YouTube公司则构建一个有活力的虚拟现实开发者生态系统[48]。

NextVR等公司通过360度摄像机提供了体育赛事等活动的虚拟现实直

播服务[48]。

知名消费电子产品零售商 Best Buy，近期开始在其数量庞大的连锁网点中销售种类更多的虚拟现实产品[49]。

联想公司配合企业虚拟现实应用的 ThinkStations 产品已上市，还会推出面向虚拟现实应用的电脑[17]。

华为公司也已发售其虚拟现实头戴产品。

蚂蚁金服公司研发的虚拟现实支付技术，可以使用户在虚拟商场中支付购物账单[43]。

（二）虚拟现实产品是否会昙花一现

据艾媒咨询 2016 年上半年的研究，有约 55%的中国手机网民对虚拟现实产品有一定了解[27]。据统计，2015 年，中国有关虚拟现实技术的硬件、软件、内容和其他设备的收入达到了 1.8 亿元，比 2014 年增长了近 4 倍[20]。按 2016 年 5 月的报道，有预测认为，虚拟现实产品的消费市场将在 2016 年下半年迅速爆发[25]。汪丛青（HTC 公司中国区总经理）认为，在 2020 年左右，虚拟现实（硬件）产品的产量会超过智能手机的产量[25]。

艾媒咨询估计，2020 年中国虚拟现实产业的市场规模将达到 556.3 亿元[27]。赛迪智库得出的 2020 年虚拟现实硬件、软件产品的市场规模估计值为 284 亿美元[50]。而高盛公司认为，2025 年，全球虚拟现实和增强现实产品的市场营收将达到 800 亿美元，其中 450 亿美元为硬件营收，350 亿美元为软件营收[4]。据 Digi Capital 的评估，2020 年，虚拟现实产品与相关联的增强现实产品，两者的全球市场规模将达到 1500 亿美元[40]。IDC 则更乐观，它预计 2020 年虚拟现实和增强现实全球市场规模将扩张至 1620 亿美元[43]。

某公司投资总监指出，该公司 2015 年以 2000 万元购买的一家虚拟现实内容制作公司的股权，约半年多后估价就超过 5 亿元[19]。两者相差二十几倍。而某虚拟现实内容制作公司的估值，几个月间从 4000 万元增长到 1.5 亿元[19]。

中国产业趋势展望（1）

在一两年的时间之内，虚拟现实产品由某种程度上的"默默无闻"变成广为人知。不少行业机构、分析人士对虚拟现实产品市场需求的快速膨胀充满着乐观的预期。投资机构的投资热情急剧上升。

但也有专业人士认为，目前的虚拟现实技术还远没有达到许多用户的体验预期[12]。国家发改委的相关文件中，也谈到了国内虚拟现实用户体验不佳的问题[51]。

（1）据 Metz，Li、曹煊、张盖伦等的介绍，用户使用虚拟现实产品时往往会出现眩晕、呕吐等身体不适现象[14,52-56]，常常存在重力感问题[57]。一些虚拟现实眼镜用户，一移动就会感到眩晕[43]，或是使用几分钟后眼睛就感到不舒服[5]。有的用户甚至恶心得一天吃不下东西[52]。造成用户眩晕、呕吐等身体不适问题，有多方面的原因。例如：用户身体移动后，观看视点的位置和观看角度相应改变，如果缺乏相关技术的辅助，则通过虚拟现实产品看见的画面就无法做出及时的改变[54]，如头部转动与人眼所见之间出现一定的延迟[55]。或者虚拟现实产品展现的画面较快地变化时，用户的身体受到运动空间等因素的限制而没能产生相应幅度的运动。这些都会导致人脑在处理视觉信息和肢体运动信息时产生冲突[54]。空间位置定位和姿态角度定位的精度和速度、显示器件的刷新频率、图像渲染时延等虚拟现实产品的性能有所不足时，容易导致眩晕[54]。用户由聚焦模糊感知到的深度信息与通过双目视差感知到的深度信息不一致时，眼睛的睫状肌会被迫反复调整，会出现聚焦错乱、在人脑中产生严重的冲突[54]。刷新率和分辨率间的"博弈"[58]。而受成本、计算量、设备体积等因素制约，眩晕问题已有改进技术的应用领域还较为有限[54]。三星、Oculus 的虚拟现实产品，都提示成年用户每使用半个小时就要休息 10 分钟，并且不宜在使用后驾驶汽车[58]。Metz 则指出，使用虚拟现实产品时每次最好不超过 20 分钟[56]。

（2）大量虚拟现实产品较为沉重，用户长时间佩戴会感到不适[59]。电脑端虚拟现实产品的应用体验，会受到产品与电脑间连接线的负面影响。

（3）用户要实现电脑端虚拟现实产品的有效应用，经常需要满足多个方面的条件。例如，在房间、空间方面可能有不小于 2×1.5 米无遮挡空间等特定要求[5]，在墙面上可能要设置传感器[4]。

在价格方面，与电脑配合、性能良好的虚拟现实个人消费产品售价较高。产品 HTC Vive 在中国大陆的售价约 7000 元，产品 Oculus Rift 的价格约 4000 元[52]。侧重游戏的 SONY PlayStation VR 的价格约 3000 元[6]。虚拟现实体验服务的价格也让众多消费者难以接受。有的虚拟现实产品体验服务，10 分钟便要支付 100 元[9]。

同时，虚拟现实内容产品的制作难度不小，制作成本并不低。例如，虚拟现实电影的拍摄过程、演员表演过程，按照目前的技术条件，要求一气呵成，对演员等方面要求较高，有时要舞台功力深厚的话剧演员才能适应[5]。中国第一部虚拟现实电影的长度是 12 分钟，拍摄前期、后期制作合计用了半年的时间[5]。据估计，一部虚拟现实电影的制作成本是普通电影的 4~6 倍[40]。

据吴燕雨 2016 年 4 月的介绍，国内虚拟现实产业中已形成稳定、成熟经营模式的企业还很少，国内虚拟现实硬件制造商的技术普遍比较落后，内容制作企业很少能够实现盈利[40]。兰亭数字公司 2015 年拍了近 80 部虚拟现实视频，涉及旅游、直播、赛事、电影等，但依然感觉虚拟现实内容产品的发展方向并不清晰[40]。按王荣的观点，很少有虚拟现实设备企业能够盈利，虚拟现实设备销量有限则导致内容制作企业的经营状况不佳[16]。有的企业在技术能力不足的情况下，匆匆忙忙便将产品推向市场[5]。

据艾媒咨询 2016 年上半年的研究，约 72% 的受访者不愿购买虚拟现实产品，关于不愿购买的原因，40.4% 认为虚拟现实产品价格太贵，29.3% 认为虚拟现实产品的目前技术水平较低[27]，16.4% 认为目前虚拟现实产品的实用性较低。从消费者需求的调查来看，目前，虚拟现实产品对手机、电脑、电视的替代程度仍较低[4]。

虚拟现实产品曾经在 20 年前就成为热点[4]。周晓光指出，20 世纪 90 年代，虚拟现实技术产业化的重点是游戏产品，但未能成功；2004 年左右，虚拟现实技术的新一轮产业化进程也并不理想[60]。虚拟现实产品是否会昙花一现？

本书认为，虚拟现实产品在不少领域都有相当强的市场需求，具有相当的市场规模增长潜力，以娱乐行业为例，它可以应用于快速增长的网络直播行业[61]，在游戏、影视、主题乐园等领域借助它则可以开发出不少中高端娱乐产品。而在政府、科研机构、企业的共同推动下，虚拟现实产品的性能有望逐渐提升。中国从20世纪90年代开始关注虚拟现实技术的研究和应用，当时主要涉及的领域是军事、企业高端需求[28]。"十二五"期间，科技部和国家自然科学基金从虚拟现实显示、内容感知、内容智能处理、内容生成、内容呈现、交互等方面，实施了多个国家重点基础研究发展计划（"973"计划）、国家高新技术研究发展计划（"863"计划）等项目[26]。"十三五"国家科技创新规划，将虚拟现实技术作为中国新一代信息技术的一个重要发展方向[62]。国家发改委也将虚拟现实技术及应用国家工程实验室列为"互联网+"领域创新能力建设未来几年的一项重要扶持内容[51]。

虚拟现实产业的发展还得到了不少地方政府的支持。例如，重庆打算在2016~2020年实施30个以上虚拟现实应用示范工程，形成由10家以上骨干企业、500家中小微企业组成的虚拟现实产业体系，力争综合产值突破100亿元[63]。

从虚拟现实产品的性能缺陷、较适用设备的价格、内容制作成本、难度等方面看，虚拟现实产业仍处在起步阶段。有专业人士将虚拟现实产业当前的状态类比于1998年时的互联网产业[64]。虚拟现实产业难题待解，前景可期。虚拟现实产品不会昙花一现；但过于乐观的期盼忽视了虚拟现实产业面临的难题与不足，既不现实，也容易导致行业出现波折；虚拟现实产品需要在各方的共同努力下才能逐渐成长、成熟。

（三）重点发展方向

虚拟现实产品的应用领域相当广泛。例如，用户在虚拟现实游戏中能获得丰富的乐趣，可以在虚拟环境中拉拉狗的耳朵或尾巴，将狗举起，或将手指放入狗的嘴巴[68]。据某项调查结果，游戏被48%的受访者作为最期待的虚拟现实产品应用场景，排名第一[66]。虚拟现实技术的应用被认为是智慧旅游的六大发展趋势之一[67]，它在旅游文化领域也有广阔的前景[13]。应用于房地产领域的某"VRoom-交互式虚拟样板房"系统获得了不少好评，其入围了 2016 HTC Vive 全球虚拟现实内容大赛的"最沉浸虚拟现实内容"奖、"最佳虚拟现实行业应用"奖[12]。厦门大学与澳大利亚 Euclideon 公司的联合实验室，将基于点云的全息虚拟现实技术相关成果在铁路、公路、林业等领域进行了应用[7]。

虚拟现实产业是一个多方面有待改善的新兴产业，加上它的应用领域众多，尤其需要得到有效产业政策的引导。本书认为，除了多数人易于理解、各机构投入大量资源的游戏、影视等娱乐领域之外，可以将以下几个领域作为虚拟现实产业的重点发展方向。

组织的技术创新领域。戴汝为指出，虚拟现实技术能使用户在解决问题的过程中形成身临其境的感受，易于在感觉及认知方面产生飞跃式的提升[68]。运用虚拟现实产品，有助于用户在技术创新活动中发散思维，更好地开展创造性思维活动，有助于对各种创新方案的效果进行预判和评估，还有利于向营销等其他部门人员更直观地展现创新方案，提高跨职能创新活动的成效。福特公司在汽车设计过程中以多种方式运用了虚拟现实技术[37]。例如，它与克莱斯勒公司通过与 IBM 公司共同开发的虚拟现实产品来检查汽车的设计缺陷，从而显著缩短了汽车新产品的研发周期[69]。波音公司利用虚拟现实技术来辅助波音 777 飞机的管线设计工作[28]。在空中客车公司，已有 1 万多名公司及合作方的技术人员，通过虚拟现实产品来获取详细的项目信息，与飞机虚拟模型进行交互，开展 A350 飞机的研制工作[70]。中国商用飞机公司采用虚拟现实产品开展飞机的预先研究评估和关键技术攻关工作[69]。北京航空航天大学等研发的虚拟现实开发软件，在奥运会开幕式节目创意仿真工作中得到了应用[38]。

组织的运营领域。借助虚拟现实产品，可以便于运营职能人员探讨生产制造工艺方案，便于生产工人、操作人员演练装配、操作行为、提升生产技能，还能帮助运营职能人员对质量管理难点问题进行解析。奥迪公司

the生产工人可以在三维虚拟现实空间中开展产品装配的预估和校准工作[37]。罗尔斯·罗伊斯公司2014年在其核能业务中开始运用虚拟现实技术来开展质量管理精益活动,在一个虚拟现实场景中最多时有20个职员融入其中;通过虚拟现实产品加强了跨部门合作,增进了运营部门对新产品的了解,还提升了质量问题的分析成效,一年便节约了180万英镑的质量成本[71]。美国航空航天局运用虚拟现实技术设立了飞船驾驶模拟中心开展宇航员训练工作[29]。美国约翰逊航天中心在哈勃望远镜维护训练中也使用了虚拟现实技术[28]。中国一拖集团运用虚拟现实产品来多角度地观察各个装配工位,精准地跟踪装配工件的生产工艺流程[69]。

组织的营销领域。在虚拟现实技术的支持下,组织可以更全面、更切实地向客户展现其产品、服务的价值,有利于在网上购物活动中缓解无法接触实物而带来的消费障碍,还能在跨境网络购物中塑造具有异域风情的、新奇的消费体验。据Walker Sands Communications公司对1400多名美国消费者进行的调研,63%的美国消费者相信虚拟现实技术会影响他们的未来购物体验;35%的美国消费者表示,如果能使用虚拟现实产品在网上体验商品[48],他们愿意在网店购买更多的商品。Hecker等谈到,通过再现真实的消费场景有可能将激发客户的购买欲望到客户实施购买行为的时间缩短50%~80%[72]。美国富国银行让职员运用虚拟现实头戴装置Oculus Rift来与客户进行互动[73]。阿里巴巴公司会通过其虚拟现实应用,让客户不必远赴万里就能"亲临"纽约第五大道、英国复古集市,开展购物活动[12]。图3-13展示了虚拟现实产品在营销领域的应用[74]。

医学领域。虚拟现实技术在医疗救治领域的应用,是国家鼓励的一个重要发展方向[51]。在国家"十三五"国家科技创新规划中,也将医疗行业作为虚拟现实技术专业化和大众化示范应用的一个重要领域[62]。虚拟现实技术不仅有助于心理等多种疾病的治疗;并且面对普遍存在的、医疗资源高度集中于中心城市、大城市的失衡状况,虚拟现实技术在远距离会诊、远程或移动急救有效方式的探索、构建等方面的积极意义显得尤为重要。美国南加州大学创新技术学院推出了一种针对创伤后应激障碍的虚拟

高新技术产业和装备制造业篇

图 3-13 虚拟现实产品在营销领域的应用
资料来源：刘丽鸣.走进汽车产业的虚拟现实世界——陈光祖：VR助力汽车产业智能化发展[J].汽车纵横，2016（7）：52-55.

现实疗法[48]。美国军队则应用虚拟现实技术构建了虚拟战争环境，开展对伊拉克战争参战人员"创伤后应激障碍"病症的治疗活动。风沙呼啸、炮声隆隆的虚拟战争环境，有助于打破患病军人记忆中的原有连接，在日常生活中规避痛苦的回忆，降低患者的恐慌，该疗法产生了一定的治疗效果[31]。美国Shriners儿童医院等运用虚拟现实游戏来帮助烧伤患者缓解疼痛，其有效性也得到了脑部核磁共振实验结果的印证[75]。也有研究发现，虚拟现实产品有助于严重妄想狂病症的治疗[76]。某企业研发的虚拟现实睡眠系统则有望改善失眠患者的睡眠状况[77]。

2016年4月，一些虚拟现实产品用户"现场"观摩了在英国国家卫生院伦敦皇家医院进行的某场外科手术[11]。有的虚拟现实企业，可以提供普外科、骨科、神经科手术的虚拟现实视频服务，还会扩展到眼科、妇产科、消化科、心脏内科等领域[11]。借助虚拟现实产品，可以提高医生、医学专业学生对人的复杂、细微机体开展医疗、学习活动的成效。对耗费大量成本进行规范化培训的医学专业毕业生或医院而言，虚拟现实技术的应用更能大幅降低他们的资金、时间成本，带来显著的社会效益、经济效益。

军事领域。军事领域被认为是虚拟现实技术应用最迫切、应用系统开发最多的领域之一[28]。美国国防部则将虚拟现实技术列为21世纪保证美军优势地位的七大关键技术之一[28]。虚拟现实技术的应用，有利于军队各类人员更好地熟悉大量尖端武器装备的性能和使用方法，能帮助降低高风险训练活动的危险性，还有助于提高作战演习、指挥演练、后勤保障的成效和效率。美国空军在其阿姆斯特朗实验室，运用DEPTH虚拟现实系统来帮助设计人员在飞机设计定型前发现潜在的保障问题，分析维修任务的可行性[28]。美国海军在20世纪90年代就已应用造价50万美元的虚拟现实设备开展训练工作[5]。中国也运用虚拟现实产品开展装甲车辆维修工作、飞行员技能训练工作[5]。国内研制的虚拟现实开发软件BH_GRAPH则对中国国庆60周年阅兵、军队的指挥模拟训练活动提供了有力的支持[38]。

除了游戏、影视等娱乐领域，虚拟现实产品在组织的技术创新、运营、营销领域的应用，在医学、军事领域的应用，更有可能为客户带来较高的价值，更有可能降低虚拟现实产品当前缺陷的不良影响，为虚拟现实企业带来更好的发展机遇。

（四）对虚拟现实技术不良影响的防范

重视相关的幻觉问题。用户使用虚拟现实产品时，视觉、听觉甚至触觉都处在虚拟环境的强烈影响之下。因而，在短期的使用过程中，用户便有可能忘却了真实环境、出现短暂的幻觉。图3-14、图3-15、图3-16反映了某用户使用虚拟现实产品Oculus Rift，玩攀岩游戏时随着跌落场景的出现而摔倒在地、撞到广告牌的情景。如果用户长期使用虚拟现实产品，与虚拟环境密切互动，沉迷于某类虚拟现实内容，或存在某种潜在心理疾病时，就有可能引发用户较严重的幻觉问题，使其扭曲了对真实环境状况的认识，甚至造成心理病症。

防范视力问题、听力问题。使用虚拟现实产品时，用户容易沉浸在虚拟环境之中，眼睛更易于长期关注着屏幕的近距离图像，耳朵容易受到内容产品音效带来的较强的刺激。这些状况容易导致用户出现视力、听力问题。据曹煊的介绍，虚拟现实产品的屏幕经透视镜放大以后，一般等效在

高新技术产业和装备制造业篇

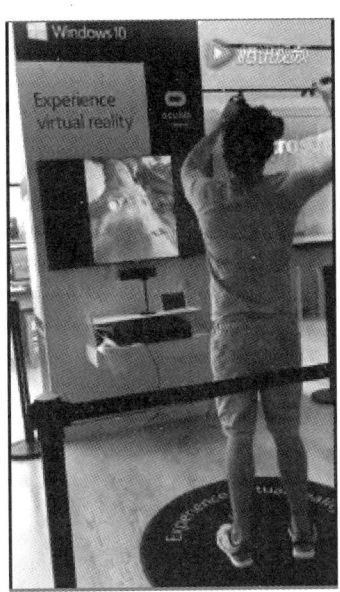

图 3-14　某用户玩攀岩虚拟现实游戏时随着跌落场景的出现而摔倒-1

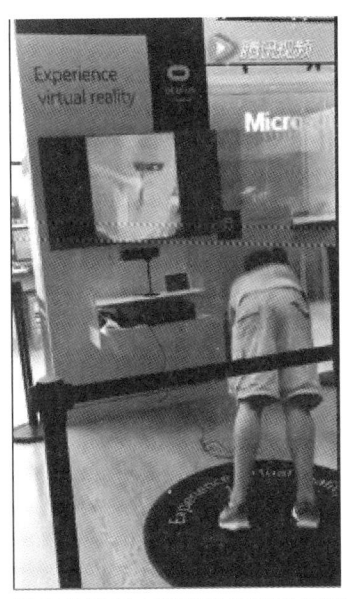

图 3-15　某用户玩攀岩虚拟现实游戏时随着跌落场景的出现而摔倒-2

中国产业趋势展望（1）

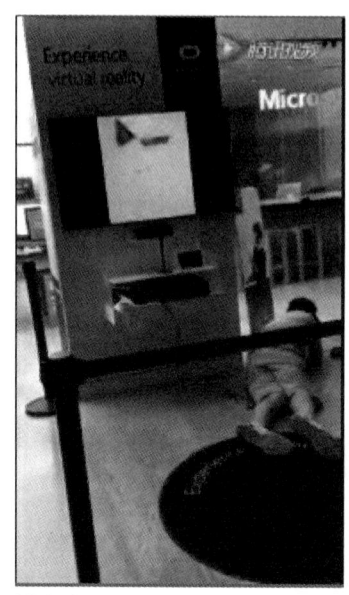

图3-16　某用户玩攀岩虚拟现实游戏时随着跌落场景的出现而摔倒-3
资料来源：田苗. VR沉浸感有多强，看完这个火爆FB的视频你就知道了［EB/OL］. http：//www.leiphone.com/news/201612/cVqm4kbm1Tx3TKJB.html, 2016-12-02.

2~5米的较近处，这容易使得用户眼睛的睫状肌保持在紧绷的状态，眼睛更易疲劳；而且在虚拟现实产品的佩戴过程中，用户的眼睛往往处于错误的聚焦平面，眼睛的睫状肌得不到连续自然的舒张和收缩，长期如此会导致睫状肌弹性下降，失去了自主调节能力，形成或加重眼睛的近视状况[54]。医学专家侯立杰谈到，有的青少年因使用虚拟现实产品而导致近视、重影，使用虚拟现实产品还容易引发视网膜光损伤、干眼症等[79]。

限制使用的群体。陈楸帆指出，虚拟现实产品比传统的手机、游戏更具有沉浸感，更容易让人上瘾[80]。李然提出了用户是否会沉浸在虚拟现实的欢愉中而不可自拔的问题[81]。结合前述幻觉问题、视力问题、听力问题的不良影响，本书认为，应尽早在虚拟现实产品的限制使用群体、使用注意事项及其披露等方面制定规范，限制少年儿童对虚拟现实产品的使用行为，要求精神病、心理疾病患者必须在医生的指导下才能使用虚拟现实产品。

对内容产品的规范与约束。按虚拟现实技术资深专家 Lanier 的观点，通过虚拟现实产品可以使用户置身于沉浸感较强的虚拟世界中，以独特的方式对用户进行感官刺激，用户的行为更容易受到其潜移默化的影响[82]。而虚拟现实技术带来的、逼真的虚拟世界，容易引发幻觉问题，容易让用户成瘾。这些因素使得恐怖片、充斥暴力的影片等有风险的内容产品的不良影响得以放大，使得诱发用户精神疾病的可能性有所增大。因此，应对虚拟现实内容产品采取比普通电影电视更为严格的规范政策，应更好地对虚拟现实内容产品的价值导向进行引导、规范。

虚拟现实技术进入成熟阶段时的关注重点。虚拟现实技术进入成熟阶段后，很可能可以为用户构造出涵盖视觉、听觉、力觉、触觉、味觉、嗅觉等，能替代人体真实感知的全面虚拟感知体系。这样，一些用户就有可能被虚拟的感知所操纵，思维与现实社会脱节，甚至陷入虚拟环境之中，迷失自我。此时，除了防范前述的几类不良影响之外，还应重点防范用户因使用虚拟现实产品而在某种程度上迷失自我的问题。

2016 年 11 月，美国国会举行了关于虚拟现实技术的首次听证会。其间，Pierre-Louis 声称，对虚拟现实技术，不应出台多余的法规[83]。本书认为，我们不应回避虚拟现实产品可能给用户带来的多种风险，必须尽早从法规、行业规范等方面对其可能造成的幻觉问题、视力、听力问题、成瘾问题、诱发精神疾病、错误价值导向、迷失自我等不良影响加以防范、规避。

参考文献

[1] 李扬，温晓君. 虚拟现实产业迎来战略窗口期 国内低端同质化趋向已现端倪[J]. 中国战略新兴产业，2016（11）：82-83.

[2] 田苗. 从 Rift 发货到一体机，Oculus 这一年经历了什么[EB/OL]. http://www.leiphone.com/news/201612/cVqm4kbm1Tx3TKJB.html，2016-12-02.

[3] 王心馨. 麻省理工评出全球最聪明 50 家公司：百度排第二，苹果落选[EB/OL]. http://www.thepaper.cn/newsDetail_forward_1492774，2016-07-03.

[4] 倪雨晴.虚拟现实开启元年 离"人手级"距离尚远[N].21世纪经济报道,2016-03-18(18).

[5] 李健华.下注VR[J].财经天下周刊,2016(17):36-49.

[6] 田苗.PlayStation VR索尼中国首发会,12款VR游戏同时发布[EB/OL].http://www.leiphone.com/news/201610/po63Zs1SrbKdo0yi.html,2016-10-13.

[7] 王东城.虚拟世界也能"触手可及"[N].厦门晚报,2016-04-12(A8).

[8] 张怀水.VR演播师尝鲜新兴行业 能否成下一代"网红"关键看技术推广[N].每日经济新闻,2016-07-01(A05).

[9] 谢若琳.VR硬件行业洗牌进行时,70%创业公司倒闭转行做内容[N].证券日报,2016-05-30(C3).

[10] 晓寒,漠影.起底北京四大VR线下店 又一个被疯抢的创业市场[EB/OL].http://it.sohu.com/20160531/n452250816.shtml,2016-05-31.

[11] 钱童心.VR手术直播开始了[N].第一财经日报,2016-04-18(A08).

[12] 王晨程.戴上眼镜可进"虚拟楼房"一不小心还会"打碎瓶子"[N].厦门晚报,2016-05-04(B1).

[13] 管培利."VR+"还有哪些新玩法[N].经济日报,2016-05-12(7).

[14] 方璐.山寨丛生巨头惊蛰:国内VR生态调查[N].21世纪经济报道,2016-03-18(18).

[15] 工信部.电子信息司召开"虚拟现实产业发展论坛"[EB/OL].http://www.miit.gov.cn/n1146285/n1146352/n3054355/n3057643/n3057648/c4702759/content.html,2016-04-09.

[16] 王荣.VR产业发展需补齐多个短板[N].中国证券报,2016-09-08(A08).

[17] 倪雨晴.巨头角逐PC端VR抢占硬件和标准高地[N].21世纪经济报道,2016-08-18(03).

[18] 厦门日报.入股Insta 360苏宁在VR领域再下一城[N].厦门日报,2016-08-25(B07).

[19] 吴燕雨.泡沫初现VR公司身价暴涨[N].21世纪经济报道,2016-04-14(03).

[20] 冯庆艳.VR火爆:下一个摩托罗拉或苹果能否诞生在中国[N].经济观察报,2016-09-04(18).

[21] 王帆. 福建拟打造千亿级 VR 产业 抢占新业态先机 [N]. 21 世纪经济报道, 2016-03-01 (07).

[22] 戴汝为. 人—机结合的智能科学和智能工程 [J]. 中国工程科学, 2004, 6 (5): 24–28.

[23] 蔡自兴. 智能机器人研究的进展: 趋势与对策 [J]. 机器人, 1996, 18 (4): 248–253.

[24] Giuseppe Riva. Virtual Reality and Telepresence [J]. Science, 2007, 318 (5854): 1240–1241.

[25] 张斯. "人工智能+" 时代来临 人类会越来越笨吗 [N]. 每日经济新闻, 2016-05-03 (13).

[26] 赵沁平, 周彬, 李甲, 陈小武. 虚拟现实技术研究进展 [J]. 科技导报, 2016, 34 (14): 71–75.

[27] 艾媒网. 2016 上半年中国虚拟现实行业研究报告 [EB/OL]. http://mt.sohu.com/20160622/n455717887.shtml, 2016-06-22.

[28] 工信部中国电子技术标准化研究院, 全国音频、视频及多媒体系统与设备标准化技术委员会. 虚拟现实产业发展白皮书 [R]. 北京: 中国电子技术标准化研究院, 2016.

[29] 刘铭哲. 始于 1838 年: VR 虚拟现实编年史 [J]. 数码影像时代, 2016 (8): 26–32.

[30] Rachel Metz. Magic Leap [J]. MIT Technology Review, 2015, 118 (2): 28–33.

[31] 施畅. 虚拟现实崛起: 时光机, 抑或致幻剂 [J]. 现代传播, 2016 (6): 95–99.

[32] 于辉. 移动虚拟现实 "元年", 谁将脱颖而出 [J]. 科技导报, 2016, 34 (9): 71–73.

[33] 蔡自兴. 明斯基的人工智能生涯 [J]. 科技导报, 2016, 34 (27): 54–55.

[34] Evan Ackerman. Before Virtual Reality Was Cool [J]. IEEE Spectrum, 2016, 53 (12): 68.

[35] 冯健翔. 人工智能及其航天应用概论 (上) ——广义人工智能基础研究 [M]. 北京: 宇航出版社, 1999.

[36] 王金旺. VR 产业预测及技术市场态势 [J]. 电子产品世界, 2016 (11): 4–6.

[37] 阚雷. VR趋势深刻影响未来数字化工厂[J]. 中国工业评论, 2016 (8): 54-61.

[38] 陶建华, 刘瑞挺, 徐恪, 韩伟力, 张华平, 于剑, 田丰, 梁晓辉. 中国计算机发展简史[J]. 科技导报, 2016, 34 (14): 12-21.

[39] Adam Popescu. Palmer Luckey[J]. MIT Technology Review, 2014, 117 (5): 61.

[40] 吴燕雨. 中国VR产业扫描: 硬件和内容的蛮荒时代[N]. 21世纪经济报道, 2016-04-14 (03).

[41] John G. Falcioni. Rewriting the Rules of Product Development[J]. Mechanical Engineering, 2016 (10): 6.

[42] MIT Technology Review. Mobile Reality[J]. MIT Technology Review, 2014, 117 (6): 20.

[43] 陶力. 透视VR两面: 千亿产值繁荣与山寨横行之困[N]. 21世纪经济报道, 2016-08-18 (03).

[44] 南京理工大学. 国内首个多人协同虚拟现实教学基地落户南理工[EB/OL]. http://www.miit.gov.cn/n1146290/n1146402/n1146445/c4717826/content.html, 2016-04-18.

[45] 工信部电子工业标准化研究院. 电子标准院与新华网联合举办VR/AR国家及行业标准征集发布会并签订战略合作协议[EB/OL]. http://www.miit.gov.cn/n1146290/n1146402/n1146445/c4771570/content.html, 2016-05-11.

[46] 理查德·沃特斯. 谷歌: 让下一代设备拥有"智力"[EB/OL]. http://www.ftchinese.com/story/001067651#s=p, 2016-05-20.

[47] Tom Simonite. Expanse[J]. MIT Technology Review, 2016, 119 (6): 20.

[48] 孙实, 于春慧. 德银VR报告中文完整版: 了解关于VR的一切[EB/OL]. http://tech.qq.com/a/20160415/009083.htm, 2016-04-15.

[49] Dave Hodgson. A Very VR Christmas[J]. This Week in Consumer Electronics, 2016, 31 (18): 42-43.

[50] 温晓君, 徐永健, 赵燕, 徐丰. 虚拟现实行业前景展望[J]. 中国经济报告, 2016 (10): 66-67.

[51] 国家发展改革委办公厅. 国家发展改革委办公厅关于请组织申报"互联网+"领域创新能力建设专项的通知[EB/OL]. http://gjss.ndrc.gov.cn/ghzc/201608/t20160830_

816400.html,2016-08-26.

[52] 温婧.50元一副"VR眼镜"是真VR吗[N].北京青年报,2016-07-10(A07).

[53] Pengfei Li.为什么美国VR又超前了[J].中外管理,2016(4):26.

[54] 曹煊.虚拟现实的技术瓶颈[J].科技导报,2016,34(15):94-103.

[55] 张盖伦.虚拟现实产业:健壮还是虚胖[N].科技日报,2016-05-22(01).

[56] Rachel Metz. Oculus Rift Is Too Cool to Ignore [J]. MIT Technology Review, 2016, 119 (4): 104-107.

[57] 林露虹.我市首办虚拟现实产业峰会[N].厦门日报,2016-06-26(A01).

[58] 祁月.任天堂股价飙涨25% AR"里程碑"Pokémon Go横空出世[EB/OL]. http://wallstreetcn.com/node/253255,2016-07-11.

[59] 何帅.现实中的VR产品离Immerex的理想有多远[EB/OL].http://it.sohu.com/20160531/n452135225.shtml,2016-05-31.

[60] 刘岸.虚拟现实:曾经昙花一现的技术又来了[J].中国战略新兴产业,2016(9):32-34.

[61] 林依文.戴上眼镜,不在现场也能"身临其境"[N].厦门晚报,2016-06-08(A21).

[62] 国务院.国务院关于印发"十三五"国家科技创新规划的通知[EB/OL]. http://www.gov.cn/zhengce/content/2016/08/08/content_5098072.htm,2016-08-08.

[63] 鄢银婵.VR热引地方政府扎堆布局 重庆力争综合产值5年破百亿[N].每日经济新闻,2016-09-07(05).

[64] 刘艳.虚拟现实正在提速[N].厦门日报,2016-04-30(A03).

[65] Rachel Metz. Putting the Physics in VR [J]. MIT Technology Review, 2016, 119 (5): 22.

[66] MIT Technology Review. Twitter Votes [J]. MIT Technology Review, 2016, 119 (5): 9.

[67] 刘艳.戴上VR设备轻松"玩穿越"[N].厦门日报,2016-05-07(A03).

[68] 戴汝为.人机共创的智慧——著名科学家谈人工智能[M].桂林:广西师范大学出版社,1999.

[69] 文玉春.加强制造业,虚拟现实技术应用何处着力[J].中国战略新兴产业,

2016（17）：79-81.

［70］李晓红，高彬彬.先进制造技术创新促进空客"未来工厂"建设［J］.航空制造技术，2016（10）：28-31.

［71］Natasha Cowan.打破现实的规则——制造业中的虚拟现实技术［J］.王芸编译.上海质量，2016（8）：34-36.

［72］Marco Hecker，Randy Jagt.传统车企应如何应对智能化消费趋势［EB/OL］.http：//www.ftchinese.com/story/001070701#s=p，2016-12-23.

［73］宋湘燕，王韬.金融VR技术的应用前景［J］.中国金融，2016（12）：34-36.

［74］刘丽鸣.走进汽车产业的虚拟现实世界——陈光祖：VR助力汽车产业智能化发展［J］.汽车纵横，2016（7）：52-55.

［75］钱童心.VR要成为精神"止痛片"［N］.第一财经日报，2016-08-31（A08）.

［76］Davide Castelvecchi. Low-Cost Headsets Boost Virtual Reality's Lab Appeal［J］. Nature，2016（533）：153-154.

［77］杨继祥，林岑."创新工厂"频结硕果［N］.厦门日报，2016-05-05（A03）.

［78］田苗.VR沉浸感有多强，看完这个火爆FB的视频你就知道了［EB/OL］.http：//www.leiphone.com/news/201612/cVqm4kbm1Tx3TKJB.html，2016-12-02.

［79］杨茜，叶秋玲，徐尤佳.VR眼镜这么火，它真的会伤眼睛吗［N］.钱江晚报，2017-01-02（A0006）.

［80］陈楸帆.对虚拟现实该保持点忧患［N］.环球时报，2016-03-04（15）.

［81］李然.没有一种未来值得沉浸其中［J］.财经天下周刊，2016（17）：8.

［82］王玺.虚拟技术将成为人类最严峻的道德挑战［J］.华东科技，2016（6）：10.

［83］John Eggerton. Pokemon Goes to Capitol Hill［J］. This Week in Consumer Electronics，2016，31（19）：31.

房地产行业篇

一、引言

2016年12月17日,中央电视台国际频道的中国新闻栏目在报道2016年末中央经济工作会议时,首先提到的主题不是一般意义上的经济全局性事项,而是房地产行业。2017年总理在报告中谈到的人民群众还有不少不满意之处的多个领域中,住房被排在首位[1]。2017年,在全国人大会议与会代表或政协会议与会委员的倡议下,政府工作报告中增加了遏制热点城市房价过快上涨的内容[2]。总理在2016年政府工作报告中强调,要因城施策化解房地产库存,促进房地产市场平稳运行,推进房地产市场的健康发展[3]。房地产行业,不仅在近期得到高度的重视,在过去的20多年间也受到国家的密切关注。

(1)1991年6月,国家发布了《国务院关于继续积极稳妥地进行城镇住房制度改革的通知》。

(2)1994年7月,《国务院关于深化城镇住房制度改革的决定》发布。

(3)1995年2月,颁布《国务院办公厅关于转发国务院住房制度改革领导小组国家安居工程实施方案的通知》,明确开始实施以解决企业职工、城市居民住房困难为主要目的的安居工程[4]。

(4)1998年7月,发布《国务院关于进一步深化城镇住房制度改革加快住房建设的通知》,其中提出,停止住房实物分配,逐步实行住房分配货币化,建立和完善以经济适用住房为主的多层次城镇住房供应体系,全面推行住房公积金制度[4]。

(5)2002年8月,建设部等颁布《关于加强房地产市场宏观调控促进房地产市场健康发展的若干意见》,这被认为是国家首次公开采用房地产市场宏观调控的表述[5]。

（6）2006年5月，《国务院办公厅转发建设部等部门关于调整住房供应结构稳定住房价格意见的通知》发布。

（7）2008年12月，国家颁布了《国务院办公厅关于促进房地产市场健康发展的若干意见》。

（8）2013年2月，《国务院办公厅关于继续做好房地产市场调控工作的通知》下发。

2002年8月至2013年3月，以国务院或国务院办公厅的名义发布的房地产市场调控文件有约10项[5]。针对一个行业，多年来由国务院反复出台关于调控措施的意见或通知，政府反复地实施、撤销、调整限购、限贷政策，是相当罕见的。据2013年的资料，国务院常务会议在截止当时的10年之间有9次将房地产调控作为会议主题[6]。这说明，在房地产行业存在着许多异常的状况。这些异常状况，涉及方方面面。

（1）1993年，大量信贷资金被集中于广西北海市进行房地产炒作，北海市房地产企业从3家猛增至700家。当时，北海市的房地产开发规模足够支持200万人居住生活，而常住人口只有20万人，即便加上流动人口也不超过50万人[7]。

（2）20世纪90年代的某一时期，海南省的房地产烂尾面积达到1600多万平方米，积压资金约800亿元[8]。为了处理海南省的房地产问题，国家专门在1999年颁发了《国务院办公厅关于印发海南省人民政府、建设部、财政部、国土资源部、人民银行处置海南省积压房地产试点方案的通知》，2002年10月颁发了《国务院办公厅关于印发处置海南省积压房地产补充方案的通知》[9]。

（3）2003年8月，国务院提出，房地产价格和房地产投资存在增长过快的状况[7]。

（4）2013年，《南风窗》杂志编辑部认为，始于2003年的房地产黄金10年，已走过价格飞涨时代，已走到了强弩之末[10]。而据有关资料显示，2016年3月，一线城市的房地产市场虽然在调控政策影响下减缓了一段时间以来的高热状态，但不少二线城市依然火爆，房地产价格、成交量及土地出让量不断刷新纪录；2016年上半年，某二线城市大部分区域的房地产价格在半年内已上涨40%以上，中部地区的合肥市肥西县某房地产项目的备案售价在不到1个月的时间内上涨了约23%[11]。

（5）2016年4月，某二线城市不少房产的价格在数小时内纷纷狂涨，少则每平方米上涨3000元，多则上涨7000元、1万元[12]。而这些都直接源于一次商住土地拍卖的成交楼面价。

（6）让李稻葵（著名经济学家）2016年印象最深刻的经济事件是房地产价格和销量的迅速上升。虽然他也意料到了房地产价格和销量的上升，但它们的上升力度仍令他感到非常震惊[13]。

（7）有住建部负责人曾经谈到，自己一半的白头发源于高房价问题[6]。

（8）不少国家都遇到了高房价问题。为抑制升温过快的房地产市场，加拿大温哥华地区政府开始征收"空房税"[14]。

（9）有些购房顾客到了房产销售机构后发现，一会儿，无人接待，一会儿，销售人员故意报出很高的价格，"能不卖就不卖"[15]；让顾客觉得似乎走错了地方。

（10）有人购进、再售出交易手续本应繁多的房产，比在系统中买入、再卖出股票的时间还快。2016年初到6月，某年轻女性买卖房产20多次，有时、几小时便买卖一次房产，有时，10天买卖一次、20天买卖一次[12]。

（11）为了规避二手房交易税等抑制投机的措施，购房者离婚的现象频频发生[8]；也有购房者为此而打起了结婚的念头[15]。某位未婚女性在中介人员的"指导"下想着通过结婚来避开单身购房者不能购买第2套住房的规定，而通过中介人员的"指导、协调"还可能让卖房的夫妇离婚，再省下几十万元的税[15]。

（12）2005~2006年，"房奴"一词成为中国社会的流行用语；2007年，被教育部纳入汉语新词[8]。

（13）有一种新"癌症"源于房地产行业，其症状表现为懊悔、嫉妒、愤怒、绝望等各种心理状态,在网络上被称为"房癌"[16]。

(14)某专业人士主张,20多年后,某一线城市的房价会上升到接近80万元/平方米,某二线城市的房价也会上涨到60万元/平方米[17];照此看法,那时很可能只有亿元富商才买得起这些城市中等面积的、新的商品住宅。

(15)山村里的农民见到国家领导人时,也担心地问到,房价还会这样涨下去吗[17]?

在房地产行业发生的异常现象,实际上都是房地产泡沫化的各种表现形态。本章后续将对房地产泡沫化进行相关论述,并就国家未来建立怎样的房地产行业长效机制做出前瞻性的预估。

二、房地产泡沫化现象

（一）房地产价格

房地产价格长期以来不断高涨。2002~2007年，我国房地产价格每年平均增长约13.2%[18]。而2002~2012年，我国商品住宅价格每年平均也增长了13%[19]。我国35个大中城市的房地产价格在2004年以后、上涨趋势明显加快[20]。据2015年相关文献，2004年起，我国中心城市的房地产价格年平均增长幅度超过20%[21]。王小广（时为发改委宏观经济研究院学者）2006年指出，上海、杭州等许多沿海大城市，近3年的房地产价格至少上涨了1倍[22]。2009年第三季度，已有深圳、北京、上海、广州等7个城市的住宅平均价格超过1万元/平方米，其中，深圳市住宅平均价格超过2万元/平方米，当时社会各界纷纷疾呼，"房价局面严峻"[23]。

2010年1月，为了调控房地产价格上涨过快等问题，国务院办公厅发布了关于促进房地产市场平稳健康发展的通知。而短短3个月后，2010年4月，国务院又颁布了关于坚决遏制部分城市房价过快上涨的通知。

据2011年相关资料，韩世同（北京大学公共经济研究中心研究员）指出，房地产价格上行的趋势就像膨胀的气球[24]。据2013年5月的文献，10年之间，我国中心城市商品房价格平均涨幅达到2.2倍[25]。2015年，全国住宅平均销售价格同比增长了9.1%[26]。

2016年，国内房地产价格更是呈现迅猛上涨的态势。

（1）刘世锦（原国务院发展研究中心副主任）指出，2016年第一季度，一线城市的房地产价格呈现上升，甚至出现飙升的态势[27]。

（2）据林小昭 2016 年 6 月介绍，分布于北京、上海、深圳的 20 个城区的存量住宅平均价格都已超过 4 万元/平方米，其中多个城区存量住宅平均价格超过 7 万元/平方米，北京原西城区达到约 9.5 万元/平方米[28]。

（3）深圳市新住宅平均价格 2016 年 9 月突破 6 万元/平方米[16]。

（4）某二线城市城区的房地产项目，2015 年 11 月起，每次推出一批新住宅就提价 2000 元/平方米，2016 年春节后，每次推出新住宅则提高平均价格 6000 元/平方米，2016 年 6 月的平均价格比半年前的 2015 年 11 月上涨了 40%。而该市 2016 年 5 月的新住宅平均价格比 4 月上涨 16%，比 2015 年同期上升 30%[12]。

（5）据 2016 年 10 月的资料，靠近北京的河北固安县一些房地产项目的房价在 6 个月内上涨了 1 倍，达到 2.4 万元/平方米[29]。

王小广（时为发改委宏观经济研究院学者）在 2006 年的论文中指出，由于统计工作中采用新房销售价格、许多新房比较偏远、存量旧房交易量比重不大等原因，房产平均价格的统计数据会比实际的房产平均价格要小[22]。照此考虑，实际的房地产平均价格上涨幅度很可能高于统计数据。

与房地产价格紧密相连的土地出让价格也呈现高涨态势。据 2013 年 5 月的文献，过去 10 年，全国主要城市居住地价涨幅达到 3.32 倍[25]。2014 年 1 月，一线城市成交土地出让的楼面均价，同比增幅达 2.43 倍；二线城市和三线城市的同比增幅则分别为 53.2%和 35.4%；任兴洲（国务院发展研究中心市场经济研究所所长）等指出，过高的土地出让价格容易带来更多的房价泡沫[30]。某二线城市 2016 年 4 月某块出让土地成为所在区域出让价格最高的"地王"后，被认为推动了全市房价的大幅上涨；一周之内，该市 10 个房产项目少则上涨 5000 元/平方米，多则上涨 1 万元/平方米[12]。

房地产价格高涨的现象，不仅在中国出现，在海外也广泛存在。王小广 2006 年指出，1997 年以来，美国和法国的房价均上涨了 1 倍以上，英国甚至超过 150%；当时的房价高涨是一种全球性现象[22]。美国曼哈顿某套一室一厅的公寓，2002 年的价格为 25 万美元，2013 年的成交价格则为 75 万美元，10 年间增长了 2 倍[31]。2013 年 4 月，美国 20 个大都会区的独栋和连栋房屋价格同比上涨12.1%[32]。2007年9月，反映二手私人住宅价格的香港中原城市领先指数为58，2016年9月，该指数约140，上升幅度为141%；梁振英（时任中国香港特别行政区行政长官）谈到，特区政府多次采取措施调控房地产市场，成功遏制了外来需求、投资需求和投机需求，但香港居民依然面临着首次买房的困难[33]。

（二）房地产行业的利润

房地产行业的暴利状况相当突出。在2013年的胡润全球富豪榜中，房地产业行业的富豪比重最大，有219人；在全球十大房地产富商中，有7人来自中国（包括香港特别行政区）[8]。

据2013年5月的文献，我国房地产百强企业平均净利润10年来增长了近26倍[25]。2007年至2013年中期，招商地产、保利地产、万科地产和金地四大房地产企业的净利润率达到12.59%~19.93%[34]。1998~2007年房地产上市企业的利润率在9%~21%，而35个城市的规模以上工业企业同期的平均利润率则不超过8%[35]。有报道谈到，在房地产企业暴利的源头中，包括了低比例自有资金、高比例融资、土地升值等[36]。

房地产企业碧桂园公司2016年的员工年终奖数额惊人，其负责人声称，员工的年终奖金额实在太高了，大陆市场就有6个区域总裁分别获得超过1亿元的奖励[36]。碧桂园公司员工的高额年终奖，与相关员工在碧桂园公司房地产项目中的投资紧密相关，2016年上半年，员工投资的相关房地产项目的自有资金年化收益率约为65%[36]。

在房地产中介行业，也存在不少暴利。以北京市某套住房500万元的价格、总房款2.7%的中介费比例计算[37]，该套住房的房产中介费用高达13.5万元，相当于不少白领阶层一年的收入。而在房地产中介行业暴利的吸引下，房地产中介网点迅速扩张。在北京、上海、深圳等大城市的很多地方，每隔几百米就会有一两家甚至更多的房地产中介网点[37]。据2017年2月的相关介绍，房地产市场增长较快时，有的房地产中介人员年收入可以达到三四十万元，甚至六七十万元；有兼作中介业务的房地产中介主管年收入接近100万元；不少主管都买了宝马、奔驰等豪华轿车[37]。据2016年的资料，在我国，有10%的房地产中介人员月收入在1万~2万元，有1%的房地产中介人员月收入达到3万元以上[38]。

（三）房地产行业的投资、市场规模等

房地产投资、房地产行业市场规模、许多房地产企业的经营收入，也呈现出不寻常的高增长状态。房地产投资，在一段时期内成为我国与基础设施建设、出口相并列三大投资领域之一[27]。1997年，房地产投资额为3178亿元，2010年增长到48267亿元[39]；增长了约14.2倍。2004~2015年，房地产投资每年平均增长18.9%，高于全社会固定资产投资的增速[40]。

2015年，全国商品房销售额实现8.73万亿元的历史新高，同比增长了14.4%[38]。2016年，全国商品房销售额更为可观，达到11.76万亿元，同比增长约1/3[41]。1998年，我国商品房销售面积为1.07亿平方米，2008年为5.55亿平方米，年平均增长了20%[35]；2016年，我国商品房销售面积15.7亿平方米，同比增长22.5%[41]。

1997年，房地产开发企业经营总收入为2218亿元，2012年则为5.1万亿元[42]；增长约22倍，年平均增长幅度达到约23%。房地产开发企业总资产则从1997年末的1.6万亿元上升到2012年末的35.2万亿元[42]；增长约21倍。据2013年5月的文献，我国房地产百强企业10年来的营业收入增长了近18倍[25]。2012年，房地产行业的"五类"税收突破万亿元，同比上升23.2%[8]。

中国恒大公司2016年实现销售额3733.7亿元，同比增长85.4%，在房地产企业中暂居第一，万科地产、碧桂园公司2016年的销售额分别为3648亿元、3088亿元[43]；碧桂园公司2016年销售额同比增长了1.2倍[36]。这也反映了2016年我国房地产行业市场规模的高速扩张。领先的房地产企业还对未来表示出了更为庞大的经营规模预期。万科地产负责人宣称，2023年左右，公司销售额要突破1万亿元，而其2015年的对应值不到2000亿元[43]。碧桂园公司预计2017年销售额将同比增加约1倍[36]。

（四）房地产行业的投机、投资现象

投机、投资行为，盛行于房地产行业。邓伟等指出，大量企业从事房地产经营行为，社会大众也纷纷将资金投入炒房活动[20]。

2015年底，深圳个人住房贷款余额为7420亿元，同比急剧增长了40%[26]。

在某二线城市，从2016年初到6月，一位年轻女性已买入、卖出了20多套房产，持有期长则20天、短则几个小时。该投机者的"秘诀"之一是买入房产时只付定金或少量款项、做公证而不办理过户手续，紧接着找到下一个买房者、加价约10%卖出，由下一个买房者与卖方真正办理过户手续。该投机者谈到，如果降低一些加价幅度，几个小时就能找到下一个买房者。而另一位男性房地产广告从业者，在2016年4~5月，与他人一起投机买卖了五六套房产，持有1个月左右便获利超过10%。该市房地产中介行业协会某负责人谈到，相关房产投机者具有赌博的心态，有从事房产投机活动的中介人员甚至能够独家代理整个片区的二手房源[12]。

2016年10月，一位上海购房者在未实行限购等政策的西安市某房地产项目中一次购买了12套住房；并且，抱着类似抢购心态的外地购房者并非少数，由北京、上海、广州、深圳、郑州等外地购房者在一段时期内纷纷出现在该市[44]。

来自江苏苏州市的某投机者2016年5月买入河北省固安县的房产后，数月后便卖出，赚了一笔快钱[29]。

杨帆等认为，国内与海外的房地产投资和投机者的行为，银行信贷的扩张，拉动了全国的房地产泡沫[7]。

（五）房地产行业的泡沫化

在房产租售比方面（月租金与房产价格的比值），按吕江林的研究，以2009年左右的住房按揭贷款利率5.94%计算，合理的租金年收益率应为7%~9%，合理的住房租售比应为1∶130~1∶170[23]。

中国产业趋势展望（1）

2006年，我国部分大城市中心城区的房产租售比在1∶270~1∶400。2008年上半年，70个城市的房产租售比约为1∶400[23]。按2016年6月的资料，我国42个城市的房产租售比已低于1∶400；其中，某二线城市最低、达到了1∶756，不计时间成本的情况下需要约63年才能收回购房款[45]。深圳的租售比为1∶740，不计时间成本的情况下需要约62年才能收回购房款；南京、北京、上海的租售比在1∶620左右[46]。

在房价收入比方面，杨帆等（2005）研究认为，我国大部分城市的平均房价与平均收入之比在8~15，超过了合理水平[7]。王小广（时为发改委宏观经济研究院学者）在2006年的论文中认为，我国房价收入比估计已超过10[22]。任兴洲（国务院发展研究中心市场经济研究所所长）等强调，不断上涨的高房价越来越超出居民的实际支付能力，一线城市和热点二线城市的房价收入比进一步增大[30]。

吕江林在考虑城镇居民消费支出外的可支配收入最大限度地用于购房的条件下，计算了住宅平均销售价格与城镇居民家庭平均年可支配收入之比，主张此定义下当时城镇居民房价收入比的合理上限不应超过6.78[23]。而2006~2008年，北京、天津、太原、上海、杭州、宁波等15个城市的房价收入比都在10以上，2009年第三季度，35个大中城市中有22个城市的房价收入比在10以上[23]。陈彦斌等认为，2002~2012年，中国房价收入比始终保持在9.5以上，2008年金融危机后一度高达11.3[19]。

泡沫指资产价格出现对其基本价值持续性偏离的状况[7]。杨帆等的研究显示，2003年的房地产价格相对于估算的消费者保留价格，高估了20%~30%[7]。原国家计委经济研究所提出了房地产泡沫的5个评价标准，包括房地产价格持续大幅攀高或居高不下、房地产投资持续超高增长、房地产投资所占比重高、房地产消费持续超高增长、房价收入比偏高[47]。

吕江林在2010年的研究中指出，近年来我国城市住房市场总体存在泡沫，部分城市泡沫较大，部分一线城市更是泡沫惊人[23]。李稻葵（著名经济学家）（2016）认为，毫无疑问，最大的、潜在的资产泡沫还是房地产[13]。杨缘等在2016年10月指出，中国的房地产市场正处于泡沫沸腾状态[29]。

陈彦斌等认为，中国长期以来均存在房地产泡沫[19]。

本书认为，通过前面对房地产价格、房地产行业的暴利状况、房地产行业的投资、房地产市场规模、房地产企业收入、房价收入比等方面的分析，可以看出我国房地产行业较长一段时期以来存在着相当显著的泡沫化状况。为了抑制房地产泡沫，国家甚至不得不对居民特别是外地居民购买商品房的行为、实施阶段性的购房数量限制措施，据估计有46个城市实施过房地产"限购"措施[48]。

三、房地产泡沫化对经济发展的影响

  2016年,我国最终消费支出对经济增长的贡献率达到了64.6%[41]。国家正在采取各项措施,继续努力地促使消费成为我国经济增长的主要推动力量。国家提出,要营造居民愿消费、敢消费的良好环境[49]。而现实之中,大量的城市居民在高额购房款、住房贷款这些人生最大支出的压力下,或在高房租的约束下,却面临着想消费但不敢消费的状况。据鲁桂华(2013)的研究,购买一套面积100平方米的住宅,在一线城市大约需要耗费一个普通居民203年的储蓄,在二线城市大约需要耗费一个普通居民101年的储蓄,在三线城市大约需要耗费一个普通居民65年的储蓄[34];如果按1个家庭含2个有劳动收入的居民这一常见状态估算,则购买上述住宅在一线、二线、三线城市分别要耗费1个普通家庭约102年、51年、33年的储蓄。为此,许多居民购买自住的首套住宅时,耗费了自己和父母的大量积蓄,并且往往还要省吃俭用,以增加未来的积蓄、偿还银行的贷款,进而影响了家中三代人后续的正常消费支出。而对租房者而言,房地产泡沫化对其消费支出的影响也相当严重。据2016年相关资料,英国非营利性组织"全球城市商业联盟"对全球15个城市进行调查后发现,北京居民的房租负担位居第一;该组织强调,过高的房租锁定了居民的消费能力,会对经济造成损害[50]。大量的居民收入耗费在房地产等领域,限制住了众多消费领域的发展潜力[51]。而房地产的泡沫化、房地产价格的高涨,则进一步对居民的消费购买力构成了严重的压制。

  房地产泡沫化会导致产业发展失衡的严峻局面。房地产、土地是各个产业普遍采用的重要生产资料,住宅是居民的基本生活资料。房地产购

中国产业趋势展望（1）

买、租赁价格的高涨，既会抬高众多产业的房产或土地使用成本，也会拉升劳动力的薪资上涨意愿的迫切程度。以商业领域为例，王炳南（商务部部长助理）指出，在内贸流通领域，商业店铺的租金占实体店经营成本约30%；近年来，实体店铺租金逐年上涨，增长速度约每年20%，约为实体店销售额平均增速的2倍，对实体商业造成了很大经营压力[52]。以至国务院也提出，要引导实体店铺租金有所降低[53]。丁长发（厦门大学经济学副教授）认为，市场经济程度高的发达国家和地区的合理房产租售比一般在1∶100~1∶200，房产租售比显著偏离合理水平，将对城市经济造成不利影响[45]。而按2016年6月的资料，我国42个城市的房产租售比已低于1∶400[45]。房地产泡沫化、房地产价格高涨，会通过拉高房产、土地、资金、人力等资源的成本来引发或加重产业发展的失衡状况，阻碍众多产业的发展。这从富商们的行业分布也可见一斑。房地产业是2013年胡润全球富豪榜中、富豪人数最多的一个行业，高达219人之多[8]。

房地产泡沫化、房地产价格高涨，会对社会生产力的发展产生削弱作用。王文春等的实证研究表明，房地产价格高涨的状况对我国工业企业的研发投入产生了消极作用，被阻碍的工业企业研发活动会对我国经济的长期增长造成负面影响。王文春等认为，房地产行业不宜作为经济增长的重点来加以扶持，保持房地产价格的相对稳定是中国实现产业升级和经济长期增长的一个重要前提[35]。郑忠华等的研究显示，房地产价格飙升会挤占正常的投资、消费，对经济的长期发展形成很强的抑制作用[54]。

与一般行业有所不同的是，房地产的供给者——房地产开发企业等，房地产的需求者——房产购买者，通常需要从金融产业得到巨额的资金支持。而随着房地产价格的持续高涨，这一状况则更为突出。房地产泡沫化会使得金融产业呈现出过度偏重房地产业、贷款风险加大、经营脆弱性增强等一些不正常的发展状态。如果没有有效的防范、补救措施，房地产单个行业的泡沫破灭很可能就足以瘫痪整个金融产业。1997年，泰国、日本、韩国、新加坡等国家或地区的房地产价值普遍缩小30%~70%[7]；而1985~1997年，中国香港房地产价格年平均增长幅度超过20%，房价上升了近 10 倍，1997 年香港地区房地产投资占固定资产总投资 60% 以上，随着房地产泡沫的破灭，香港地区房地产价格自 1997 年起经历了 6 年的下跌，幅度达到 70% 左右[55]；这些都对相关国家、地区的金融市场、金融体系乃至整个经济造成了严重影响。2007 年、2008 年，美国房地产次级贷款危机便引发了本国的金融危机、全球性金融危机；10 年之后的全球经济依然陷于困局。1996~2007 年，爱尔兰的房地产价格平均上涨了 3~4 倍，房价收入比从 6 上升到 10；据 2013 年的文献，房地产泡沫消退后，爱尔兰房价下跌了 50%~60%，导致银行背负了庞大的房地产坏账，财政赤字猛增到国内生产总值的 32%，进而引发了爱尔兰的财政债务危机[56]。

2016 年国内房地产价格和销量的上升力度和影响，震惊了已有上涨预期的著名经济学家，成为其在本年中印象最深刻的一个经济事件[13]。2016 年，在这个被他认为存在最大的潜在泡沫的房地产领域[13]，许多城市房地产价格屡破纪录，全国商品房销售金额更是登峰造极。2017 年初，中国人民银行指出，房地产价格变动会对经济和金融稳定产生较大影响，要有针对性地防范房地产金融市场可能形成的系统性风险[57]。尽管我国房地产行业 2014 年的总产值大概占到了全国国内生产总值的 10.2%[58]，房地产行业 2015 年、2016 年对国内生产总值的增长贡献率分别为 2.4%、7.8%[59]，房地产行业的增长对经济增长有一定的拉动作用，但房地产行业的泡沫化状况对经济发展、社会生产力发展的负面影响也应得到充分的重视。

四、房地产泡沫化对国家改革大计的影响

2013年,《中共中央关于全面深化改革若干重大问题的决定》提出了健全宏观调控体系、建设创新型国家、实现人口长期均衡发展等多个方面的国家改革大计。这些改革大计涉及国家、社会发展的诸多重大问题、难点问题,取得进展殊为不易。而房地产泡沫化、房地产价格长期高涨,对相关国家改革大计产生了突出的消极影响。

房地产泡沫化、房地产价格长期高涨,对国家宏观调控政策的制定及实施成效造成了严重的干扰和不利影响。实体经济融资成本过高,融资难度较大,长期以来都是国家宏观调控中的难点问题。在2016年人大会议记者会中李克强总理指出,如何降低实体经济的融资成本,一直是国家在考虑货币供应量等货币政策时的重要着眼点[60]。2017年政府工作报告中也谈到,要综合运用多种货币政策工具,支持实体经济发展,促进金融资源更多流向实体经济[1]。2008年全球金融危机爆发后,从改善实体经济融资成本高、融资难等问题出发,国家加大了货币供应数量。但据陈彦斌等的研究,这一阶段实施了大量投放货币的宽松货币政策后,随之而来的则是房地产价格的持续上涨等现象,2008~2012年,我国商品住宅价格持续快速上升,年均增速达到12%,2010年更是高达23.7%,出现了货币数量论失效的问题;据估算,信贷扩张中至少有50%的资金流入了房地产行业、地方政府投融资平台[19]。陈彦斌等的模拟结果表明,地方政府的债务扩张也会推动房地产泡沫的进一步膨胀,房地产泡沫是导致货币数量论失效的根本因素[19]。钟宁桦指出,有一些国有企业以较低的利率借了大量的信贷资金,却转手以较高利息借出从而获取利差收益[51]。这些高利息

资金，也有大量辗转流入了有高利润支撑的房地产行业。孙维晨在 2011 年的文献中谈到，几乎所有的分析师都认为，货币政策依然是当年房地产行业最重要的影响因素。吴晓灵指出，从 1949 年新中国成立到 2008 年，我国投放的信贷资金是 30 万亿元，而 2009~2015 年，我国投放的信贷资金达到 63 万亿元；即便考虑到经济体制变化的原因，也是投放了过多的信贷资金；过多的信贷资金使得资产价格特别是房地产价格出现高涨[61]。

2009 年 9 月底，我国银行业金融机构（主要是商业银行）贷款余额为 39.3 万亿元，其中的商业性房地产贷款余额为 6.81 万亿元[23]，占到总额的约 17%。李稻葵谈到，2016 年前 3 季度有约 10 万亿元的新增贷款，贷款规模非常大，而其中有约 30% 即 3 万亿元成为居民购房的贷款[13]。2016 年末，全国主要金融机构（含外资）房地产贷款余额为 26.7 万亿元，同比增长了 27%，房地产贷款余额占到了各项贷款余额的 25%[57]。按周端明等的主张，房地产泡沫的扩大，使得货币大量投放之下仍然存在实体经济资金短缺的问题[62]。李稻葵指出，房地产价格的恶性上涨对实体经济的打击是非常直接的[13]。房地产泡沫、房地产价格长期上涨，使得大量投放的货币相当集中地流入了房地产行业，流入实体经济行业的货币则相当缺乏，加剧了实体经济融资成本高、融资难的问题。

与此同时，房地产泡沫的膨胀等问题也增强了个人、机构持有货币的意愿，导致货币的流通速度持续下降，2008 年、2009 年货币的流通速度分别为 0.66、0.56，2013 年则仅为 0.51，降低了货币的使用效率[19]。而房地产泡沫破裂时，又会造成庞大的资金损失。20 世纪 90 年代海南的房地产泡沫，由烂尾的房产造成的积压资金就达到 800 亿元[8]。

房地产泡沫、房地产价格长期上涨，导致宏观调控体系的健全、宏观调控前瞻性、协同性的增强等改革举措明显受阻，加大了宏观调控工作的难度，削弱了宏观调控措施的有效程度。

2013 年，国家将加快建设创新型国家作为深化改革的重大事项[63]。之后，更提出了国家创新驱动发展战略，将科技创新作为国家发展全局的核心[64]。刘世锦指出，房地产价格高涨会使得城市及众多产业的创新能力受挫[27]。注重创新的资本密集型、技术密集型产业，在房地产泡沫化的影响下容易出现资金不足、人才不足，进而创新不足的困扰[22]。王文春等在研究中发现，1998~2007年，房地产上市公司的利润率在9%~21%，35个大中城市规模以上工业企业的平均利润率最高为8%，还达不到房地产上市公司的最低值；2003年以前、房价上涨幅度较低时，工业企业的研发强度呈现增长状态，2003年起，房价持续快速上涨后，工业企业的研发强度则出现下滑或徘徊不前的状态；2007年，35个大中城市中，有60%的上市工业企业开展了房地产业务；房价上涨越快，当地工业企业的新产品开发倾向越弱，大量工业企业投资房地产业务、追求高收益率，导致其削弱了创新、研发领域的投入[35]。邓伟等运用286个城市2000~2014年的面板数据，分析了房地产行业对各行业的企业家精神的影响，其实证研究表明，城市经济发展越依赖房地产行业，企业家的创业和创新精神就越弱，城市的规模越小，房地产行业对企业家精神的抑制作用就越强[20]。

吴晓灵指出，很多大学毕业生感到某一线城市的高房价让他们难以在此生活，房价过高已成了导致很多年轻人难以在大城市居住的一个非常头疼的问题[61]。据相关资料介绍，某二线城市中心城区的房地产价格，近年来居高不下，导致许多人才来此就业创业的热情大打折扣，乃至望而却步[65]。王小广谈到，要重视日本房地产泡沫、房地产价格高涨破坏社会创新动力、阻碍国家竞争力提升的教训。重视美国波士顿房地产泡沫削弱城市创新能力的教训。日本房地产泡沫消退后、经济增长停滞10多年的重要原因之一，就是过高的房价、房租等生活成本削弱了年轻白领阶层的创新动力、创业精神。美国波士顿在20世纪80年代出现的房地产泡沫，迫使许多年轻的新兴产业从业者离开波士顿，迁移到加州的"硅谷"，导致波士顿的发展受挫[22]。

国家正在大力开展新型城镇化建设工作，要提高城镇居民在总人口中的比重。国家提出，要在"十三五"期间、推进1亿左右农业转移人口、其他常住人口在城镇落户[66]；要推进农业转移人口市民化，逐步把符合条件的农业转移人口转为城镇居民，要健全农村转移劳动力、高校毕业生、

中国产业趋势展望（1）

城镇困难人员等群体的就业创业促进机制，提高这些群体的就业程度[63]。为此，也要构建以满足新市民住房需求为主要出发点的住房制度[67]。而房地产泡沫化、长期高涨的房地产价格，使得众多的农业转移人口、农民务工人员乃至高校毕业生等新市民在城镇购房、租房、定居几乎不可实现。丁长发指出，造成某二线城市年轻人口净流出、QQ大数据年轻人口净流出率（基于16~35岁QQ年轻用户）达到19%的主要原因之一就是房产价格过高[45]。按梅新育的观点，我国的新型城镇化建设，需要吸取美国的底特律、布法罗，德国的莱比锡，英国的利物浦和曼彻斯特，俄罗斯的伊凡诺夫等城市人口流失、出现"空城"的教训，也应吸取国内一些城市"空城"的教训。国内一些城市"空城"的出现，在相当程度上就是持续10年之久的房地产价格持续高涨带来的结果[68]。

在"十三五"期间，国家还要加快推进居住着约1亿人的棚户区和城中村的改造工作[66]。房地产价格、房产土地出让价格高涨，会使得正常的旧城、旧楼改造，城中村改造，城区拓展等城市建设事项的成本过高，给这些正常的城市建设工作造成了严重的阻碍。

房地产泡沫、房地产价格长期上涨，也对国家实现人口长期均衡发展、应对人口老龄化问题的改革大计产生了显著的不利影响。2016年，国家对计划生育政策做出了重大调整，一对夫妇可以生育2个子女，以促进我国人口的长期均衡发展。而在2017年1月某二线城市的一项调查中，有男性受访者提出，扣除住房贷款偿还支出、家庭日常支出、第1个小孩的教育费用，家庭收入所剩无几，不同意生育第2个子女[69]。居住费用高昂、家庭收入节余较少，已成为许多居民不愿生育第2个子女的重要原因。在海外，由于人口结构变化等因素的影响，美国堪萨斯州，南、北达科他州，已呈现出青壮年人口稀少的状态[68]。

国家强调要坚持在依法治国、建设法治国家、法治社会方面的改革工作[63]。而在涉及民众生活方方面面，2014年总产值占全国国内生产总值约1/10[58]的规模庞大的房地产行业中，房地产泡沫化、房地产价格长期高涨引发了大量追逐暴利进而违法违规的行为。例如，"国五条"出台之时，某大城市众多的买卖双方针对政策采取了各种应对措施：房地产开发商千方百计在价格上做文章，上报给政府、在房产销售点公布的房产价格无效，要以销售人员加价10多个百分点后的口头报价为准，以补充协议绕开正规合同；房地产开发商以停止卖房应对政策调控；在二手房市场，以假结婚、假离婚降低交易成本[15]。有文献将这些行为归纳为瞒天过海、暗度陈仓、金蝉脱壳、趁火打劫等三十六计[15]。在房地产中介机构的中介人员中，也存在着发布虚假房源、"一房两卖"、隐瞒房产抵押状况、强推金融服务、强制代办收费等突出现象[70]。房地产泡沫化、房地产价格长期高涨在一定程度上引发了靠违法违规获利暴富的不良社会风气。

房地产泡沫化、房地产价格长期高涨问题的加重，10多年来久拖未决，使得公共政策管理者、执行者耗费了大量的时间来反复调整、实施房地产行业调控政策，缩减了公共政策管理者、执行者在国家改革大计方面的可用时间、精力、资源。温家宝曾经谈到，自己对2003年开始的房地产调控政策进行了认真的回顾，2003年，国家提出了6条调控措施，2005年制定了"国八条"，2006年出台了"国六条"，但是，房地产行业调控依然不见成效，群众也有房价越调越高的批评意见[8]。

五、房地产泡沫化对社会稳定的影响

房地产泡沫化、房地产价格长期高涨，使得众多民众难以实现安居这一基本的生活需求。杨帆等（2005）的研究认为，我国大部分城市的平均房价与平均收入之比处于8~15的状态，超过了合理水平[7]。据陈彦斌等的研究，2002~2012年，中国房价收入比保持在9.5以上[19]。任兴洲等谈到，不断上涨的高房价越来越超出居民的实际支付能力。2005~2006年，"房奴"，因形容房价高涨、支付购房首付款、偿还房贷而生活压力沉重的购房者，而成为流行语，并被教育部纳入汉语新词[8]。中国人民银行指出，2016年12月，全国70个大中城市中，有65个城市的新建商品住宅价格同比上涨[57]。因房地产泡沫化、房地产价格长期高涨，众多城镇居民无法具备购买自住普通住房的能力。

而除了有可能申请保障房的低收入居民，租住房屋的城镇居民，常常缺乏基本的居住安全感。租住房屋的城镇居民，首先要面对房地产泡沫化、房产购买价格长期高涨带来的高房租及其上涨压力。按一项对全球15个城市的调查，2016年初到3月，北京的房地产价格已上涨18%，北京的房租几乎相当于排名第2的阿布扎比市的两倍，有些民众要支付的房租甚至超过了他们的收入[50]。据资料介绍，不少房东常常在春节过后提高房租，动辄上调10%，有些没有空调的、面积10平方米城中村单间的房租涨幅更可能高达15%[71]。同时，租住房屋的城镇居民，常常担心遇到被层层转租有风险的住房，担心遇到与中介、房东周旋的麻烦事[71]。张晓玲等指出，我国房屋租赁市场并不成熟，市场中充斥着不少中介二房东，租房者往往处于弱势；在大城市租房的民众，很多都遇到过房东毁约、被

中国产业趋势展望（1）

迫临时找房的经历；过去几年，在一线城市中，房地产价格不断高涨，房东因卖房而赶走租房者的情况经常发生[72]。

2009年播出的电视剧《蜗居》真切地反映了房地产泡沫化、房地产价格长期高涨对普通民众生活的一些负面影响。该电视剧强烈地引发了民众的共鸣，受到观众的普遍好评，在上海电视剧频道首播4天后，便创下了收视率历史纪录[73]；同名话剧在上海话剧艺术中心首演时，座无虚席[73]；在豆瓣网站上，当前已获得7.9分的评价，在56979位评分者中，有23.8%给予了5星评价，有50.2%给予了4星评价。有评论者认为，对传统中国人而言，有套属于自己家的住房，可能就是一辈子的夙愿，电视剧《蜗居》所反映出来的困惑，是大多数当代都市人都共同面对的，而原著作者谈到，每1个在写字楼中拥有1平方米隔间、月月还房贷、出门坐公交、中午吃盒饭的人，都能从中找到自己的影子[74]。面对而后又上涨多年的房地产价格，年轻的民众或下一代民众的安居问题愈加严重。李强指出，近年来，年轻人、新来的大学生，再打两辈子工也不可能在大城市买一套住房，好多的年轻人因大城市房价高涨而感到没有出路[75]。而且，即便社会的经济发展水平迈向了更高的层次，也未必能使年轻城镇居民的安居问题得到基本的解决。据2017年2月的资料，在经济发达的香港地区，美联物业的一项调查显示，近5年首次买房的受访者中，有38%的是在父母或其他家人资助下支付了首付款；春节后，在香港地区工作超过6年的某位女士心情惆怅，因为房东又一次提出要上涨房租，整套房子的租金要增加1000港元，上涨约8%[33]。

房地产泡沫化、房地产价格长期高涨，还显著加剧了社会的贫富差距状况。在2013年胡润全球富豪榜中，富豪最多的行业是房地产业；28.4%的全球华人富豪来自房地产业，全球十大房地产富商中有7人来自中国（包括香港地区）[8]。据北京大学学者的研究，中国城乡居民财产的基尼系数达到惊人的0.73[75]。2015年，我国居民收入的基尼系数则为0.462[76]。据研究，中国城镇居民约80%的财富源于房地产[75]。我国城乡居民财产的基尼系数如此之高，居民收入的基尼系数处于高位，很大程度上要归因于房地产价格的长期高涨、房地产投资、投机的高利润、房地产财富的泡沫化增长。

据胡祖铨的研究，按照套均面积80平方米计算，估计2014年我国城镇住房数量已超过2.15亿套；2014年我国城镇常住家庭户数为2.3亿户，则我国城镇住房数量与城镇常住家庭数量的比值约0.93[77]。考虑到大量的农村外来务工人员、户籍在外地城镇的居民、工作时间不长的外来高校毕业生、城镇中低收入、低收入家庭，缺乏住房购买能力，尚未购买住房，那么，已购房的城镇居民则平均购买了超过1套的城镇住房。而在房地产价格高涨带来的暴利、预期高收益的带动下，会有许多的高收入居民、房地产投机者、投资者购买了2套及以上的城镇住房。由此，在房地产泡沫、房地产价格长期高涨的推动下，购买了2套及以上住房的富裕居民的财富会迅速增值，并很可能继续通过房产投机、投资行为实现财富的增长。而对于只购买了1套住房、只够自己居住的多数已购房民众而言，难以进行房产投资、投机活动，房价上涨形成的财富增长效应，基本上是空洞、无效的。购买了2套及以上住房的富裕居民群体与未购买住房的居民的整体财富差距，在房地产价格上涨的情况下会越来越大，房地产投资、投机行为的规模愈加膨胀，导致社会贫富差距状况愈加严重。这种通过拥有更多房产来增加财富的行为，与历史上的土地兼并行为有一定相似之处，这种现象或许可称为"房产兼并现象"。

在房价、房产土地价格高涨的情形下，城中村改造、城区拓展等给一些农民带来了高额的征地拆迁补偿款，使得相关农民"瞬间暴富"。这一状况既加重了社会的贫富差距状况，还会使得在相关群体中好逸恶劳、奢靡享乐、赌博等不良现象，不稳定因素频繁出现。

房地产泡沫化、房地产价格长期高涨给民众带来的一系列负面影响，引发了不少民众的社会不公心态。众多民众买不起自住普通住房。房地产购买价格长期高涨给一些民众带来的不满情绪，甚至引发了他们对居民消费价格指数CPI这一统计指标的争议。据王立彬等介绍，许多深受房价上涨之苦的城市居民认为，商品房价格持续大幅上涨，商品房价格为何不被

中国产业趋势展望（1）

纳入居民消费价格指数 CPI 的统计范畴，这成为他们对居民消费价格指数"感觉不好"的主要原因之一[78]。除了有可能申请保障房的低收入群体，租住房屋的民众，则常常缺乏基本的居住安全感。詹国枢指出，民众最关心、最苦恼，也最不满意的事情之一，就是房价太高，涨得实在离谱[79]。

与此同时，一些房地产企业拥有者成为顶级富豪，有的高层管理者获得了价值超过 1 亿元的年终奖励[36]，有的二线城市投机者 2016 年上半年买卖了 20 多套房产，利润率 10%，估计获利金额在百万元以上[12]。房地产泡沫化、房地产价格长期高涨使得大量的房地产企业拥有者、高层管理者乃至职员、投资者、投机者获得了巨额财富、高额收益。而好不容易买了 1 套自住住房的众多民众，生活支出、贷款偿还负担沉重，省吃俭用；买不起住房、租房的民众，常常缺乏居住安全感。这种状态及社会贫富差距的加剧，自然催生了一些民众的社会不公心态。这种由房地产泡沫化、房价高涨、购房困难、居住困难所引发的社会不公心态，在正开始独立生活、收入有限、积蓄少的年轻人群体中尤其容易滋生，容易形成社会不稳定的重要推动因素。2014 年一些香港年轻人参与香港违法"占中"事件，很可能也与由房地产泡沫化、房价高涨、购房、居住困难所引发的社会不公心态有关。据介绍，许多香港年轻人买房要靠父母的资助。梁振英承认，尽管政府采取了多种措施，但香港居民初次买房困难的问题还是没有解决，不少家庭甚至不得不居住在厂房的笼屋之中，导致年轻人选择专业和职业时都在"向钱看"[33]。梁锦松指出，香港年轻人因高房价、居住困难问题，与父母继续住在一起的情况越来越多[80]。

国家多年来对房地产行业实施了多项调控措施，但尚未有效地解决房地产泡沫化、房地产价格长期上涨的问题。这对公共管理机构的公信力造成了一定的影响。有杂志谈到，房地产调控政策多次沦为"空调"，许多民众的希望也因此而多次熄灭[10]。

房地产泡沫化、房地产价格长期高涨，使得房地产投机、投资长期以来成为获得高收益甚至暴利、实现暴富的少有捷径，明显加重了投机致富的社会风气。刘旭东等指出，房地产常常成为投机的工具，投资房地产往往成了个人财富增长最快的方式和途径[18]。梁振英强调,购房难、居住难问题扭曲了许多香港人的价值观,不少人的生活目标变成了尽量赚钱、买房、偿还房贷[33]。石勇认为,房地产泡沫的可怕之处,不仅在于"绑架"中国经济,更在于从价值观念、社会团结、信任纽带等方面对社会造成釜底抽薪的破坏作用[81]。

综上所述,房地产泡沫化、房地产价格长期高涨,会在使众多民众难以实现安居的生活需求,显著拉大社会贫富差距,引发民众尤其是年轻群体的社会不公心态,影响公共管理机构公信力,明显加重投机致富的社会风气等方面对社会的稳定构成相当不利的影响。

六、预计建立的房地产行业长效机制

有专业人士认为,与全球其他主要经济体相比,中国的房地产泡沫持续时间之久,泡沫程度之高,相当罕见[82]。2016年8月,我国有34个城市的房地产价格同比涨幅超过15%;有35个区县行政区的房地产价格同比涨幅超过40%。例如,上海杨浦区同比涨幅为46.28%,上海普陀区同比涨幅为45.05%,上海宝山区同比涨幅为42.54%[83]。据2016年9月的资料,有专业人士指出,投资者占购房者的比例达到30%,而有的二线城市、投资者比例高达70%;也有的专业人士强调,流入房地产行业的资金过多,导致房地产价格上涨过高[84]。王健林(房地产行业知名人士、万达集团董事长)坦言,上海等主要城市的房地产价格持续上涨,中国房地产市场的泡沫是历史上最大的泡沫[85]。

习近平总书记谈到,部分民众在住房、就业等方面还面临着一些困难,不断解决好这些问题是国家义不容辞的责任[86]。2016年9月30日至10月6日,北京、天津、苏州、成都等城市颁布了新的房地产调控政策,珠海、福州等城市重新实施限购限贷的房地产调控措施,至此一个阶段以来已有19个城市实施了房地产调控政策[87]。2016年12月,中央经济工作会议提出,要促进房地产市场平稳健康发展,加快研究建立长效机制,抑制房地产泡沫[88]。2017年,总理在政府工作报告中谈到,要加快建立促进房地产市场平稳健康发展的长效机制[1]。

国家将构建怎样的房地产行业长效机制,预计建立的房地产行业长效机制很可能会有哪些关键要点?本文将对此进行论述。

中国产业趋势展望（1）

（一）注重有效实施、有力监督

2002年8月至2013年3月，不包括具体部委，仅由国务院或国务院办公厅颁布的房地产调控政策就有约10次之多[5]。10多年来，国家层面的房地产调控政策，涉及房地产贷款、房地产用地出让、房地产交易税收、房地产租赁市场、保障房建设乃至房地产限购等方面，总体看，都提出了不少针对性较强的方针、举措。例如，提出加大保障性住房供给，"十二五"期末全国城镇保障性住房覆盖面要达到约20%[89]。温家宝谈到，为什么房地产调控不见成效？有的民众提出，房价越调越高，政策不出中南海[8]。也有观点认为，在房地产调控中，传统政策基本失灵[10]。关于为什么房地产调控不见成效这一问题，一个重要原因在于，在房地产泡沫化衍生出的、各种高额利益的驱使下，政策、措施的执行程度不够，执行效果弱化。因而，预计在未来建立的房地产行业长效机制中，会突出对政策、措施执行有效性的强化，突出对政策、措施执行程度、执行效果的监督。

（二）对投机、投资行为的有效抑制

2016年末，李稻葵强调，如果房地产价格继续像过去那样，保持两位数的上涨幅度，那么，房地产泡沫就会变成一个威胁中国经济的、最大的资产泡沫[13]。他还认为，近期20多个城市的限购政策，短期内能够缓解房价的上涨，房地产市场的确不能够像过去那样继续恶性地上涨[13]。2017年人大会议政府工作报告特别强调，要坚持住房的居住属性[1]。要遏制房地产泡沫，化解房地产泡沫，不仅要在短期内缓解房地产价格的上涨状况，更要长远地、有效地抑制房地产投机、投资行为，从根本上化解房地产泡沫的生成、膨胀的动力。

有研究者主张，房地产行业投机度过低会影响投资者的积极性，阻碍经济的发展[90]。本书认为，分析某个行业的投机适合程度，必须考虑该行业投机行为的具体特点和消极影响；房地产行业的投机程度上升易、下

降难，且投机行为的破坏性较强、影响范围广。房地产投机行为及其催生的房地产泡沫，既直接阻碍了众多民众的住有所居这一基本民生需求的实现，又从压制消费、催生危机等方面限制了经济发展，也干扰了宏观调控、创新驱动、人口均衡等改革大计，影响了社会稳定、安定，必须审慎对待。并且，房地产投机者、投资者，本质上并不是房地产的需求者，而是房地产的经销商、供给者。房地产投机、投资行为的活跃，往往令人产生行业繁荣兴盛的幻象，虚构了需求，掩饰了供给，对房地产行业的持续健康发展非常不利。

对房地产投机、投资行为的抑制，必须长久坚持，持之以恒。否则，往往是抑制政策稍有放松，投机、投资资金行为便汹涌而来。20世纪90年代，海南等地的房地产泡沫严重。2002年，国务院办公厅印发了处置海南省积压房地产补充方案的通知，以便加快海南积压房地产的处置进度[9]。而一段时期之后，房地产投资过快增长、房地产价格高涨的局面再次呈现。2008年，国家为应对金融危机，采取了一些鼓励、支持住房消费的措施；政策宽松之下，投机、投资活动迅速攀升，"恐慌性抢购"随之出现[8]。

抑制房地产投机、投资行为，必须抑制房地产行业的暴利状况，使房地产经营活动的平均利润回归合理水平，降低通过房地产投机、投资获取高额利润的预期，遏制房地产投机、投资的意愿。1992年，北海市出现房地产泡沫时，有些投资者以18%~25%的高利息借入资金、进行投机[7]。刘世锦指出，2016年第一季度一线城市房地产价格上升甚至飙升的状况，推动了整个房地产市场预期的改变[27]。有评论者谈到，当深圳新住宅平均价格在2016年9月突破6万元/平方米时，有的人萌生了前所未有的、未投资房产的懊恼；没有买房，没有多买房，或许是众多中国人过去几年的共同隐痛[16]。如果没有其他因素的制约作用，在高额利润的刺激下，投机、投资行为常常会形成强烈的自我强化作用，形成显著的正反馈效应，进而推动泡沫逐渐膨胀。当投机、投资力量基本耗尽或泡沫在其他因素影响下受到挤压时，泡沫往往就会迅速破灭，导致相关领域出现衰退。

中国产业趋势展望（1）

为了限制房地产行业的不合理利润，澳大利亚规定，房地产价格必须由银行等专业部门进行评估，房地产开发企业的利润范围等内容必须公开[91]。澳大利亚还规定了房租的限价措施，即房屋出租的年收益率不得高于房产价格的6%[91]。在德国，政府则为不同地段、不同类型的住房制定了详细的、具有法律效力的"基准价格"，所有房地产交易必须执行。德国法律还强调了抬高房价行为的危害性，将一些抬高房价的行为归为刑事犯罪行为，例如，卖房者制定的房价如果超出"合理房价"的20%，就属违法行为，如拒不降价，就会面临高额罚款；房产售价如果超出"合理房价"的50%，就会处以3年有期徒刑以及高额罚款[92]。

抑制房地产投机、投资行为，应对通过各种融资渠道流向投机、投资领域的资金进行限制。周端明等认为，过多的资金通过信贷渠道流入房地产市场，在货币政策影响下资本不断进出房地产行业，是影响我国房地产价格波动的主要原因[62]。国际货币基金组织甚至认为，信贷膨胀是各国资产价格膨胀、泡沫崩溃的罪魁祸首[7]。澳大利亚政府规定，房地产开发企业必须使用自有资金或合伙资金来支付土地出让金，禁止通过贷款支付土地出让金[91]。

抑制房地产投机、投资行为，应加强对房地产中介机构及中介人员的监管，遏制中介领域违规行为对投机、投资活动的推波助澜作用。据介绍，有的中介机构、中介人员诱导或协助买方、卖方通过伪造的书面材料逃避监管，从事或者协助进行"场外配资"等违法违规行为[26]；有的中介机构、中介人员通过卖方委托公证等方式直接开展房地产投机活动，或冒充卖房者、买房者进行投机，大幅拉高房价，在中介费用之外谋取交易差价收益[93]。房地产中介机构、中介人员在房地产交易活动中应保持中立、公正的中介角色，不能直接从事买房、卖房的行为。

预计对房地产投机、投资行为的有效抑制，将成为未来房地产行业长效机制的核心内容。

(三) 对垄断状况的有效监管

2016年4月,某二线城市土地出让总价、区域单价创下纪录后,有地产项目的平均价格从2015年下半年的1.7万元/平方米拉升到2.8万元/平方米,有的项目将平均价格从当月原先的1.9万元/平方米抬升到2.6万元/平方米;随后的一周,在开盘的10个房地产项目中,少则上涨5000元/平方米,多则上涨1万元/平方米[12]。通过将一块土地的出让价格拉高到引人瞩目的高位,便能抬升多个地产项目、多个区域甚至一个城市的房地产价格。出现这一状况的重要原因在于:虽然房地产市场交易规模庞大,但由于房地产具有地域固定、不可移动的特性,各地的房地产市场之间分隔明显;在一定地域的房地产市场上,房地产供给数量、买卖数量有限;因而,与一般商品市场相比,房地产市场更容易被垄断、操纵,共谋垄断行为、非共谋垄断行为,更容易生成。

在房地产中介领域,垄断行为也易于施行。某二线城市房地产中介行业协会负责人指出,有的房地产中介直接从事投机活动,会设法成为整个片区二手住宅房源的独家代理商,市面上除了它,就没有其他房源可卖了,由此垄断了片区的二手住宅房源,然后随意拉高房价[12]。

在国有土地出让这一特殊的垄断领域,可以参考重庆市富有成效的做法。在"宜居重庆"的建设目标指引下,重庆市提出,首先保证保障房的土地供应,同时满足普通商品房的土地供应,对高端住宅的土地供应则有所限制;出让住宅用国有土地时,土地的楼面价格不超过当期住房价格的1/3,在土地出让环节,强调不能拉高房价,要稳定房价[94]。

预计将会在房地产行业长效机制中强调削弱垄断力量的举措。具体的垄断力量削弱措施,可能包括鼓励成立符合一定条件的住宅合作社。通过住宅合作社,很有可能使住宅成本降低30%左右[7]。

(四) 引导住房价格适应居民的合理自住需求

住房价格要适应居民的合理自住需求,而非投资需求。在房地产投机、投资活动,高额利润的推动下,房地产泡沫严重,房地产价格尤其是住房价格长期高涨。从房价租售比、房价收入比等方面分析,泡沫化的住房价格早已超出一般城镇居民的购房能力,在一些城市甚至已超出中高收入阶层的购房能力。要化解房地产行业泡沫风险,要构建房地产行业的正常市场秩序,就应通过有效抑制房地产投机、投资行为,削弱房地产市场垄断力量等措施,保持以住房为核心的房地产价格基本稳定,构建去除泡沫的、正常的房地产价格预期。而后,在商业地产方面,坚持国家已提出的原则,引导降低实体店铺租金[53]。在住房方面,着力引导住房价格适应居民的合理自住需求;泡沫化的价格难以长久稳定,应在适合的条件下引导住房价格逐步回归合理的价位。正如温家宝所说,经过切实的努力,房地产价格会回到合理的价位[24]。

这方面可以借鉴德国的房地产调控经验。据2012年的文献,1977年以来,德国的人均收入增长了3倍,而房地产价格平均只上涨了60%,平均每年上涨了1%;如果考虑物价上涨因素,德国房地产价格有近10年以每年1%的速度下降。为了有效地调控房地产市场,德国遵循了"政府主导,市场参与"的原则来制定相关措施,强化住房的福利性而弱化营利性。在福利住宅推行的高峰时期,德国约有1/3的住房属于福利住宅[92]。

重庆市在住房价格调控方面也取得了令人瞩目的成效。重庆市明确了住房价格的调控目标,住房价格每年的增长率要实现"三个不超过",即不超过全市国内生产总值的增长率,不超过城市职工年均收入的增长率,不超过城市人均收入的增长率;同时,努力使住房月租金不高于城镇居民月收入的1/6[94]。据2011年的资料,重庆市主城区双职工家庭平均用相当于6年或7年的收入,就能够买一套60~70平方米的普通住宅[95]。

引导住房价格适应居民的合理自住需求,很可能会被作为房地产行业未来长效机制的一项重要原则。

(五)削弱房地产用地出让收入对地方财政的影响

在房地产价格高涨等因素影响下,房地产领域的土地出让收入逐步成为地方财政的重要来源，甚至是主要来源。2000~2013年，国有土地使用权出让收入从596亿元增长到4.1万亿元，年平均增长38.7%，占地方财政收入的比重从9.3%提高到60.9%[30]。2010年，土地出让金占地方财政本级收入的比重甚至达到67.62%，创下了历史纪录[26]。许多地方财政存在对房地产用地出让收入严重依赖的状况，这就使得地方政府出于短期利益而放纵房地产泡沫化的可能性大大增加。据介绍，2013年，国家实施了"国五条"房地产调控政策，并要求地方政府出台实施细则，公布房地产价格控制目标；但是，一些地方政府被认为是"不情不愿，心存抵触心理"[25]。

通过房地产税收改革等措施，削弱房地产用地出让收入对地方财政的影响，将有利于化解房地产泡沫，有利于未来房地产行业长效机制的实施和完善。预计相关举措将成为未来房地产行业长效机制的重要组成部分。

参考文献

[1]新华社.政府工作报告——2017年3月5日在第十二届全国人民代表大会第五次会议上[EB/OL].http：//www.gov.cn/premier/2017-03/16/content_5177940.htm，2017-03-16.

[2]裴江文.政府工作报告修改78处：补充遏制热点城市房价过快上涨[EB/OL].http：//finance.sina.com.cn/china/gncj/2017-03-14/doc-ifychihc6506722.shtml，2017-03-14.

[3]国务院.政府工作报告（全文）[EB/OL].http：//www.gov.cn/guowuyuan/2016-03/17/content_5054901.htm，2016-03-17.

[4]朱一飞.论我国宏观调控中法与政策的关系——以近20年房地产宏观调控为例[J].社会科学研究，2014（4）：75-80.

[5]张泓铭.未来中国房地产市场调控的思路和策略[J].社会科学，2014（4）：44-54.

[6]陈和午.新思维：从调控到改革[J].南风窗，2013（9）：39-41.

[7]杨帆，李宏谨，李勇.泡沫经济理论与中国房地产市场[J].管理世界，2005（6）：64-75.

[8]戴玉.房地产发展与调控简史（1978~2013年）[J].南风窗，2013（9）：48-49.

[9] 国务院办公厅. 国务院办公厅关于印发处置海南省积压房地产补充方案的通知 [EB/OL]. http://www.gov.cn/zhengce/content/2016-10/12/content_5118023.htm, 2002-10-28.

[10]《南风窗》编辑部. 房地产调控十年 滞胀时代 [J]. 南风窗, 2013 (9): 34-35.

[11] 一财网. 厦门合肥南京苏州房价狂飙 做生意多年不如买套房 [EB/OL]. http://business.sohu.com/20160618/n455078518.shtml, 2016-06-18.

[12] 陆鸣. 楼市疯狂厦门样本: 地王卖出后 楼盘一夜间涨价万元 [EB/OL]. http://business.sohu.com/20160623/n455841406.shtml, 2016-06-23.

[13] 金彧, 李稻葵. 当前最大的潜在泡沫是房地产 [N]. 新京报, 2016-11-25 (A特010).

[14] 京华时报. 加拿大向火爆楼市"泼凉水": 对外国买家征税 [N]. 京华时报, 2016-10-06 (010).

[15] 张敏, 陈莹莹. 开发商"越狱"国五条 楼市上演"三十六计" [N]. 中国证券报, 2013-04-18 (A05).

[16] 张歆晨. 唯愿不再为房焦虑 [N]. 第一财经日报, 2017-01-04 (A12).

[17] 人民网. 时评: 谁在制造楼市恐慌氛围 [EB/OL]. http://www.chinanews.com/house/2012/12-31/4449151.shtml, 2012-12-31.

[18] 刘旭东, 彭徽. 房地产价格波动对城镇居民消费的经济效应 [J]. 东北大学学报（社会科学版）, 2016, 18 (2): 143-151.

[19] 陈彦斌, 郭豫媚, 陈伟. 2008年金融危机后中国货币数量论失效研究 [J]. 经济研究, 2015 (4): 21-35.

[20] 邓伟, 纪明明. 房地产行业的发展会影响企业家精神吗——来自我国地级城市面板数据的研究 [J]. 现代财经, 2017 (1): 3-13.

[21] 陈昌. 城市化、房地产与宏观调控 [J]. 经济学动态, 2015 (1): 29-41.

[22] 王小广. 遏制房地产投机行为 确保经济稳定发展 [J]. 宏观经济管理, 2006 (6): 10-12.

[23] 吕江林. 我国城市住房市场泡沫水平的度量 [J]. 经济研究, 2010 (6): 28-41.

[24] 张璐晶. 加息会让房子便宜吗 [J]. 中国经济周刊, 2011 (2): 68-69.

[25] 邢少文. 反省房地产十年 [J]. 南风窗, 2013 (9): 36-38.

[26] "中国房地产发展报告2016"课题组.当前房地产市场面临的形势与展望[J].经济研究参考,2016(34):3-24.

[27] 搜狐财经.刘世锦:房价飙升带动投资热仅一个季度[EB/OL].http://business.sohu.com/20160816/n464268595.shtml,2016-08-16.

[28] 林小昭.京沪深包揽行政区房价TOP20[N].第一财经日报,2016-06-15(A02).

[29] 杨缘,米强,万丽.楼市巨影下中国政府陷入两难窘境[EB/OL].http://www.ftchinese.com/story/001069804?page=rest,2016-10-21.

[30] 任兴洲,刘卫民,邵挺.当前房地产市场运行中需要高度重视的问题和风险点[J].首都经济贸易大学学报,2014(4):5-11.

[31] 沈秋莎.中国投资客赴美购房风险浮出 租客房间里种大麻[EB/OL].http://business.sohu.com/20130719/n382049242.shtml,2013-07-19.

[32] 沈秋莎.赴美投资房地产攻略[N].第一财经日报,2013-07-19(A08).

[33] 罗琦."首付啃老"下的港人买房难[N].第一财经日报,2017-02-08(A01).

[34] 鲁桂华.高房价的掠夺本质与增长隐忧[N].第一财经日报,2013-10-12(B12).

[35] 王文春,荣昭.房价上涨对工业企业创新的抑制影响研究[J].经济学(季刊),2014,13(2):465-490.

[36] 张歆晨.碧桂园6人获上亿元年终红利[N].第一财经日报,2017-01-23(A07).

[37] 马洪超.换房,中介费不是个小问题[N].经济日报,2017-02-04(7).

[38] 罗韬.中国房产经纪人1%月入超3万[N].第一财经日报,2016-06-15(A07).

[39] 王元华,张永岳.基于相对剥夺感理论的房地产市场公平研究[J].中州学刊,2013(4):40-45.

[40] 吴智华,杨秀云."土地财政"与中国房地产市场波动——基于两部门NK-DSGE模型的研究[J].中南财经政法大学学报,2016(5):31-41.

[41] 国家统计局.2016年国民经济实现"十三五"良好开局[EB/OL].http://www.stats.gov.cn/tjsj/zxfb/201701/t20170120_1455942.html,2017-01-20.

[42] 田利辉.广义虚拟经济视角下的房地产泡沫及其经济治理[J].中国高校社会科学，2014（3）：117-126.

[43] 张歆晨.被打乱的地产江湖[N].第一财经日报，2017-01-10（A07）.

[44] 曹桢.西安不限购 引外地客竞折腰[N].证券时报，2016-10-10（A005）.

[45] 李婷.厦门房屋租售比高达1：756 63年才能收回购房本钱[N].每日经济新闻，2016-06-21（05）.

[46] 林小昭.北上深领衔高房租 厦门收租63年才能回本[N].第一财经日报，2016-06-13（A09）.

[47] 杨帆.泡沫经济理论与中国房地产市场的调控[J].学习与实践，2006（2）：141-153.

[48] 韩永辉，张佐敏，邹建华.房地产"限购令"的调控机制与政策反思——基于单中心双环城市模型的分析[J].经济理论与经济管理，2016（7）：16-28.

[49] 发改委.关于印发促进消费带动转型升级行动方案的通知[EB/OL].http：//www.ndrc.gov.cn/zcfb/zcfbtz/201604/t20160426_799488.html，2016-04-26.

[50] 杨缘.英国机构调查：北京房租负担排名全球第一[EB/OL].http：//www.ftchinese.com/story/001067217，2016-04-21.

[51] 杨宇东，李德，尚玉，宋易康，祝嫣然，重华，顾文剑.钱都去哪儿了？中国企业资金"脱实入虚"大调查[N].第一财经日报，2016-08-11（A09）.

[52] 中国政府网.《装备制造业标准化和质量提升规划》要对接《中国制造2025》[EB/OL].http：//www.gov.cn/xinwen/2016-04/08/content_5062410.htm，2016-04-08.

[53] 中国政府网.李克强主持召开国务院常务会议，决定实施《装备制造业标准化和质量提升规划》等[EB/OL].http：//www.gov.cn/guowuyuan/2016-04/06/content_5061745.htm，2016-04-06.

[54] 郑忠华，张瑜.房地产市场、银行体系与中国宏观经济波动——基于多部门动态随机一般均衡模型的分析[J].南方经济，2015（2）：53-69.

[55] 郭芳.房地产价格泡沫破灭的危害传导机理及应对策略[J].商业时代，2014（8）：124-125.

[56] 赵春荣.房地产市场失灵与政府管理[J].中国流通经济，2013（11）：45-52.

[57] 中国人民银行货币政策分析小组.中国货币政策执行报告——2016年第四季度[R].中国人民银行，2017.

[58] 陈昭翔, 陈立文. 论房地产价格泡沫控制及风险转移途径 [J]. 技术经济与管理研究, 2016（5）: 85-88.

[59] 李丹丹. 国家统计局: 去年房地产对 GDP 增长贡献率为 7.8% [EB/OL]. http://finance.chinanews.com/cj/2017/01-20/8130559.shtml, 2017-01-20.

[60] 中国政府网. 李克强总理回答中外记者提问（文字实录）[EB/OL]. http://www.gov.cn/guowuyuan/2016-03/16/content_5054308.htm, 2016-03-16.

[61] 搜狐财经. 吴晓灵: 化解钱又多又贵需要这些绝招 [EB/OL]. http://business.sohu.com/20160620/n455205770.shtml, 2016-06-20.

[62] 周端明, 艾非, 胡小文. 我国房地产业对实体经济的掠夺效应——基于多部门动态随机一般均衡模型的模拟分析 [J]. 当代经济研究, 2016（11）: 62-72.

[63] 新华社. 授权发布: 中共中央关于全面深化改革若干重大问题的决定 [EB/OL]. http://news.xinhuanet.com/2013-11/15/c_118164235.htm, 2013-11-15.

[64] 新华社. 中共中央 国务院印发《国家创新驱动发展战略纲要》[EB/OL]. http://www.most.gov.cn/yw/201605/t20160520_125675.htm, 2016-05-19.

[65] 吴晓菁. 免费拎包入住 人才公寓成新家 [N]. 厦门日报, 2017-01-22（A03）.

[66] 国务院. 中华人民共和国国民经济和社会发展第十三个五年规划纲要 [EB/OL]. http://www.gov.cn/xinwen/2016-03/17/content_5054992.htm, 2016-03-17.

[67] 国家发改委. 关于 2016 年深化经济体制改革重点工作的意见 [EB/OL]. http://www.gov.cn/zhengce/content/2016-03/31/content_5060062.htm, 2016-03-31.

[68] 梅新育. 空城之殇 [J]. 南风窗, 2013（9）: 42-44.

[69] 苏奇, 匡惟, 陈惠婷. 厦门去年出生 1.9 万名"二孩" [N]. 厦门晚报, 2017-01-05（A3）.

[70] 杨潇. 七部门出台新规 加强房地产中介管理 [EB/OL]. http://business.sohu.com/20160816/n464459497.shtml, 2016-08-16.

[71] 余健平. 长租公寓"抢滩"租房市场 [N]. 海峡导报, 2017-02-15（11）.

[72] 张晓玲, 石钰, 张贺娟. 从"包租婆"到机构房东 4 万亿租赁市场盈利难题待解 [N]. 21 世纪经济报道, 2017-02-20（13）.

[73] 丁扬.《蜗居》: 海外解读中国新样本 [EB/OL]. http://news.xinhuanet.com/herald/2009-12/04/content_12586920.htm, 2009-12-04.

中国产业趋势展望（1）

[74] 南都周刊.《蜗居》直面现实 我们一辈子就要被房子拖死吗［EB/OL］. http：//www.chinanews.com/estate/estate-qnht/news/2009/11-30/1991997.shtml，2009-11-30.

[75] 李强. 清华社科院院长李强演讲实录：怎样看待我国的社会结构与社会分层（下）［EB/OL］. http：//mp.weixin.qq.com/s? timestamp=1462469683&src=3&ver=1&signature=oV7bRSeeAhhnyNJhq4moNfL0Zqb90qFR3xch8WJhY18ZVFrI9x9tH4qlKltORCKGutlNaRriUUf2aadfX2rFM6OT*NsVQk4tiNoPXaLzWlxCeRtv1 -lDvvMVj6akX9jb*faipwfkP9YxKMqNTxJFS9Nuv3id5MWsm7dfCyB03bY=，2016-05-04.

[76] 国家统计局. 居民收入快速增长 人民生活全面提高——十八大以来居民收入及生活状况［EB/OL］. http：//www.stats.gov.cn/tjsj/sjjd/201603/t20160308_1328214.html，2016-03-08.

[77] 胡祖铨. 我国房地产去库存研究［J］. 宏观经济管理，2016（4）：22-25.

[78] 王立彬，刘铮. 新华视点：居民消费价格指数为何与百姓感受不同［EB/OL］. http：//www.gov.cn/jrzg/2006-07/19/content_340709.htm，2006-07-19.

[79] 詹国枢. 住房政策出了啥偏差［J］. 中国经济周刊，2011（2）：79.

[80] 新浪网. 香港房价太高！梁锦松建议政府成本价卖房［EB/OL］. http：//finance.sina.com.cn/meeting/2017-02-08/doc-ifyameqr7345696.shtml，2017-02-08.

[81] 石勇. 中国社会的"房地产化"该结束了［J］. 南风窗，2013（9）：45-47.

[82] 李一戈. 楼市何以恐慌［N］. 21世纪经济报道，2016-09-19（08）.

[83] 沈晓杰. 谁打开了本轮中国房价疯涨的"潘多拉盒"［EB/OL］. http：//www.ftchinese.com/story/001069430#s=w，2016-09-20.

[84] 曹山石. 47家房企董事长看房市：有的很害怕［EB/OL］. http：//business.sohu.com/20160905/n467654832.shtml，2016-09-05.

[85] 参考消息网. 王健林：中国房产泡沫史上最大 限购限贷没起效［EB/OL］. http：//business.sohu.com/20160930/n469427941.shtml，2016-09-30.

[86] 央视新闻客户端. 国家主席习近平发表二〇一七年新年贺词［EB/OL］. http：//m.news.cctv.com/2016/12/31/ARTI9b2V83UXIpxXRaIJHws4161231.shtml，2016-12-31.

[87] 朱开云. 密集调控下楼市还能进场吗［N］. 北京青年报，2016-10-07（A05）.

[88] 新华社. 中央经济工作会议在北京举行 习近平李克强作重要讲话［EB/OL］. http：//news.xinhuanet.com/politics/2016-12/16/c_1120133804.htm，2016-12-16.

[89] 国务院. 国务院批转发展改革委等部门关于深化收入分配制度改革若干意见

的通知［EB/OL］. http：//www.gov.cn/xxgk/pub/govpublic/mrlm/201302/t20130204_65899.html，2013-02-03.

［90］周京奎. 房地产投机理论与实证研究［J］. 当代财经，2004（1）：92-94.

［91］王晓. 澳大利亚房地产价格调控经验及启示［J］. 金融与经济，2016（6）：35-38.

［92］刘应杰. 德国房价不涨的调控经验［J］. 决策探索，2012（10）：70-72.

［93］童璐. 合肥房产中介的"炒"房经［N］. 证券时报，2016-10-10（A005）.

［94］商宇. 强化土地管理 抓好房地产调控 建设宜居重庆［N］. 重庆日报，2011-02-16（001）.

［95］商宇. 加强房价调控，确保目标实现［N］. 重庆日报，2011-04-03（001）.

创新创业领域篇

一、创新

总理在 2017 年政府工作报告中特别强调,要依靠创新推动我国新旧发展动能的转换、推动结构优化升级,要以创新来引领作为我国发展根基的实体经济实现转型升级[1]。2016 年,总理在政府工作报告就指出,未来要牢固树立和贯彻落实创新、协调、绿色、开放、共享的发展理念[2]。之后,总理在报告中提出,将坚持以新发展理念引领发展[2];总理在 2016 年人大会议记者招待会上谈到,要落实好新发展理念[3]。在李克强总理多次重申的、国家的新发展理念中,创新成为其中的第一个要点。在国家"十三五"规划中,将创新视为引领国家、社会发展的第一动力,提出把创新作为国家发展全局的核心,把国家、社会发展的基点放在创新之上,让创新在国家的一切工作中得以贯彻,让创新成为全社会的风尚[4]。2016 年 5 月,全国科技创新大会、两院院士大会、中国科协全国代表大会一并在人民大会堂召开;据介绍,这是继 1978 年之后,这三个重要会议第二次同时举行[5]。

按熊彼特(著名经济学家、创新理论开创者之一)的观点,创新被视为生产要素等资源的重新组合[6]。Drucker(著名管理学家)则认为,创新是改变资源的产出,创新与创业精神应成为机构、经济、社会赖以生存的主要活动;同时,他不认同将创新看作是天赋、才干、灵感等带有神秘色彩事物的观点[7]。创新被经济学者视为经济增长的重要推动力量,被管理学者视为企业竞争力的重要源泉。国家提出,未来 5~10 年,是世界从新一轮科技革命和产业变革的蓄势待发状态演化到群体迸发状态的关键时期,创新驱动的新兴产业逐渐成为全球经济复苏和增长的主要动力,这

中国产业趋势展望（1）

将带动全球的创新经济进入发展新时代；我国要实现向创新经济的跨越[8]。总理在 2016 年的人大会议报告中强调，持续推动万众创新，强化创新引领作用，要在 2020 年将我国建设成为创新型国家[2]。创新不仅成为国家、社会的发展理念、发展动力，还被明确为未来中国的一个主要特征。

为实践创新发展理念、实现创新型国家建设目标，国家提出了创新驱动发展战略。在"十三五"规划中，实施创新驱动发展战略，被作为紧接着"指导思想、主要目标和发展理念"之后的第二篇。在中共中央、国务院颁发的《国家创新驱动发展战略纲要》中，谈到创新驱动已成为许多国家谋求竞争优势的核心战略，我国既面临赶超跨越的难得机遇，也面临差距拉大的严峻挑战；提出必须依靠创新驱动打造发展新引擎，要按照"坚持双轮驱动、构建一个体系、推动六大转变"来部署创新驱动发展战略，科技创新、体制机制创新是双轮驱动的内涵[9]。本章将就科技创新、体制机制创新加以论述；然后，将讨论创业领域的相关内容。

二、科技创新

依据《"十三五"规划》、《"十三五"科技创新规划》、《"十三五"战略性新兴产业发展规划》、《国家创新驱动发展战略纲要》、《国家信息化发展战略纲要》、《中国制造 2025》、《工业强基 2016 专项行动实施方案》、《"互联网+"人工智能三年行动实施方案》、《能源技术革命创新行动计划（2016~2030 年）》等，未来一段时期，我国将重点支持以下领域的科技创新工作：

（1）信息通信。其中涉及第五代移动通信（5G）和超宽带关键技术，泛在安全物联网，海量数据采集、存储、清洗、分析发掘、可视化、安全与隐私保护等领域关键技术，网络安全保障[4]；可穿戴设备，低时延、高可靠、广覆盖的工业互联网，核心通用芯片，高密度封装及三维微组装技术，核心路由交换技术，超高速大容量智能光传输技术，"未来网络"核心技术和体系架构，高端服务器，操作系统及工业软件[10]；集成电路自动化测试工具集和跨平台应用开发工具系统[11]；虚拟现实技术，云计算[9]；国家互联网大数据平台[12]；面向未来人机物融合的信息科学，超级计算、超级计算机中央处理器（CPU）架构设计技术，智能终端嵌入式 CPU 和操作系统的高性能低功耗等核心关键技术，天地一体化信息网络，量子通信、量子计算机[13]；数字文化创意，物联网搜索引擎，面向物端的边缘计算[8]；等等。

（2）能源。其中涉及第三代核电、百万千瓦级水电机组，高效锅炉、高效电机，小型核动力系统，新一代光伏、大功率高效风电、生物质能、氢能与燃料电池、智能电网、新型储能装置等核心关键技术和产业化，大功率电力电子器材、高温超导材料，分布式新能源技术综合应用体，煤炭

中国产业趋势展望（1）

无人开采等技术[4]；大型原油和液化天然气船舶，非常规油气和深层、深海油气开发技术，二氧化碳捕集、利用与封存技术，堆芯物理和聚变堆工程技术、大型托卡马克聚变堆装置[14]；等等。

（3）材料。其中涉及形状记忆合金、自修复材料等智能材料，石墨烯、超材料等纳米功能材料，磷化铟、碳化硅等下一代半导体材料，高性能碳纤维、钒钛、高温合金等新型结构材料，可降解材料和生物合成新材料[4]；先进熔炼、凝固成型、气相沉积、型材加工、高效合成等新材料制备关键技术和装备[10]；特种陶瓷[15]；等等。

（4）航空。其中涉及航空发动机和燃气轮机核心技术，大型飞机研制，干支线飞机、直升机、通用飞机、无人机产业化，先进机载设备及系统[4]；等等。

（5）航天。其中涉及北斗卫星导航系统、遥感卫星商业化应用[4]；新一代运载火箭、重型运载器，新型卫星等空间平台与有效载荷，空天地宽带互联网系统，载人航天，月球探测工程，深空探测[10]；等等。

（6）智能制造。其中涉及精密、高速、柔性数控机床与基础制造装备及集成制造系统，高档数控系统、轴承、光栅、传感器等主要功能部件及关键应用软件[4]；增材制造装备，智能测量仪表，工业控制系统，智能工程机械，智能家电，智能照明电器，智能物流管理，危险化学品、食品、印染、稀土、农药等重点行业智能检测监管体系[10]；激光制造，制造基础技术与关键部件[13]；等等。

（7）人工智能与机器人。其中涉及工业机器人、服务机器人、手术机器人、军用机器人，高精密减速器、高速高性能控制器、高性能伺服电机及驱动器等关键零部件[4]；深度学习技术，超大规模深度学习的新型计算集群，类脑神经计算系统，计算机视觉，智能语音处理，生物特征识别，自然语言理解，智能决策控制以及新型人机交互，文献、语音、图像、视频、地图等多种类数据的海量训练资源库和基础资源服务公共平台，支持人工智能领域的芯片、传感器、操作系统、存储系统、高端服务器、关键网络设备、网络安全技术设备、中间件[16]；汽车自动驾驶技术[13]；等等。

（8）交通。其中涉及先进轨道交通装备，纯电动汽车和插电式混合动力汽车，动力电池能量密度、高低温适应性等关键技术，标准统一、兼容互通的充电基础设施服务网络，邮轮等高技术船舶及重点配套设备设计制造核心技术[4]；人车路协同（V2X）国家通信标准和设施设备接口规范，面向交通安全和自动驾驶的人车路协同通信技术[17]；电动汽车智能化、网联化、轻量化技术[13]；燃料电池汽车[8]；等等。

（9）海洋工程。其中涉及深海探测，大洋钻探，海底资源开发利用，海上作业保障等装备和系统，深海空间站，大型浮式结构物开发和工程化[4]；海洋极地调查观测装备[8]；等等。

（10）农业。其中涉及大马力拖拉机及复式作业机具、大型高效谷物联合收获机、精密播种机等装备，经济作物播种、田间管理、收获机械[4]；生态绿色高效安全的现代农业技术，全产业链食品安全保障技术[9]；种业自主创新，农业面源和重金属污染农田综合防治与修复[13]；等等。

（11）化工。其中涉及煤炭分级、煤炭气化，炼油化工一体化、下游石化产品深加工关键装备[4]；等等。

（12）生物医药。其中涉及核医学影像设备、超导磁共振成像系统、无创呼吸机，全自动生化分析仪、高通量基因测序仪等体外诊断设备，心脏瓣膜、起搏器、介入支架、人工关节等植介入产品，具有中医药特色优势的医疗器械[4]；新机制和新靶点化学药、抗体药物、抗体偶联药物、全新结构蛋白及多肽药物，新型疫苗，临床优势突出的创新中药及个性化治疗药物，可穿戴、远程诊疗等移动医疗产品，生物3D打印，诱导多能干细胞[10]；再生医学[9]；艾滋病、乙肝、肺结核诊防治关键技术和产品，脑科学，蛋白质机器与生命过程调控[13]；等等。

（13）环保。细颗粒物治理、汽车尾气净化、垃圾渗滤液处理、污泥资源化、多污染协同处理、土壤修复治理等新型技术装备[4]；有毒有害原料替代[10]；废弃物信息管理和交易体系[12]；水污染治理，清洁生产，化学品环境风险防控，全球环境变化应对[13]；农林废弃物回收利用，再制造技术[8]；等等。

中国产业趋势展望（1）

要在如此多的领域开展科技创新活动，需要投入大量的财力、物力，即便对中国这个大国、经济总量位居世界第二的经济体，也并不容易。2015年，我国在研发与试验发展经费支出占国内生产总值的比重方面，原计划要达到2.2%，但实际值比目标值略低，为2.1%，支出金额约1.42万亿元[4]。2020年，国家将研发与试验发展经费支出占国内生产总值的比重的目标值设定为2.5%[2]；2030年，其目标值设定为2.8%[9]。即在2016~2020年的5年内，要将研发与试验发展经费支出占国内生产总值的比重提高19%，在2020~2030年的10年，要将该目标值提高12%。同时，要通过科技创新等途径，在2016~2020年使全员劳动生产率年均增幅超过6.6%，在2020年提高到12万元/人以上[4]；要将科技进步对经济增长的贡献率，由2015年的55.3%提高到2020年的60%[4]；国家综合创新能力，要从2015年世界排名第18位提升到世界前15位[13]。为了实现这些科技创新、经济发展目标，国家应该要继续加大科技创新领域的财政资金投入，并引导企业更加重视科技创新活动，增加研发经费。同时，也需要通过公共管理体制机制等管理创新来提高科技创新投入、研发经费的投入产出效益；本书后续将对此加以讨论。

科技创新活动，往往伴随着大量的未知领域、风险因素。科技创新的路径、求知探索的方向、可能的结果，常常是千千万万多数机构、群体、多数人一时的看法，未必就是正确的。因此，需要鼓励科技创新群体、科技创新人员在实事求是的基础上保留自己的非共识研究意见、非共识研究方向。就此，国家提出，要支持自主探索，包容非共识创新[4]；甚至在基础研究领域，研究人员可以"自由探索"，特定的相关非共识项目还能得到重点支持[9]。变革性的科技成果，还经常由非共识的科技创新活动所引发。因而，国家还强调了对非共识、变革性的创新研究的支持[13]。

近年来，雾霾已成为我国居民面临的一个重大环境污染问题。2017年总理在政府工作报告中谈到，在一些地区，严重雾霾状况频频出现[1]。2016年12月16日，京津冀及周边地区遭遇了雾霾、空气重污染的状况；12月19日，空气污染情况进一步加剧，河北石家庄、辛集、邯郸3市空气质量指数严重超标,石家庄市区世纪公园空气监测点的 PM2.5、PM10 指标一度突破 1000 微克/立方米[18]。据 2016 年 12 月 20 日的报道,绿色和平组织估计,2016 年 12 月 20 日及之前数日出现了中国 2016 年最严重的空气污染状况,受影响的居民人数达到 4.6 亿人[19]。空气污染也已成为印度新德里等世界多地出现的严重问题;世界卫生组织的一项调查结果显示,空气污染问题每年造成全球数百万人死亡;印度新德里的一些中产专业人士和外派员工开始搬出该城市[20]。为解决环境污染、生态保护问题,国家提出,要推动形成绿色的生产方式、生活方式,加快改善生态环境[2];同时,加大电力驱动的公共交通工具的比重,城市建成区内污染严重的企业实施有序搬迁改造或依法关闭,改革主要污染物总量控制制度,扩大污染物总量控制范围,在重点区域、重点行业推进挥发性有机物排放总量控制,制订城市空气质量达标计划[4]。我国还向世界承诺,2030 年,要将中国非化石能源占一次能源的消费比重提高到 20% 左右[14]。而 2016~2020 年,地级及以上城市空气重污染天数则要减少 25%,全国挥发性有机物排放总量要下降 10% 以上[4]。空气污染源的治理,需要在行政、司法、科技等方面付诸努力,需要经历相当长的时间。除了支持细颗粒物治理、汽车尾气净化等污染源治理技术装备的研发创新工作外,建议还应在雾霾环境下的空气污染防护、空气污染所致疾病的治疗方面加大科技创新的扶持力度。

三、体制机制创新

体制机制创新,是公共管理机构、企业等组织在管理体制、管理机制方面的创新活动。可称为管理创新。

(一) 公共管理体制机制创新

公共管理体制机制创新,可简称为公共管理机制创新。我国包括中央财政,多年来加大了对科技创新活动的资金投入。2015年,我国研发与试验发展经费支出达到1.422万亿元,资金规模位居世界第二,资金额已占到世界各国研发经费支出之和的20%[21]。2015年我国的技术交易总额近1万亿元,截至2015年底,我国的技术转移示范机构数量达到453家[22]。而据李克强总理介绍,2016年,我国的技术交易额已超过1万亿元[1]。从研发与试验经费支出总额上看,我国科技创新活动的资金投入规模已相当高;而且,未来还要加大研发与试验经费支出占国内生产总值的比重,科技创新活动的资金投入规模将更为可观。

要让科技创新活动取得更高的成效,既要增加科技创新活动的投入,也应通过公共管理机制创新等管理创新活动来提高科技创新投入、研发经费的投入产出效益。国家提出,要深化科技管理体制改革[2];建立统一的国家科技管理信息系统,对科技计划开展状况实行全流程痕迹管理[13];全面实行包括科技报告共享的国家科技报告制度,将科技报告呈交和共享情况作为对项目承担单位提供后续支持的依据[13];逐步探索将研发支出纳入国民经济核算体系的投资统计范畴[9];扩大高校和科研院所自主权,实行中长期目标导向的考核评价机制[4],推进高校和科研院所评价工作

中国产业趋势展望（1）

的改革，把技术转移和科研成果对经济社会的影响纳入绩效评价指标，并作为财政科技经费资助的重要依据[9]；在一流大学和一流学科建设上，也建立结合绩效、创新能力评估的拨款制度[9]；将研发投入和创新绩效作为国有企业经营状况的重要考核指标[9]；加快国家自主创新示范区试点政策向全国推广的进程[23]，设立国家信息经济示范区[12]。国家还探索设立面向核心技术研发活动的专门投资公司[12]。这有助于集中财力、人力、物力资源，实现相关核心技术研究工作的重点突破。

国家提出，重新构建国家科技计划布局，设置国家自然科学基金、国家科技重大专项、国家重点研发计划、技术创新引导专项（基金）、基地和人才专项五类科技计划；对国家科研基地平台进行优化调整，整合为战略综合类、技术创新类、科学研究类、基础支撑类等；战略综合类主要涉及国家实验室；技术创新类涉及国家技术创新中心、国家临床医学研究中心，及现有国家工程技术研究中心、国家工程研究中心、国家工程实验室、企业国家重点实验室等优化形成的科研基地；科学研究类主要涉及国家重点实验室；基础支撑类涉及国家野外科学观测研究站、科技资源服务平台等基础性、公益性基地和平台[13]。

在国防、民用领域科技工作的军民协同创新方面，国家强调要在国防建设中合理兼顾民用需要，促进科技、人才、信息等要素在国防、民用领域的交流，加强先进科技等的军民共用协调工作，加快军工体系的科技成果转化，加快军民通用标准化体系建设；加强军地在产业、科技等领域的统筹发展，在海洋、太空、网络空间等领域推出军民融合发展重大项目和举措，打造军民融合创新示范区[4]。同时，建立军民融合重大科研任务机制，推进军民基础共性技术一体化、基础原材料和零部件通用化[9]；编制"军转民"目录和"民参军"目录[15]。

国家还设立高层次创新决策的咨询机制、国家创新调查制度[9]；完善国家科技决策咨询制度，重点建设50~100家国家高端智库[4]；党中央、国务院定期听取国内外科技创新动态报告[9]；建立国家治理大数据中心，建设国家互联网大数据平台[12]；建立国家、区域、高新区、企业等创新能力监测评价报告发布措施[13]。2016年，国家信息中心大数据创新创业（成都）基地、每日经济新闻联合发布了我国的创新创业指数，来源数据涉及4000万的微博数据，1000万的新闻报道信息，600万的微信数据，380万发明专利数据；其中1个分指数即针对科技创新状况，另有2个分指数反映创新创业政策环境等[24]。这些机制、举措，有利于国家决策阶层了解科技创新等创新活动的客观状况，熟悉科技创新动态，制定更恰当的科技创新等创新政策。

同时，可以借助公共管理机制创新激发企业、科技人员开展科技创新活动的积极性。在调动企业科技创新活动的积极性方面，据李克强总理介绍，2017年科技型中小企业研发费用加计扣除比例将由50%提高到75%[1]；国家还会扩大固定资产加速折旧实施范围[4]，相当于向开展科技创新活动的企业给予税收优惠，并设立新材料、关键零部件首批次应用的保险费补偿机制[22]；实施制造业创新中心建设工程[25]。工信部提出，2016年，开展信息化、工业化融合管理体系贯标工作的国家级试点企业，要新增600家，通过评定的企业要超过300家[26]；2018年，要形成一套完整的信息化、工业化融合管理体系标准，推动60000家以上企业开展信息化、工业化融合自评估自诊断工作，10000家以上的企业开展信息化、工业化融合管理体系标准贯彻工作，力争让1500家以上企业能够通过信息化、工业化融合管理体系评定；鼓励地方主管部门和行业协会组织企业在信息化、工业化融合咨询服务平台的帮助下，开展信息化、工业化融合自评估自诊断工作[11]。信息化工作、信息技术的融入很可能使企业，尤其是许多信息化程度较低的企业实现科技创新、研发工作效率的显著提升。国家标准化管理委员会正大力推进企业标准管理制度的改革，将逐步取消企业产品标准的备案制度，设立企业产品和服务标准的自我声明公开及监督制度，建立企业标准信息公共服务平台；采用原有的产品标准备案制度时，企业完成一项相关产品标准备案工作平均需要约15天，现在只需约20分钟；在企业标准信息公共服务平台上，公开声明产品标准的企业已超过25000家[27]。企业产品标准声明机制的创新，在一定程度上提高了企业科技创新成果向现实产品转化的效率。

在科技人员科技创新激励方面，国家主张应鼓励科研人员的创新创业活动[2]；高校、科研院所对科技成果转化中科技人员的奖励应不低于净收入的50%，在研发、科技成果转化中作出主要贡献的人员获得奖励的比例不低于奖励总额的50%；在科技管理领域，出台以增加知识价值为导向的分配政策[1]；引导符合条件的国有科技型企业实施股权和分红激励政策[13]；完善相关的股权期权税收优惠政策和分红奖励办法[2]。相关奖励举措，是对相关科研人员科技创新物质奖励的突破。国家要建立符合基础研究特点和规律的相关科研评价机制，对自由探索类基础研究采用长周期、国际同行的评价机制，强调原创性和学术贡献；对目标导向类基础研究的评价关注目标实现程度，主要评价解决重大科学问题的效能[13]。这对处在难度较大、经济效益不容易显现的基础研究领域的科技人员，会产生更公平合理的评价、激励效果。

应通过公共管理机制创新活动，推动科技创新成果的产业化进程，引导科技创新活动更好地与客户需求等组织的内外部环境相适应。国家强调，要实施支持科技成果转移转化的政策措施[2]；支持科研人员兼职、离岗开展科技成果转化工作[4]；探索在战略性新兴产业领域、建立由财政资助的科技创新成果限时转化制度[8]；建设国家科技成果转移转化示范区[13]，发展面向市场的新型科技创新、研发机构[9]；建立主要由市场决定科技创新项目和经费分配、评价成果的机制[23]。相关措施，可以让科技人员有充足的精力、时间投入科技创新成果的产业化活动之中，也给科技人员带来了压力、动力。

学术刊物及其刊载的论文，是创新构想的重要源泉，科技创新活动的重要工具，科技人员交流、探讨成果、发现的重要平台。但由于学术刊物读者涉及面较窄，读者数量较少，广告价值低，学术刊物的经费往往依赖于高校、科研、学术机构的拨款，论文作者缴纳的版面费、审稿费等费用。这既阻碍了科技创新等创新成果的发表、交流，也不利于学术刊物这一重要创新资源的发展。建议国家能向国内一流或有重要影响，尤其是缺乏经费的学术刊物提供更多的资助和扶持,并敦促其逐步取消向论文作者收取的费用。同时,与国内刊物相比,在国外外文刊物发表的论文更利于国际交流,普遍受到重视,在科研人员论文成果评价中的权重往往更高。这也使得大量科研人员将论文优先投稿于国外外文刊物,不利于国内刊物的正常发展与进步。建议国家对高校、科研、学术机构的高水平外文刊物的创办、经营活动给予一定的鼓励资助。

(二)企业管理体制机制创新

企业管理体制机制创新,可简称为企业管理机制创新。商业模式创新,也称商务模式创新,它涉及企业的战略管理,营销管理,研发、运营、财务、人力资源管理等多方面经营行为,是企业的全局性、综合性管理机制创新活动。Zott 等指出,商业模式从系统的层次对企业经营方式进行了整体分析[28]。Foss 等认为,商业模式创新是一种更全面而新颖的组织创新形式[29]。翁君奕强调,商务模式创新(商业模式创新)已成为企业竞争的核心领域[30]。国家正研究将商业模式创新成果纳入知识产权保护范围的管理办法[13]。中共中央、国务院颁发的《国家创新驱动发展战略纲要》谈到,科技创新应与商业模式创新等相互结合[9]。习近平总书记指出,国家支持科技创新、商业模式创新等全方位、多层次的创新[31]。因此,本书将主要对商业模式创新予以阐述。

Foss 等指出,近 15 年来,商业模式创新越来越多地得到了管理学研究者、企业管理者的关注,商业模式及其创新在过去数十年里已成为管理领域的一个重要议题,商业模式创新相关文献的迅速增长也说明了商业模式创新是一种需要被概念化、理论化的重要事物;不过,对许多人而言,商业模式创新似乎并不容易理解[29]。按 Amit 等的观点,商业模式是为了利用市场机遇创造价值而进行的交易内容、结构和管理措施的具体规划[32]。Foss 等将商业模式创新定义为,对企业商业模式的关键要素或要素间架构进行的新颖而重要的有意识调整。Foss 等分析了近 15 年来大量的商业模式创新研究文献,认为众多研究文献主要围绕着 4 个研究方向:对商业模式创新进行定义,将商业模式创新视为组织转变的过程,将商业模式创新视为组织的产出,分析商业模式创新的成效。他们指出,已有的商业模式创新研究文献主要论述了两个方面的内容:一是从动态视角看待商业模式创新,将其视为一种需要在适当的技能、领导力、学习机制支持下进行的组织转变过程;二是从静态视角看待商业模式创新,将其视为一种能影响企业绩效的、进行创新性变革活动的新形式。他们提出,将复杂性科学等引入商业模式创新研究,有助于弥补商业模式创新研究的鸿沟,会推动商业模式创新理论更好地向前发展[29]。

1. 商业模式创新的有利因素

Foss 等谈到,对商业模式创新的研究引发了一系列重要的问题,包括什么是商业模式创新的有利因素[29]。

商业模式的开放性、封闭性,对企业商业模式的成效有重要影响。企业可以考虑通过调整商业模式的开放性进行商业模式创新。Chesbrough 认为,随着社会劳动分工程度的不断细化,应增强商业模式的开放程度。根据他的非正式抽样调查结果,企业所拥有的专利技术中有 75%~95%并未得到利用。他提出,企业应一方面积极搜寻、利用外部的经营设想、技术;另一方面,可将自己的技术成果对外授权使用,降低研发成本,提升创新成效[33]。由此,可形成多种开放性较高的商业模式。

对商业模式中纳入的技术策略、营销策略结合行业特点进行统筹规划,有利于提高商业模式创新的成效。Christensen 等结合对硬盘驱动器产业的研究提出,如果企业在行业产品的主流设计方式确定前,新的细分市场未形成之前进入该产业,那么以结构创新为技术策略,选择聚焦于新的或正在形成的细分市场的营销策略的企业,相比于以模块层次的创新为技术策略,选择聚焦于现有细分市场的营销策略的企业,成功的后验概率明显更高[34]。

Calia 等结合 Metallurgy 公司的案例,运用创新网络理论进行研究后提出,关系结构、创新类型、创新网络动力 3 个企业技术创新网络要素在商业模式的中介作用下对企业的业绩增长、国际化经营构成了影响[35]。因而，可将与企业的关系结构、创新类型、创新网络动力等技术创新网络要素相关的措施，纳入商业模式创新活动中。

可以借鉴 Hauser 等对与营销管理相关的创新研究的论述来探索商业模式创新的有利因素。例如：提高消费者乐于接受新事物的程度，结合新产品成长模型，运用网络外部性；与企业的市场开拓战略、业务组合管理措施相结合，增强对市场进入者的防御效果；适应行业的技术演进、技术竞争状况，在产品研发的规划、测试、评估过程中纳入商业模式创新的特定需求；分析前后一致，结构性的创新驱动因素，运用新技术、新工具；与财务、运营等组织内部其他的价值创造活动相结合[36]。

徐迪结合介观商务模式（商业模式）理论建立了基于复杂性科学的商务模式创新（商业模式创新）的分析框架，为探索商业模式创新的有利因素提供了诸多启示。在该分析框架中，以适应度来度量商业模式的性质。适应度是商业模式为利益相关者带来的价值或利润等可以反映特定商业模式的经济特性的定量指标，是客户界面、内部构造、伙伴界面的函数。通过客户界面、内部构造、伙伴界面3个维度，可形成商业模式的适应度地形图。由此，商业模式创新可描述为在商业模式适应度地形上的爬山或跃迁过程。按徐迪的观点，可以通过调整商业模式的组分开展商业模式创新活动，称为商业模式模块创新；也可以通过改变商业模式组分的相互作用关系来开展商业模式创新活动，称为商业模式结构创新。当调整商业模式的单个组分时，可称为商业模式局部模块创新；而调整商业模式的所有组分时，可称为商业模式全局模块创新。他认为，进行商业模式结构创新时，必须同时进行商业模式模块创新。如果开展商业模式局部模块创新，创新的结果很可能是局部最优，并存在初始状态敏感现象和路径依赖现象，但容易实现，结果相对满意。商业模式的复杂性主要体现在组分间相互作用关系的规模效应和结构效应。在商业模式组分相互作用关系规模不变的情况下，应尽可能降低商业模式的结构复杂性，即尽可能均匀分布商业模式组分间的相互作用关系。徐迪还谈道，商业模式创新的成功往往发生在传统上不受重视的客户界面或伙伴界面上；而对内部构造这种影响面

中国产业趋势展望（1）

较大的组分进行的商业模式创新，失败案例较多；原因在于客户界面、伙伴界面的多效性通常较低，而内部构造的多效性通常较高[37]。

电子商务产业发展迅速，规模庞大。2013年，电子商务产业对中国经济增长的贡献率超过10%，成为国民经济的最大增长点[38]。互联网电子商务领域的商业模式创新活动受到了广泛关注。Amit等通过对大量美国、欧洲电子商务企业的价值创造过程的研究，认为在电子商务产业中可以通过交易使能的方式创造价值。在他们关于价值创造源泉的模型中，电子商务的价值创造潜力源于效率、互补性、锁定、新颖性4个相互依存的维度[32]。由此，可以从效率、互补性、锁定、新颖性等方面来进行互联网电子商务领域的商业模式创新活动，可以从这4个方面分析相关商业模式创新活动的促进因素。

Mahadevan认为，互联网电子商务领域的商业模式基本内容应主要围绕着互联网产业的中间层、商业层展开，互联网行业的商业模式应该是收入流、物流、与合作伙伴、客户相关的价值流的一个独特组合。收入流反映了在经营过程中应如何确保对收入的获取。价值流明确了买方、卖方、做市商、门户网站在互联网产业中的价值主张。他主张，一项业务能否持续发展，取决于其价值流的稳定性。买方所感受到的价值通常来自搜寻成本、交易成本的下降。更深入地说，互联网应用的固有效益，即对使用者的接触能力、获取事物的丰富性的提升，给买方带来了更好的购物体验和更多的便利。供应商所感受到的价值来自客户搜寻成本、促销成本、交易成本、交易时间的减少。这些收益在B2B市场上可能更具有持久性。

Mahadevan进而提出互联网电子商务领域的四种价值获取方式。一是虚拟社区。虚拟社区向买卖双方、做市商、门户网站提供了多数的价值增加值。虚拟社区能给各方带来共同利益，社区网站为其目标用户提供了一个良好的知识分享、价值创造平台。二是交易成本的显著降低。互联网电子商务市场也是一个组织间的信息系统，买卖双方的搜寻成本可由此明显降低。三是获取信息不对称的收益。普遍存在的信息不对称效应与网络外部性效应的相互结合，给互联网市场带来了一些新的价值流和市场机会。

四是能提升价值的做市商服务过程。例如，安全、诚信是互联网电子商务参与者广泛关注的，它可以成为一个价值主张。而提供金融服务，建立保障措施，提供可靠的隐私保护或配送服务，消费指导、风险管理、采购管理、订单执行都有可能成为互联网企业新的价值主张[39]。由此，降低电子商务领域中客户的搜寻成本、交易成本，提高电子商务活动的安全性，保障客户的隐私，形成电子商务企业的价值流，提高价值流的稳定性，可以提升电子商务领域商业模式创新活动的有效性。

Foss等谈到，分享经济或合作消费式活动的广泛开展，带动了不少有助于个人交换闲置资源的、创新性商业模式的出现；企业以低收入消费者为目标市场或推动包容性增长来开展商业模式创新活动，也能带来一些有效的创新成果[29]。

2. 商业模式创新、科技创新、战略性新兴产业

按熊彼特（著名经济学家、创新理论开创者之一）的观点，创新包含了产品、生产方法、市场、供给来源、组织管理等多方面的创新[6]。科技创新，也称为技术创新。Utterback认为，在创新过程的不同阶段之间、企业的不同职能之间实现明确的衔接，是一个非常重要的、提升创新有效性的关键因素[40]。商业模式系统地对企业经营方式进行了全面分析[28]，从交易内容、结构、管理措施等方面对如何利用市场机遇、如何创造价值进行了具体的规划[32]。因而，企业应着重加强技术创新（科技创新）与商业模式创新的协同工作，技术创新（科技创新）与商业模式创新的协同对提高创新活动成效、企业绩效具有重要意义。

中共中央、国务院颁发的《国家创新驱动发展战略纲要》在部署推动产业技术体系创新的战略任务时指出，要促进技术创新和商业模式创新的融合[9]。"十三五"国家科技创新规划在推动万众创新部分中强调，要推动技术集成创新和商业模式创新[13]。

Freeman等指出，创新一方面涉及技术，另一方面涉及新产品或新工艺的潜在市场，创新、设计、试制、试生产、销售是技术可能性与市场相结合的过程；创新的魅力在于市场和技术都在不断变化，评判企业，应看

它们是否有能力实现技术可能性与市场可能性的结合[41]。许庆瑞等提出了全面创新管理理论,认为协同是全面创新管理的一个关键特征,技术、市场等创新要素间需要进行全面的协同创新[42]。郑刚等指出,技术与市场间脱节、缺乏明确的技术创新战略、技术创新战略与经营战略没有协同好等问题导致中国企业存在着严重的技术创新不协同问题;在各个创新要素中,技术、市场是最活跃的要素,在创新要素的全面协同过程中,技术要素、市场要素的行为变化最为明显[43]。实现技术与市场的相互结合,往往需要得到商业模式创新与技术创新协同作用的有力支持。否则,企业在开展产品研发、生产工艺开发等技术创新活动时,容易出现未能满足客户需求或未能适应市场竞争需求的弊端,导致技术创新活动低效、无效,甚至引发企业经营活动的失败。

企业开展商业模式创新与技术创新的协同工作时,应对技术创新的价值进行有效的发掘。Chesbrough等结合对施乐公司的研究提出,为缺乏明确的目标市场和营销途径的研发成果探索可行的商业模式是技术价值发掘过程中一个容易被忽视的关键部分,成功的商业模式能创造一种将技术潜力与经济价值相衔接的探索性逻辑,商业模式对一项创新所起的根本作用在于使创新的技术部分能为客户提供价值。技术在商业模式的作用下被选择、过滤,并以一定的形式整合为产品,送到目标市场之中。商业模式在技术与经济价值之间搭建了一座桥梁,在技术的价值创造过程中起到了中介作用。并且,发现、执行一个新的商业模式是一项创造性工作,管理者需要同时关注技术与市场[44]。

许庆瑞等在对118家大中型工业企业进行实证研究后提出,采用技术领先战略的企业,其各创新要素的整体协同程度明显高于采用其他技术创新战略类型的企业,采用跨职能团队的网络结构组织形式有助于促进各创新要素协同[42]。企业的组织结构、技术创新战略也是开展商业模式创新与技术创新(科技创新)协同工作时应该考虑的事项。

对身处科技发展步伐加快新时代的中国而言,战略性新兴产业的发展,不仅影响着产业结构的调整、民众需求的满足,还关系着国家综合实力的强弱、国力竞争的结果。国务院在"十三五"国家战略性新兴产业发展规划中指出,战略性新兴产业是培育发展新动能、获取未来竞争新优势的关键领域,是中国经济社会发展的新引擎;我国战略性新兴产业的整体创新水平并不高,未来将进一步发展新一代信息技术、高端装备、新材料、生物、新能源汽车、新能源、节能环保、数字创意等战略性新兴产业[8]。

2015 年,我国战略性新兴产业增加值占国内生产总值比重约 8%,2020 年,战略性新兴产业增加值占国内生产总值比重要提高到 15%[8];两者相比,需要大幅增长约 88%。2020 年,新一代信息技术、高端制造、生物、绿色低碳、数字创意 5 个领域的产值规模要达到 10 万亿元或以上。2016~2020 年,在战略性新兴产业,要每年平均带动新增就业人数 100 万以上。2030 年,战略性新兴产业的作用要上升到成为推动我国经济持续健康发展主导力量的地位[8]。为此,应该注意到,战略性新兴产业常常涉及大量尚未与市场需求进行磨合,或忽略了市场竞争状况的技术创新(科技创新)活动与成果;基本实现技术创新成果时,乃至在开展技术创新工作的前期,就要考虑技术创新成果产业化的可行性问题。习近平总书记指出,科研和经济不能搞成"两张皮",要着力推进技术成果的转化和产业化工作[45]。

Kodama 分析了个人电脑、打印机、日本移动通信服务产业的变化状况,认为这些产业的发展状况都说明商业模式创新与技术创新是协同演化的[46]。Chesbrough 甚至提出,相比于一个平庸商业模式与一项先进技术的组合,一个优秀商业模式与一项平庸技术的组合可能具有更高的价值[47]。技术创新(科技创新)工作及成果,如果不能实现与商业模式创新的有效协同,技术创新(科技创新)的预期效益往往难以实现。

"十三五"国家战略性新兴产业发展规划提出,要推动新技术、新产品、新模式等的蓬勃发展,要高度关注颠覆性技术和商业模式创新[8]。为实现我国战略性新兴产业规划的长远、宏大目标,让更多的战略性新兴产业兴旺发达,甚至由正在进行中的一项技术创新工作培育出稚嫩的初创产业，培育出一个新的战略性新兴产业，就应该一方面加强相关科研机构、企业的技术创新（科技创新）工作，另一方面着力做好技术创新（科技创新）与商业模式创新的协同工作。

（三）创新人才

"十三五"规划提出，2020年，每万人口发明专利拥有量要由2015年的6.3件提高到12件，每万名就业人员中研发人员数量要由2015年的48.5人·年增加到60人·年[4]。这意味着，5年时间里，每万人口发明专利拥有量要提高约90%，每万名就业人员中研发人员数量要增加约24%。这对科技创新等创新人才的数量、质量提出了相当高的要求。

Rogers（创新领域的著名学者）认为，组织的创新性与以下因素相关：对待创新的态度等个体特质，成员掌握相对高水平的知识、技能、专长的程度，集权化，人际网络的关联程度等内部组织结构特征，系统开放性等组织的外部特征[48]。其中的两个要素，对待创新的态度等个体特质，组织成员掌握相对高水平的知识、技能、专长的程度，都凸显了创新人才对创新成效的重要影响。

千军易得，一将难求。国家提出，要建设创新人才培养示范基地[4]；在"十三五"期间，实施千人计划、万人计划提升工程，引进10000名海外高层次人才，支持10000名国内高层次人才[4]；在高水平研究型大学和科研院所优势基础学科建设国家青年英才培养基地[4]；在高等学校建设一批工程创新训练中心[10]；允许高等学校、科研院所设立一定比例的流动岗位，吸引具有创新实践经验的企业家、科技人才兼职，试点将企业任职经历作为高校新聘工程类教师的必要条件[13]；以产教融合、科教协同为原则，推进研究生培养改革，培养有创新精神和实践能力的各类创新人才[13]。

同时，我国企业整体而言，是国家提升创新成效、实施创新驱动发展战略的薄弱环节。据介绍，在我国企业之中，存在创新动力不足、创新体系整体效能不高、创新型企业家群体亟须发展壮大等难题[9]。国家开展了一系列与企业创新人才培育相关的工作。实施企业经营管理人才素质提升工程，培养10000名精通战略规划、资本运作、质量管理、人力资源管理、财会法律等知识的企业经营管理人才[4]；继续实施国家中小企业银河培训工程[10]；开展专业技术人才知识更新工程，每年培训百万名专业技术人才，建设国家级继续教育基地[4]；设置先进制造卓越工程师培养计划[10]；设立国家高技能人才振兴计划，建成一批技能大师工作室、1200个高技能人才培训基地，培养1000万名高技能人才[4]；积极推动职业院校优化工业基础相关专业的设置，推进现代学徒制试点工作[15]；合理扩大战略性新兴产业相关专业招生比例[8]。

据世界经济论坛中国理事会、清华大学、斯坦福大学等的研究，2015年中国研发经费支出占国内生产总值的比重为2.1%，已达到欧盟国家的平均水平；但2015年，我国规模以上工业企业的研发支出与主营业务收入的比例为0.92%，不到发达国家平均水平的50%[21]。2020年，我国规模以上工业企业的研发支出与主营业务收入的比例要提高到1.1%[13]。而全国总数超过130个的高科技园区、创新示范区的研发支出，占到了全国企业研发支出总额的近40%，其新产品销售收入占全国总额约33%[21]。这很可能意味着，位于特定高科技园区、创新示范区之外的数量众多的规模以上或其他工业企业，其研发支出与主营业务收入的比例，与发达国家平均水平相比，差距更为悬殊。我国大量企业创新动力不足、创新体系整体效能不高的原因，往往与相关企业中高层管理者对创新活动的轻视、对企业发展动力的认识偏颇等经营理念偏差、管理机制创新能力不足紧密相关。因此，在企业创新人才培育方面，应着力加强对企业中高层管理者的创新认识、管理创新能力的提升工作，着力培育企业的管理创新人才。

创新人才的培育工作，要面向已具有一定条件的科技人员、企业管理人员，也要面向更广泛的公务员、职员、学生等其他群体。在国家创新驱动发展战略纲要提出的"六大转变"中，强调要将创新群体从以科技人员的小众为主，向小众与大众创新创业互动转变；还要推动教育创新，把科学精神、创新思维、创造能力和社会责任感的培养贯穿教育全过程[9]。

> 中国产业趋势展望（1）

国家提出，在领导干部考核和公务员录用中要体现科学素质的要求，广泛开展针对领导干部和公务员的院士专家科技讲座、科普报告等各类科普活动[13]；建立国家基本职业培训包制度[8]；鼓励学校应用在线开放课程开展教育活动，探索跨校课程共享与学分认定制度[12]；建立完善以实体科技馆为基础，以流动科技馆、学校科技馆、数字科技馆等为延伸，辐射基层科普设施的现代科技馆体系，推动传统媒体与新兴媒体在科普内容、渠道、平台、经营和管理上的深度融合[13]；2020年我国具备科学素质的公民比例，要从2015年的6.2%提高到10%以上[13]。

国家强调，要针对束缚人才创新活力的关键问题，加快推进人才发展政策和体制创新[8]。习近平总书记指出，脑子要转过弯来，既要重视资本，更要重视人才，引进人才力度要进一步加大，人才体制机制改革步子要进一步迈开[45]。建议国家既要加强对科技创新人才的培育、扶持工作，也要重视对公共管理创新人才、企业管理创新（含商业模式创新）人才的培育、扶持工作；并且，希望能够加强对政府、事业单位（包括重点建设的国家高端智库）、国有企业、非国有企业等各类组织之间多种创新人才吸纳、交换机制的改革工作，改变各类组织间多种创新人才吸纳、交换难度较大的现状，突破不合理机制的种种阻碍，形成全社会选贤任能的开放局面，形成人才培育与成长的优良土壤。

（四）以机制创新推动服务业的健康发展

着力发展服务业（第三产业）、增大服务业（第三产业）在国民经济中的比重是我国经济结构调整工作的关键组成部分之一。总理在2016年全国人大会议报告中谈到，2015年，服务业在国内生产总值中的比重首次超过1/2，达到50.5%，结构调整取得积极进展[2]；2016年，服务业占国内生产总值的比重上升到51.6%[1]。未来，在经济结构调整方面要继续加大服务业（第三产业）在国民经济中的比重；加大知识密集型服务业的比重；2020年知识密集型服务业增加值占国内生产总值的比重要由2015年的15.6%提高到20%[13]；"十三五"期间，要启动新一轮国家服务业综合改革试点[4]。而且，在发展"新经济"、培育新动能、促进经济转型的过程中，也涉及服务业中的众多产业，如电子商务、物联网、云计算等[3]。在服务业中，较第二产业而言，涉及的有形产品、实物产品相对较少。例如，生产性服务业中的工业设计和创意、工程咨询、商务咨询、法律会计、现代保险、信用评级、售后服务、检验检测认证、人力资源服务等产业[4]。因而，与科技创新相比，在推动服务业、服务业企业健康发展的过程中常常要更多地发挥机制创新活动的作用。

在促进金融行业的实体经济服务能力方面，工信部、人民银行、银监会制订了产融合作行动方案。工信部结合产业政策、产业发展方向等对企业融资需求进行分析、评估，形成重点企业、重点项目融资信息对接清单，以便利银行业金融机构的差别化信贷政策；依托各地工业和信息化系统，建立产融信息对接服务平台；对符合《中国制造2025》、"互联网+"行动计划等重大战略以及国家重点发展领域符合信贷条件的重点企业，加大支持力度；对"互联网+"领域内"轻资产"类项目或企业，要创新信贷产品，拓宽合格抵质押品范围；支持银行业金融机构开发面向创业、创新的贷款新产品，开展应收账款、仓单、知识产权等质押融资[49]。科技部、人民银行，2011年、2016年在多个城市开展了促进科技和金融结合试点工作[50]。

国家还设立了多项产业发展基金，进而引导大量社会资金流向股权投资等产业、流入多个优先发展的产业。2015年，国家新兴产业创业投资引导基金创建[22]。"十三五"规划，则提出设立国家战略性产业发展基金[4]。国家还提出，设立中国互联网投资基金，发挥中国互联网发展基金会作用[12]；成立国家科技成果转化引导基金[13]。并且，制定了一些扶持政策来促进股权投资等产业的发展。其中涉及对包括天使投资在内的投资种子期、初创期企业的经营活动，开展相关税收优惠政策研究[23]；符合条件的银行业金融机构可以与创业投资机构合作向创新创业企业提供股权和债权相结合的融资[13]。

在第二产业、制造业领域，也强调要增加传统制造业中的服务比重。

中国产业趋势展望（1）

国家提出，要推动传统的生产型制造向服务型制造转变，鼓励制造业企业增加服务环节投入，发展个性化定制服务、全生命周期管理、网络精准营销和在线支持服务等[10]；发展面向制造业的信息技术服务，提高重点行业信息应用系统的方案设计、开发、综合集成能力[10]；建设国家工业设计研究院[51]。要实施服务型制造行动计划[10]；推动制造业企业由加工组装为主向"制造+服务"转变，由提供产品向提供全生命周期管理转变，由提供设备向提供系统解决方案转变[51]；到2018年，力争培育50家服务能力强的、服务收入占销售收入比重达到30%的服务型制造示范企业，支持100项服务水平高、带动作用好的示范项目，建设50个运转高效的公共服务平台，遴选5个服务特色鲜明的示范城市[51]。

服务行业企业在管理机制创新方面，应重点关注商业模式的创新活动。互联网领域的商业模式创新成果，已经使得广大民众的生活方式出现了重大转变。2016年上半年，中国网民人均周上网时间为26.5小时[52]；平均每天约为3.8小时。据估计，2016年，中国网民超过50%的在线时间用在了百度、阿里巴巴和腾讯开发的服务与应用上，2020年接入互联网的设备数量将高达208亿[53]。

电子商务、网络零售领域的商业模式创新成果，使得"十二五"期间即2011~2015年，我国电子商务交易规模从6万亿元增至约22万亿元，网络零售额从7500亿元增至3.88万亿元，实物商品网络零售额在社会消费品零售总额中的比重达到10.8%；电子商务已发展成为我国新经济的一个主要组成部分[54]。据介绍，阿里巴巴公司倡导的"双11"网络购物节创新模式，带动其对应的营业额在2009~2015年保持了两位数的年增长率；2016年11月11日前半天，该网络购物节的营业额就高达143亿美元，明显高过美国"黑色星期五"购物活动两天的53亿美元[53]。2016年11月11日，阿里巴巴公司的天猫"双11"全球狂欢节交易额为1207亿元，覆盖了235个国家和地区；阿里巴巴下属的蚂蚁金服公司当天完成网络支付10.5亿笔，峰值达到12万笔/秒，是2015年的1.4倍；蚂蚁金服公司表示，近5亿消费者可以通过其服务获得个性化的金融服务，其花呗、消费保险等新金融服务将天猫"双11"狂欢节的消费力提升了20%。而另一家重要的网上商城京东，2016年11月11日截至13点33分时的当天订单额已超过2015年11月11日的全天交易额[55]。

据汤跃跃等介绍，倡导消费者通过第三方互联网平台，将自己闲置资源的使用权进行交易或分享经验知识的分享经济、合作式消费，已发展出涉及食、住、行、教育、医疗健康、理财等方面的17种消费模式[56]。在网络约车服务——这一新的商业模式中，以2014年10月至2016年8月，在厦门从事滴滴出行服务的司机为例，兼职司机而非专职司机是滴滴出行服务的主要提供者，每天在线时间在2小时以下的司机比重最大，每日在线时间超过4小时的司机约占三成[57]。众多兼职司机在分散时间的零散服务，撑起了规模庞大的网络约车市场。

商业模式创新等企业管理机制创新，有可能给社会、民众带来效益，也有可能带来风险和损失。以互联网金融服务模式为例，它一方面丰富了对普通民众的金融服务内容，另一方面也为违规经营、非法集资、诈骗提供了方便之门。王莹指出，P2P等金融创新2014年起经历了约两年时间的高速成长，虽然它们在一定程度上活跃了金融行业，但也造成了大面积的"金融海啸"；涉及金融、互联网两种业态的新型金融风险的负面影响远超从前[58]。就此，国家提出，要规范各类融资行为，开展互联网金融风险专项整治，加大金融诈骗、非法集资打击力度[22]；规范发展网络借贷，规范发展互联网金融[4]。企业开展商业模式创新等管理机制创新活动时，不能随性而为，要反复试行、审慎评估、认真听取各方意见，依法行事，切实维护客户利益。

四、创业

创业与创新常常紧密相连。创新活动取得成果后,经常通过创业来实现科技创新成果的产业化或将管理创新成果付诸实践。创业过程中,可能会逐渐地催生出科技创新、管理创新的成果。推动创业,会带动不少创新活动。推动创业,也能实现创业者的就业,带动他人就业。总理在2017年政府工作报告中谈到,要持续推进大众创业、万众创新,打造面向大众的"双创"全程服务体系;2017年,将扩大小微企业享受减半征收所得税优惠的范围,年应纳税所得额上限由30万元提高到50万元[1]。国家提出,要建立一批低成本、便利化、开放式众创空间和虚拟创新社区,建设多种形式的孵化机构,降低大众参与创业的成本[9];继续建设双创(创业创新)示范基地、示范城市,规范发展实物众筹、股权众筹[4];2018年,要建成一批面向小微企业的信息化服务平台,向小微企业提供在线研发设计、优化控制、设备管理、质量监控与分析等软件应用服务,支持创业创新服务平台建设,举办创客大赛[11];鼓励高等学校、科研院所建设以科技人员为核心、成果转移转化为主要功能的众创空间[13];要将电子科技大学、国家信息中心等单位分别研制的新经济指数、创新创业指数作为政策制定的重要依据[59]。在农村,将面向返乡农民工、职业农民、科技特派员、大学生等建设融合科技示范、技术集成、融资孵化、创新创业、平台服务于一体的"星创天地"[13]。

国家创新驱动发展战略纲要强调,要构建"孵化+创投"的创业模式[9]。创业投资,指向处于创建或重建过程中的、未上市、成长性创业企业进行股权投资,预期主要通过股权转让获取资本增值收益的投资方式;创业投

中国产业趋势展望(1)

资被认为是实现技术、资本、人才、管理等创新要素与创业企业有效结合的投融资方式[60]。国家提出,建立适应创业投资特点的宽准入、重事中事后监管的适度而有效的监管体制;要引导创业投资企业、创业投资管理企业秉承价值投资理念,鼓励长期投资和价值投资;鼓励信托公司发挥开展创业投资、发放贷款的双重功能;建立股权债权等联动机制,降低商业保险资金进入创业投资领域的门槛,推动发展投贷联动、投保联动、投债联动等新模式;支持银行业金融机构开展并购贷款业务、投贷联动业务;鼓励成立公益性天使投资人联盟等各类平台组织,研究开展天使投资人个人所得税试点工作;支持具备条件的国有创业投资企业开展混合所有制改革试点,探索国有创业投资企业和创业投资管理企业核心团队持股和跟投,依法依规豁免国有创业投资企业和国有创业投资引导基金国有股转持义务;互联网股权融资平台,应为符合条件的个人投资创业企业提供信息和技术服务[60]。

在国家"大众创业,万众创新"各方面举措的激励下,全国各地普遍涌现出创业的热潮。以成都 2014 年 9 月的双创指数(由国家信息中心研制)为 100 分、基准值,成都 2016 年 5 月的双创指数已接近 3 倍于基准值,增长了两倍[24]。2015 年底,全国已有各类众创空间 2300 家以上[22]。2015 年,我国居民的就业状况呈现良好态势,全国新增城镇就业 1300 多万人[3]。2016 年,全国新登记企业达到 553 万户,比 2015 年增长约 25%[61]。总理在 2017 年政府工作报告中谈到,2016 年平均每天新增 1.5 万户企业,加上个体工商户等,各类市场主体每天新增 4.5 万户[1]。

但创业领域的过热、泡沫化问题也有所显现。随着中央、各地方政府创业激励政策的集中出台,各地创业企业、创业者的数量容易呈现出急剧上升的态势。而随着潜在创业企业、创业者的存量相应大幅减少后,有些地方很可能在一段时期内出现新增创业企业、创业者数量明显回落的状态。据 2016 年 6 月的报道,我国有超过 2300 家的众创空间、2500 多家科技企业孵化器、加速器等,而 2015 年上半年末,我国较有规模的众创空间不到 70 家[62]。据 2016 年 6 月的介绍,北京中关村众创空间的平均入驻率为60%，望京区域的众创空间则约50%；2015年末，厦门众创空间的工位使用率为51%[62]。创业投资方面，则面临着一些创业投资泡沫化现象及非法集资风险隐患，也存在法规和政策环境不完善、监管体制和行业信用体系建设滞后等问题[60]。就此，国家强调，要对不进行实业投资、从事上市股票交易、助推投资泡沫及其他扰乱市场秩序的创业投资企业设立清查清退制度；研究长期投资鼓励政策，如建立所投资企业上市解禁期与上市前投资期限长短反向挂钩的制度[60]。

面对创业领域的一些过热、泡沫化现象，建议创业企业、创业者不应对自身的创业远景盲目乐观，乃至设定过高的企业估值，不应追求在短期内获得高额的投资；遇到融资困难时，也不必退缩不前。创业企业、创业者应始终稳健扎实地认识自我，向有实力的外部机构、专家争取更多的管理、技术援助，进而从管理、技术角度系统地把握所遇到的各类现实问题，循序渐进地克服困难、提升自我。例如，创业企业可以运用国家信息中心研制的、进行行业内部排序后的微观双创指数，分析排名前20%的领先企业的指标状况，进而对自身产品的成熟度、团队稳定程度、成功、失败的可能性、并购与融资的时机等做出更客观的评估[24]。

参考文献

[1] 新华社. 政府工作报告——2017年3月5日在第十二届全国人民代表大会第五次会议上 [EB/OL]. http://www.gov.cn/premier/2017-03/16/content_5177940.htm，2017-03-16.

[2] 国务院. 政府工作报告（全文）[EB/OL]. http://www.gov.cn/guowuyuan/2016-03/17/content_5054901.htm，2016-03-17.

[3] 中国政府网. 李克强总理回答中外记者提问（文字实录）[EB/OL]. http://www.gov.cn/guowuyuan/2016-03/16/content_5054308.htm，2016-03-16.

[4] 国务院. 中华人民共和国国民经济和社会发展第十三个五年规划纲要 [EB/OL]. http://www.gov.cn/xinwen/2016-03/17/content_5054992.htm，2016-03-17.

[5] 周程程. 创新型国家2030战略确立 我国将实施一批重大科技项目和工程 [N]. 每日经济新闻，2016-05-31（01）.

[6] 熊彼特. 经济周期循环论 [M]. 叶华编译. 北京：中国长安出版社，2009.

[7] 彼得·德鲁克. 创新与创业精神 [M]. 张炜译. 上海：上海人民出版社，上海社会科学院出版社，2002.

[8] 国务院. 国务院关于印发"十三五"国家战略性新兴产业发展规划的通知 [EB/OL]. http：//www.gov.cn/zhengce/content/2016-12/19/content_5150090.htm，2016-12-19.

[9] 新华社. 中共中央 国务院印发《国家创新驱动发展战略纲要》[EB/OL]. http：//www.most.gov.cn/yw/201605/t20160520_125675.htm，2016-05-19.

[10] 国务院. 国务院关于印发《中国制造2025》的通知 [EB/OL]. http：//www.gov.cn/zhengce/content/2015-05/19/content_9784.htm，2016-05-19.

[11] 工信部. 工业和信息化部贯彻落实《国务院关于积极推进"互联网+"行动的指导意见》的行动计划（2015~2018年）[EB/OL]. http：//www.miit.gov.cn/n1146285/n1146352/n3054355/n3057656/n3057660/c4538241/content.html，2015-12-14.

[12] 中共中央办公厅，国务院办公厅. 中共中央办公厅 国务院办公厅印发《国家信息化发展战略纲要》[EB/OL]. http：//www.gov.cn/xinwen/2016-07/27/content_5095336.htm，2016-07-27.

[13] 国务院. 国务院关于印发"十三五"国家科技创新规划的通知 [EB/OL]. http：//www.gov.cn/zhengce/content/2016-08/08/content_5098072.htm，2016-08-08.

[14] 国家发展改革委，国家能源局. 国家发展改革委 国家能源局关于印发《能源技术革命创新行动计划（2016~2030年）》的通知 [EB/OL]. http：//www.ndrc.gov.cn/zcfb/zcfbtz/201606/t20160601_806201.html，2016-06-01.

[15] 工信部. 工业强基2016专项行动实施方案 [EB/OL]. http：//www.miit.gov.cn/n1146295/n1652858/n1652930/n3757016/c4704366/part/4704370.pdf，2016-04-12.

[16] 国家发改委. "互联网+"人工智能三年行动实施方案 [EB/OL]. http：//www.sdpc.gov.cn/gzdt/201605/W020160523589036011904.pdf，2016-05-18.

[17] 国家发改委，交通部. 国家发展改革委 交通运输部关于印发《推进"互联网+"便捷交通 促进智能交通发展的实施方案》的通知 [EB/OL]. http：//www.sdpc.gov.cn/gzdt/201608/t20160805_814075.html，2016-07-30.

[18] 巩志宏. 河北多地空气质量"爆表"石家庄PM2.5指数超1000 [EB/OL]. http：//news.xinhuanet.com/2016-12/19/c_129411383.htm，2016-12-19.

[19] 杨缘.中国严重雾霾波及近5亿人［EB/OL］.http：//www.ftchinese.com/story/001070643#s=p，2016-12-20.

[20] 马欢.比北京雾霾更严重的那个首都，房价已经下跌21.7%［EB/OL］.http：//www.time-weekly.com/html/20161220/35542_1.html，2016-12-20.

[21] 王华，吴碧影.报告称中国创新领域研发支出位列全球第二［EB/OL］.http：//www.chinanews.com/cj/2016/11-10/8059460.shtml，2016-11-10.

[22] 发改委.两会授权发布：关于2015年国民经济和社会发展计划执行情况与2016年国民经济和社会发展计划草案的报告［EB/OL］.http：//www.gov.cn/xinwen/2016-03/18/content_5055334.htm，2016-03-18.

[23] 国家发改委.关于2016年深化经济体制改革重点工作的意见［EB/OL］.http：//www.gov.cn/zhengce/content/2016-03/31/content_5060062.htm，2016-03-31.

[24] 周宇.挖掘"双创指数"背后的钻石矿：用20%企业成功经验指导80%创业者［N］.每日经济新闻，2016-06-23（02）.

[25] 国务院办公厅.国务院办公厅关于印发贯彻实施质量发展纲要2016年行动计划的通知［EB/OL］.http：//www.gov.cn/zhengce/content/2016-04/19/content_5065730.htm，2016-04-19.

[26] 工信部.两化深度融合创新推进2016专项行动实施方案［EB/OL］.http：//www.miit.gov.cn/n1146295/n1652858/n1652930/n3757016/c4727816/content.html，2016-04-19.

[27] 中国政府网.《装备制造业标准化和质量提升规划》要对接《中国制造2025》［EB/OL］.http：//www.gov.cn/xinwen/2016-04/08/content_5062410.htm，2016-04-08.

[28] Christoph Zott，Raphael Amit，Lorenzo Massa.The Business Model：Recent Development and Future Research［J］.Journal of Management，2011，37（4）：1019-1042.

[29] Nicolai J. Foss，Tina Saebi.Fifteen Years of Research on Business Model Innovation：How Far Have We Come，and Where Should We Go［J］.Journal of Management，2017，43（1）：200-227.

[30] 翁君奕.商务模式创新——企业经营"魔方"的旋启［M］.北京：经济管理出版社，2004.

[31] 新华社.习近平在二十国集团领导人杭州峰会上的闭幕词［EB/OL］.http：//news.xinhuanet.com/world/2016-09/05/c_129270557.htm，2016-09-05.

[32] Raphael Amit, Christoph Zott. Value Creation in E-business [J]. Strategic Management Journal, 2001, 22 (6/7): 493-520.

[33] Henry W. Chesbrough. Why Companies Should Have Open Business Models [J]. MIT Sloan Management Review, 2007, 48 (2): 22-28.

[34] Clayton M. Christensen, Fernando F. Suárez, James M. Utterback. Strategies for Survival in Fast-Changing Industries [J]. Management Science, 1998, 44 (12): S207-S220.

[35] Rogerio C. Calia, Fabio M. Guerrini, Gilnei L. Moura. Innovation Networks: From Technological Development to Business Model Reconfiguration [J]. Technovation, 2007 (27): 426-432.

[36] John Hauser, Gerard J. Telli, Abbie Griffin. Research on Innovation: A Review and Agenda for Marketing Science [J]. Marketing Science, 2006, 25 (6): 687-717.

[37] 徐迪. 商务模式创新复杂性研究 [M]. 北京: 经济管理出版社, 2005.

[38] 鲁炜. 共享的网络、共治的空间——国信办主任鲁炜在 ICANN 伦敦会议开幕式上的主旨演讲 [EB/OL]. http://news.xinhuanet.com/politics/2014-06/23/c_1111273912.htm, 2014-06-23.

[39] B.Mahadevan. Business Models of Internet-based E-commerce: An Anatomy [J]. Califonia Management Review, 2000, 42 (4): 55-69.

[40] James M. Utterback. The Process of Technological Innovation within The Firm [J]. The Academy of Management Journal, 1971, 14 (1): 75-88.

[41] Chris Freeman, Luc Soete. 工业创新经济学 [M]. 华宏勋, 华宏慈等译. 柳卸林审校. 北京: 北京大学出版社, 2004.

[42] 许庆瑞, 蒋键, 郑刚. 各创新要素全面协同程度与企业特质的关系实证研究 [J]. 研究与发展管理, 2005, 17 (3): 16-21.

[43] 郑刚, 梁欣如. 全面协同: 创新制胜之道——技术与非技术要素全面协同机制研究 [J]. 科学学研究, 2006, 24 (S1): 268-273.

[44] Henry Chesbrough, Richard S. Rosenbloom. The Role of Business Model in Capturing Value from Innovation: Evidence from Xerox Corporation's Technology Spin-off Companies [J]. Industrial and Corporate Change, 2002, 11 (3): 529-555.

[45] 习近平. 习近平: 在网络安全和信息化工作座谈会上的讲话 [N]. 人民日报,

2016-04-26（2）.

［46］Fumio Kodama. Measuring Emerging Categories of Innovation：Modularity and Business Model［J］. Technological Forecasting & Social Change，2004（71）：623-633.

［47］Henry Chesbrough. Business Model Innovation：Opportunities and Barriers［J］. Long Range Planning，2010（43）：354-363.

［48］Everett M. Rogers. 创新的扩散［M］. 辛欣译. 郑颖译校. 北京：中央编译出版社，2002.

［49］工信部，中国人民银行，中国银监会. 三部委关于印发《加强信息共享 促进产融合作行动方案》的通知［EB/OL］. http：//www.miit.gov.cn/n1146295/n1652858/n1652930/n3757016/c4655373/content.html，2016-03-03.

［50］科技部，中国人民银行，中国银监会，中国证监会，中国保监会. 科技部 中国人民银行 中国银监会 中国证监会 中国保监会开展第二批促进科技和金融结合试点工作［EB/OL］. http：//www.most.gov.cn/kjbgz/201606/t20160616_126111.htm，2016-06-17.

［51］工信部，国家发改委，中国工程院. 关于印发《发展服务型制造专项行动指南》的通知［EB/OL］. http：//www.miit.gov.cn/n1146285/n1146352/n3054355/n3057292/n3057305/c5164022/content.html，2016-07-26.

［52］中国互联网络信息中心. 中国互联网络发展状况统计报告（2016年7月）［R］. 中国互联网络信息中心，2016.

［53］Marco Hecker，Randy Jagt. 传统车企应如何应对智能化消费趋势［EB/OL］. http：//www.ftchinese.com/story/001070701#s=p，2016-12-23.

［54］商务部，中央网信办，发展改革委. 电子商务"十三五"发展规划［EB/OL］. http：//images.mofcom.gov.cn/dzsws/201612/20161229191628547.pdf，2016-12-29.

［55］程春雨. "双11"买买买的经济账本：1207亿消费你贡献了多少［EB/OL］. http：//business.sohu.com/20161112/n472977392.shtml，2016-11-12.

［56］汤跃跃，张毓雄. 合作式消费是驱动中国经济转型升级的内生动力［J］. 现代经济探讨，2016（10）：5-9.

［57］王绍亮，李玫. 235.7万人在厦门坐过滴滴车［N］. 厦门晚报，2016-09-01（A7）.

［58］王莹. 金融创新失控 监管紧急刹车［N］. 第一财经日报，2016-04-25（A01/

A02).

[59] 郭金超. 李克强：把新经济指数和双创指数做成决策重要参考依据［EB/OL］. http：//www.chinanews.com/gn/2016/04-26/7847888.shtml，2016-04-26.

[60] 国务院. 国务院关于促进创业投资持续健康发展的若干意见［EB/OL］. http：//www.gov.cn/zhengce/content/2016-09/20/content_5109936.htm，2016-09-20.

[61] 国家统计局. 2016年国民经济实现"十三五"良好开局［EB/OL］. http：//www.stats.gov.cn/tjsj/zxfb/201701/t20170120_1455942.html，2017-01-20.

[62] 钟源. 众创空间同质化搏杀难以为继［N］. 经济参考报，2016-06-16（A03）.

机构投资机遇与相关企业战略篇

联想控股股份有限公司在包括财务投资的投资领域经验丰富，已投资的企业数以百计；柳传志（著名企业家、联想控股股份有限公司董事长）认为，"事为先"是他们在十几年投资中积累的关键经验之一，即选好投资的行业、领域[1]。本书认为，投资机构近期可重点关注消费、人工智能等高新技术产业、装备制造业、环保行业、国企改革、"一带一路"等领域的投资机会。本章将就相关企业的战略提出一些建议。

一、消费领域

中等收入阶层消费领域。2010年，按世界银行参照人均国内生产总值的评价标准，中国已属于中上等收入国家类型[2]。2012~2016年，我国居民人均可支配收入年均实际增幅超过了6%[3,4]。国家提出，要持续扩大中等收入群体的规模[5]；在"十三五"期间，要提高中等收入阶层的比重[6]。随着中等收入阶层规模的扩大、人均可支配收入的增长、中等收入阶层居民的发展、享受型消费的比重将得以提升，预计以下多个方面的需求会出现较快的增长：

（1）家政服务；

（2）中档价位的餐饮服务；

（3）中档汽车；

（4）中高档家电；

（5）影视作品等文化娱乐产品；

（6）适应中等收入居民需求的首饰产品。

而随着中等收入阶层居民对食品安全问题、健康问题、室内环境污染的重视，对绿色、无公害或有机食品、环保装修建材的需求也将呈现较快的增长。投资机构、相关企业可关注以上领域的投资机会、增长机遇。同时，相关企业可结合智能制造技术，加快发展面向中等收入阶层的家具等适宜产品的大规模定制业务，以适应更多中等收入阶层居民的个性化需求。

新型城镇化相关消费领域。伴随着国家新型城镇化建设的推进，大量的农村居民将会在城镇定居，在城镇中长期生活。据李克强总理介绍，2016年，有1600万人进城落户；2017年，进城落户的人数预计将超过1300万人[7]。据2016年3月的文献，初步测算，城镇化率每提高1个百分点，能促使消费增长约1.8个百分点[8]。大量新迁入城镇的农村居民，收入、积蓄有限，对性价比高、中低价位的电视、冰箱、空调、洗衣机等家电，对普通价位的装修建材会有较多的需求。投资机构、相关企业可关注相关的投资机会、增长机遇。而Jun等指出，族群认同对与族群相关的实用性、享乐性产品的消费频度有正面影响[9]。在城镇化建设中，大量居民会迁移到远离原居住地的城镇。相关企业可面向从农村新迁入的城镇居民、迁出区域比较集中的城镇居民群体，提供体现迁出区域特色的实用性、文化性产品与服务。2017年，将取消移动通信的国内长途收费。投资机构可关注从农村新迁入的城镇居民手机需求、移动通信服务需求扩大所带来的投资机会。

休闲旅游消费领域。2015年，我国国内旅游人数同比增长了10.5%[10]；国内游客人次超过40亿，国内旅游收入超过3万亿元[8]。休闲旅游已成为较快增长的居民享受型消费中的重要组成部分。国家为此采取了多方面的旅游服务提升措施。例如，2016年建成100个全域旅游示范区，扶持本土邮轮产业的发展[11]；在"十三五"期间，建成一批金牌农家乐、A级旅游景区、特色景观旅游名镇名村、精品民宿，培育1000家乡村旅游创客基地[12]。休闲旅游供给、服务能力的提高，将进一步带动居民的休闲旅游意愿。同时，越来越多的老年居民愿意在旅游消费方面安排更多的支出。据途牛旅游网分析，2016年，56岁以上的游客在出境游客中的占比为18%，比2015年上升了88%[13]。投资机构可重点发掘老年居民旅游、亲子旅游等休闲旅游方面的投资机会。

农村贫困居民消费领域。如果到2020年要实现脱贫的5630万农村建档立卡贫困居民,其每年人均消费支出能增加相当于2015年农村居民人均消费支出20%的金额,则一年可以增加约1038亿元的消费支出规模。同时,"十三五"期间,要对981万建档立卡贫困人口实施易地扶贫搬迁[12]。因此,有必要对农村脱贫居民的消费行为进行研究分析,寻求相关增长机遇。相关企业可关注饮食、电视、手机、家纺用品等方面的农村脱贫居民消费需求。

二、人工智能等高新技术产业、装备制造业

我国的高新技术产业、装备制造业,不仅在近些年来实现了较快的增长,而且其中的很多产业更具有长期的广阔发展前景,甚至有望成为未来十年、二十年内我国经济发展的新动能。这一领域应该受到投资机构的重点关注。高新技术产业、装备制造业门类众多,从细微的基础材料、零部件到各种体形庞大的大型设备,从最传统的农业到刚刚面世的信息技术尖端产业。面对庞杂的高新技术产业、装备制造业,建议投资机构优先关注其中的战略性新兴产业领域。

战略性新兴产业往往预示着未来科技革命和产业变革的发展方向,被认为是培育经济发展新动能的关键领域[14]。2015 年,战略性新兴产业增加值占我国国内生产总值的比重约为 8%,2020 年该比重预计达到 15%[14]。新一代信息技术、高端装备制造、新材料、新能源汽车等战略性新兴产业,正呈现出蓬勃兴旺的发展态势。在我国利用半导体照明光线(LED 灯)的可见光通信系统研究中,已实现 50G 比特每秒的实时通信速率;未来有望通过全球 440 亿盏照明设备构建便捷、高效的可见光通信网络[15]。2020 年,新一代信息技术的产业规模预计将超过 12 万亿元[14]。在高端装备制造方面,C919 大型客机的首飞时间虽然有所推迟,但如果能最终实现在巡航特性、空气阻力、舱内噪声等方面超过大部分同类飞机性能的目标,制造出具有国际竞争力的大型客机,发展成拥有数十万长期从业人员的大型客机产业,便是指日可待的。在新材料方面,我国研制的石墨烯纸,可以通过纳米层间由温度或光控制的水分子的吸附与脱附,在数秒内迅速折叠成预设的形状,在微型机器人、太阳能电池板等方面有重要的应

中国产业趋势展望（1）

用价值[16]。新能源汽车方面，2020年预计实现一年200万辆以上的新能源汽车产销规模[14]。

战略性新兴产业中的人工智能产业，正在迎来又一轮的发展热潮。人工智能，也首次被纳入总理的年度政府工作报告。相关企业，一方面要积极研发人工智能技术、产品，另一方面也不应轻视了人工智能技术的研究难度。例如，虽然人工智能机器"阿尔法狗"（AlphaGo）战胜了众多人类一流围棋大师，但围棋比赛面对的是完备信息下的决策问题，而大量的现实问题是不完备信息下的决策问题[17]。不完备信息下的决策问题，其解决难度明显加大，运用已有的方法、技术未必能取得较大的成效。在人类习以为常的常识方面，人工智能机器要加以掌握，也非常困难[18]。周志华（南京大学机器学习与数据挖掘研究所所长）指出，人类智能具有很强的适应性，容易适应新事物，而人工智能还难以做到[19]。Minsky（著名人工智能科学家）指出，人工智能是科学面对的最大难题之一[20]。投资机构、相关企业不宜抱着短期见效的观念来开展投资、经营活动。

运用人工智能技术的自动驾驶汽车的研制工作仍存在较大的技术障碍。例如，有研究者认为，自动驾驶技术在面对诸多交通状况，特别是突发状况的综合判断能力方面，仍然无法达到人类驾驶员的水平[21]。如高新技术产业篇所述，已有多位驾驶员因使用汽车自动驾驶功能而发生车祸，乃至在车祸中遇难。自动驾驶汽车的应用，也面临着交通事故、交通违章责任及赔偿等复杂而艰难的法律问题，面临着如何让人工智能驾驶系统在交通意外中，在多种伤害人身、财物安全的驾驶选择中遵循法规或伦理规则的难解问题。在自动驾驶汽车的社会效益方面，如果其人工智能驾驶系统被入侵、操纵，将使得相关乃至众多自动驾驶汽车失去控制，有可能造成严重的刑事案件，导致大量车祸、大规模的交通瘫痪；而麦肯基（美国运输工程学者）等的研究表明，若缺乏政策约束，自动驾驶汽车的应用将带来更严重的碳排放问题、气候变暖问题[22]。自动驾驶汽车的不少人工智能系统部件成本很高，使得自动驾驶汽车的价格高昂。本书认为，发展、完善低速跟随，碰撞缓解制动等人工智能辅助驾驶系统，是人工智能技术在汽车驾驶领域既适应市场需求，又比较可行的一个发展方向。投资机构、相关企业可关注该领域的发展机遇。

国内人工智能产业的整体技术能力较弱，特别是在许多机器人领域。2015年，约75%的精密减速器由日本进口，超过80%的伺服电机和驱动器来自日本、欧美国家；而与外企相比，内资企业要以高出近4倍的价格购买国外品牌的减速器，以近2倍的价格购买国外品牌的伺服驱动器[23]。同时，国家正在大力倡导先进制造、智能制造技术的开发、应用。我国社会也面临着人口老龄化问题，大量企业也面临着熟练工人、高技能工人短缺的问题。考虑到需求前景、国外品牌企业在高端机器人产品方面的明显优势，建议相关国内品牌企业面向汽车、电子、物流、化工等行业，优先发展装配、焊接、喷涂、搬运等领域的中档层次工业机器人，优先发展以手术机器人为代表的医疗机器人、应用于工程建设的机器人、军用机器人等服务机器人。在形成、发展整机、系统供应能力的基础上，企业可以逐步研发控制器、伺服电机、减速器等机器人核心部件、相关核心技术。投资机构可就此予以重点关注。

人工智能机器可以具备相当的智能，可以拥有一定的学习能力，广义上的意识，有可能通过高新技术产业篇所述的多种情景危害人类的利益。考虑到人工智能机器对人身、财物造成危害的可能性、危害的严重性、难以防范性，建议相关企业更多地依据本文高新技术产业篇所述的审慎二原则发展人工智能技术、人工智能机器、人机智能系统，即以人为主，人拥有人机智能系统的最终控制权，在事关人身安全、重要财物安全的领域，人拥有实时控制权、系统紧急终止权。

虚拟现实产业也被视为战略性新兴产业之一。运用虚拟现实技术可以给用户带来近似身处真实环境的视觉、听觉等感知感受。不过，用户使用虚拟现实产品时，由于影像变化无法与身体移动有效匹配等因素使得人脑对运动信息、视觉信息的处理难以协调，还可能遇到图像渲染时延等问题，用户容易出现眩晕、恶心、呕吐等不适反应。再考虑到产品、服务价格、使用空间条件等因素，虚拟现实产业的发展步伐不会像一些人所期望的那么迅速。国内虚拟现实硬件企业，应加强成本管理工作，将资源更集中地投向能较好地适应特定行业应用需求的硬件产品研发上，并与内容产品供应商、系统供应商密切合作，以更好地服务于细分市场的用户。虚拟现实内容产品供应商，可着力开发最容易引发个人用户兴趣的游戏、影视、网络直播、赛事、晚会直播等娱乐类产品。虚拟现实系统供应商除了关注个人用户的娱乐类应用，还应加强对技术创新、运营管理、营销、技能培训、远程会议等企业应用领域的虚拟现实技术应用价值分析，为一定行业的企业用户提供内容更丰富、性能更理想的虚拟现实系统。例如，帮助汽车销售商构建客户虚拟驾驶体验系统，帮助大中型设备制造商构建产品研发验证系统、质量问题分析系统，帮助医疗机构设立远程诊断系统、远程治疗辅导系统。投资机构可优先考虑上述领域或相关企业的投资机会。

近些年来，有的国家在我国周边区域，东部、南部边境频繁制造紧张态势，长期举行大规模军事演习，甚至宣扬战争威胁，有的势力还意图挑起军事冲突。国家为此多次强调，要着力加强军事斗争准备。李克强总理在2017年政府工作报告中提出，要强化练兵备战，强化海空边防管控。而与超级军事大国相比，我国的军事实力整体相对落后。总理谈到，要提高我国国防科技的自主创新能力，加快发展装备建设、现代后勤建设[7]。要提高我国的国防实力，一方面要立足现有条件、提升自身能力，另一方面也要加大国防领域的投入。2017年，我国的国防支出预算约10000亿元，比上年执行数增长7%。傅莹（全国人大会议发言人）指出，我国的国防支出与国内生产总值的比例多年来基本保持在1.3%的水平[24]。总理还提出，要深化国防科技工业体制改革，推动军民融合深度发展[7]。促进军民融合深度发展，也成为2017年国防支出预算增加额所对应的主要投入领域之一[24]。国家提出，要依托国家军民融合创新示范区，促进军民两用技术的产业化发展；推进军民技术双向转移和转化应用；加强新一代信息基础设施和系统的军民合建共用；统筹军民空间基础设施；支持军工企业发挥优势向新能源、民用航空航天、物联网等新兴领域拓展[14]。而军工、国防科技工业领域的人工智能、机器人技术也处于较高的发展水平。例如，航天科技集团研发的遥控机械手臂系统，能运用位于手臂、手掌、手指关节的18个微惯性传感单元，实时准确获取人手所有关节的角速度、加速度、姿态、位置等运动信息，以此遥控机械手臂，让机械手臂像人手一样进行灵巧的操作[25]。航天航空等军工、国防科技领域的高水平人工智能、机器人技术，在民用领域的推广、应用，将有助于相关人工智能企业培育新的增长优势。军工、国防科技工业领域的相关投资机会、发展机遇，也值得投资机构、相关企业多加关注。

三、环保领域

作为工业、农业大国、人口大国，我国的环境污染问题多年来处于比较严重的状态。2011年11月，据万本太（环境保护部总工程师）介绍，我国环境污染严重，环保重点城市中有26%的空气质量不达标，地级市中有17%的空气质量不达标，新出现了区域性的灰霾问题，20%的水质为劣Ⅴ类，重金属超标问题突出的耕地面积约占10%[26]。总理2017年谈到，我国的环境污染形势依然严峻[7]。

万本太2011年所说的环境污染新问题——区域性灰霾问题，5年后已演变为频频出现的严重雾霾问题[7]，影响数以亿计居民的重大环境污染问题。据绿色和平组织的估算，2016年12月20日及之前数日，由严重雾霾衍生的大气污染问题影响了4.6亿居民，污染程度是世界卫生组织日常指标的6倍[27]。

伴随严重雾霾而来的大气污染问题，生成原因并不单纯，超出了许多人的理解范围。2016年，我国74个重点城市空气中的细颗粒物（PM2.5）年均浓度下降了9.1%[7]。但严重雾霾及相关大气污染问题，似乎更为明显。据王育航（美国佐治亚理工学院地球与大气科学系教授）等的研究，北极海冰2016年9月再次接近历史低点，全球气候变化导致近年来极地北冰洋海冰消融加剧、西伯利亚降雪增加，影响了中国冬季风的传播路径与强度，便于区域静稳天气形成，不利于空气污染物扩散，容易形成大范围的严重空气污染现象[28]。我国的严重雾霾及相关大气污染问题，与全球气候变暖密切关联。欧洲多地在2016年冬季也遭遇了雾霾及空气污染问题；2016年12月，欧洲多座城市出现严重的空气污染状况，不得不采

中国产业趋势展望（1）

取特别措施；2017年1月23日，伦敦空气污染程度达到最严重的"黑色"级别[29]。贺克斌（中国工程院院士）指出，王育航等的研究说明，面对不利的长期气象条件，我国要更积极地应对大气污染排放问题，才能有效地改善大气质量[28]。

在空气污染物大量排放、全球气候变暖等因素的影响下，我国严重雾霾及相关大气污染问题的改善，预计还需要相当长的一段时期。投资机构可重点关注雾霾、空气污染个人防护器具领域的投资机会，如空气污染物过滤面罩、空气净化器等，关注雾霾、空气污染相关疾病治疗药物方面的投资机会。同时，还可关注与燃煤电厂、化工企业等相关的大气污染物排放治理领域的投资机遇。据总理介绍，国家提出了2017年二氧化硫、氮氧化物排放量分别下降3%，重点地区细颗粒物（PM2.5）浓度明显下降的目标；并且要加快解决燃煤污染问题，加大燃煤电厂超低排放和节能改造，东中部地区分别要在2017年、2018年完成，西部地区要在2020年完成；对所有重点工业污染源，实行24小时在线监控，实施重点行业污染治理专项行动[7]。

广义的空气污染，实际上不仅涉及大气污染，还涉及室内空气污染、车内空气污染等。大多数居民通常会有更多的时间处在住宅、写字楼、工厂、商场等室内环境之中。目前，许多居民经常为了规避严重雾霾及相关大气污染，尽量待在室内，关闭门窗。在此情形下，有效防范室内空气污染，显得愈加重要。许多室内空气污染物对人体有较大的危害。室内装修材料、家具等室内器具、用品，往往是室内空气污染物的主要来源。据介绍，我国白血病患者的数量呈较快增长的态势，室内含苯装修材料、农药等都可能诱发白血病，与苯及其他烃类化合物等物质相关的环境暴露，是儿童出现白血病的潜在高危因素[30]。在深圳市消费者委员会2015年12月组织的家庭装修环境污染专项调查中，有约40%的装修完工7天以上、一年以内的居民装修家庭样本，室内空气质量不合格，TOVC（总挥发性有机化合物，包括苯类、烷类、芳烃类、烯类、卤烃类、酯类、醛类、酮类等）超标的现象相当突出，最严重的超过国家标准限值10倍以上；而

TOVC（总挥发性有机化合物）会影响人体中枢神经系统，引发人体免疫水平失调、头晕、无力、胸闷等健康问题[31]。采用环保的装修建材、家具等室内器具、用品，对在规避雾霾及相关空气污染之时保持正常室内空气质量而言，非常重要。投资机构应重视环保装修建材、环保家具等领域的相关投资机会。而相关企业则可在北方地区、雾霾高发季节，着力开展环保装修建材、环保家具等方面的营销活动。

四、"一带一路"领域

陆地丝绸之路、海上丝绸之路经贸合作，是我国古代对外交流活动中的辉煌篇章。新时期，我国提出了"一带一路"的合作倡议，有望在现有合作基础上再创互惠互利的繁荣新盛景。总理在2017年政府工作报告中，以"进展快速"来评价"一带一路"的建设状况[7]。据2017年3月的资料介绍，在"一带一路"建设领域，已有100多个国家和国际组织共同参与其中，中国已和40多个国家、国际组织签署了合作协议，在"一带一路"沿线20个国家建设了56个经贸合作区，投资额超过180亿美元[32]。"一带一路"建设对我国的对外投资活动起到了重要推动作用。2016年1~11月，我国境内投资者对164个国家和地区的7500多家境外企业进行了非金融类直接投资，累计投资金额1617亿美元，同比增长55.3%[33]。"十三五"期间，我国将推动中蒙俄、中国—中亚—西亚、中国—中南半岛、中巴、孟中印缅等经济合作走廊建设，推动连接亚洲各次区域、亚欧非之间的基础设施网络建设[34]。

马丁·沃尔夫（英国《金融时报》首席经济评论员）认为，"一带一路"建设，可以提高对规模庞大的中国储蓄资金的利用效率，是中国富有想象力的构想[35]。斯蒂芬·罗奇（美国耶鲁大学教授、原摩根士丹利公司亚洲区主席兼首席经济学家）表示，"一带一路"倡议推动了地区经济一体化进程；还称赞了中国在倡议中起到的领导作用[36]。"一带一路"建设，通过海外投资带动了投资对象国的相关建设活动，扩大了相关企业产品的海外需求，有利于更好地化解国内过剩产能；也能通过构建新疆丝绸之路经济带核心区等措施，推动我国的西部大开发建设工作。在逆全球化思潮兴

中国产业趋势展望（1）

起的情形下，"一带一路"建设，有助于加强我国与众多发达国家、中等发达国家的经贸合作，加深同亚洲、非洲广大发展中国家的全方位合作，推动更合理的经济全球化秩序的形成。蔡昉（中国社会科学院副院长）指出，"一带一路"建设是在国际范围内以基础设施建设推动实体经济和产能合作的重要构想，可以弥补目前全球化格局中忽视新兴经济体、忽视发展中国家利益的缺陷；他将"一带一路"建设评价为新一轮全球化进程的引爆点[37]。

相关企业通过参与"一带一路"建设，很可能会在海外投资中获得投资对象国政府更多的认同、支持，减少海外投资中的政治风险；也有望更方便地获得融资支持，共享更多的基础设施便利条件，减少经营风险。投资机构可重点关注海外相关地区工程建设、交通运输、电信领域的机遇，例如，已全线开工的中老铁路，正式授标中方的马来西亚南部铁路，取得突破性进展的匈塞铁路、印度尼西亚雅万高铁等[38]；还可关注在新疆丝绸之路经济带核心区等中西部地区相关建设中的投资机会。

五、国有企业改革领域

国有企业改革是我国经济领域的一个重要事项。一些国有企业的现代企业制度并不健全,有的尚未真正确立市场主体地位,甚至有些国有企业的管理工作处于混乱的局面[39]。总理在2016年政府工作报告中指出,2016~2017年,要着力实施国有企业提质增效的攻坚战[6];在2017年政府工作报告中谈到,要以提高国有企业核心竞争力和资源配置效率为目标,加快推进国有企业改革[7]。

公司治理结构是现代企业制度的关键领域之一。总理强调,要在国有企业中构建有效的公司法人治理结构,2017年要基本完成国有企业的公司制改革[7]。据国家发改委2017年3月介绍,已有83%的中央管辖企业建立了规范的董事会制度[38]。按上述规范的董事会制度,相关企业来自外部的董事已占到董事会的多数[40]。一些中央管辖企业在试点的国有资本投资、运营公司中对董事会的战略发展、产权管理、考核分配等职权予以推进落实[40]。

在国有企业经营结构调整方面,总理谈到,要推动以中央管辖企业为重点的国有企业经营重组工作[6]。2015年,有6组、12家中央管辖企业完成了重组工作[41]。2015年末,国资委履行出资人职责的中央管辖企业数量从112家缩减到106家[10]。2016年,受国务院国资委委托,中国诚通公司发起成立了中国国有企业结构调整基金股份有限公司,该国企结构调整基金的总规模达到3500亿元[42]。国有企业经营调整工作的动力,将得以显著增强。

在国有企业混合所有制改革方面,第一批混合所有制改革试点工作已进入实施阶段[38]。总理谈到,2017年要在电力、石油、天然气、铁路、民航、电信、军工等领域迈出混合所有制改革的实质性步伐[7]。中国铁

中国产业趋势展望（1）

路总公司提出，将探索通过股票上市、合资企业等措施来推进混合所有制改革；中国兵器工业集团确立了涉及26条意见的混合所有制改革规划[43]。国家提出，在石油、天然气主干管网、电网等领域，实行网运分开、主辅分离，对自然垄断环节的管网实行国有独资或绝对控股，在其他的竞争性业务方面允许非国有资本平等进入[44]。从公司层级看，国有企业集团公司的混合所有制改革会优先在二级及以下企业推进，并侧重于研发与技术创新、生产服务等领域的实体企业[44]。在混合所有制企业员工持股方面，会在强调人力资源、技术要素贡献的转制科研机构、高新技术企业、科技服务型企业优先探索[44]。

随着2017年国有企业公司制改革的基本完成、公司治理结构的改善，相关国有上市企业经营业绩上升的动力将得以增强。建议投资机构关注那些在公司制改革、公司治理结构改善方面表现突出的国有上市企业。

2017年，国家将继续推动港中旅集团与国旅集团、中粮集团与中纺集团、中国建材与中材集团、宝钢与武钢、中储粮总公司与中储棉总公司的重组工作[41]。投资机构可优先关注中央管辖企业、地方国有企业中经营结构重组、转型升级进展较顺利、优势互补或优势强化成效显著的相关企业。

国家在钢铁、煤炭等行业还将继续开展去产能的相关工作。2017年，中央管辖企业预计将化解595万吨的钢铁过剩产能、2473万吨的煤炭过剩产能[45]。钢铁、煤炭、电力行业国有企业的业务整合工作也将继续推进。例如，中国国新、诚通集团、中煤集团、神华集团便组建了中央企业煤炭资产管理平台公司[41]。有色金属、船舶制造、炼化、建材等行业的国有企业，也会在国资委指导下开展去产能工作[45]。随着行业严重过剩产能的化解，钢铁、煤炭、电力等行业相关国有企业的投资价值有望提升，投资机构可优先关注。

电力、石油、天然气、铁路、民航、电信、军工等领域国有企业的混合所有制改革，预计会在2017年有较多的突破。2017年，将会推进10家中央管辖企业子企业的混合所有制员工持股试点工作[45]。这些领域的投资机会，值得投资机构分析、关注。

六、房地产领域

10多年来，中国的房地产价格特别是住宅价格，总体上呈现了扶摇直上的长期高涨态势。据2015年相关文献，2004年起，我国中心城市房地产价格每年平均上涨20%以上[46]。2016年，不少一线城市、二线城市乃至普通县城的房地产价格，更是呈现出让人惊叹的上涨幅度。某二线城市大部分区域的房地产价格在半年内已上涨40%以上，中部肥西县某房地产项目的备案售价不到1个月便上涨了约23%[47]。2016年4月，某二线城市一次商住土地成交楼面价的拉升，促使不少房地产项目售价在数小时内出现每平方米3千元至1万元的狂涨[48]。房地产价格的暴涨，成为著名经济学家李稻葵2016年印象最深刻的经济事件[49]。2017年，在全国人大会议与会代表或政协会议与会委员的倡议下，政府工作报告中增加了遏制热点城市房价过快上涨的内容[50]。

本书房地产行业篇从房地产价格、房地产行业利润、房地产行业的投资、市场规模、投机投资现象、房产租售比、房价收入比等方面，分析了房地产泡沫与其膨胀的状况。我国房地产泡沫的持续膨胀、房地产价格的长期高涨，与超高比例的社会资金长期流向房地产行业紧密相关。2016年，个人住房贷款在我国新增贷款中的比重高达约45%[51]。在价格高涨、超高利润的刺激下，货币资金长期以来过多地流入了房地产行业，对实体经济的发展造成了严重阻碍。中国人民银行提出，未来要严格限制信贷资金流向投资投机性购房领域[52]。周学东（中国人民银行营业管理部主任）认为，2017年个人住房贷款在新增贷款中的比重预计将不超过30%[51]。

中国房地产价格的长期高涨，也是全球房地产泡沫膨胀的重要表现之

中国产业趋势展望（1）

一。多年来，各主要经济体的超宽松货币政策为全球房地产价格高涨、泡沫膨胀提供了有力而关键的支撑。而美联储对美元利率的逐步上调，将对全球房地产泡沫起到相当大的抑制作用，甚至会引发全球房地产泡沫的消退。

按本书房地产行业篇的论述，房地产泡沫化对我国经济发展、国家改革大计、社会稳定等构成了显著的负面影响。据2013年的资料，国务院常务会议在截至当时的10年之间有9次将房地产调控作为会议主题[53]。一方面，国家为调控房地产市场而积极谋划各种举措；另一方面，房地产市场上追逐暴利的投机投资行为严重削弱了国家调控措施的效用。据相关资料，2016年初到6月，某二线城市的一位年轻女性买卖房产20多次，有时几小时买卖一次房产，有时10天买卖一次[48]。2016年12月，中央经济工作会议再次明确了住房产业的发展目标是满足广大民众的正常居住需求，而不是投机投资需求，并提出要构建房地产行业的长效机制[54]。如果国家构建了强调有效贯彻与有力监督、注重对投机投资行为的有效抑制、对垄断行为的严格监管、引导住房价格适应居民合理自住需求、削弱房地产用地出让收入对地方财政影响等房地产行业长效机制，那么房地产泡沫将会逐步消退，难以长久的、泡沫化的住房价格有望在适当的条件下逐步回归合理价位。建议相关企业积极开发中低价位的中档住宅，以争取市场先机、培育先行者优势。投资机构可关注该领域的投资机会。

参考文献

[1] 葛玮，卢怀谦，任明杰. 柳传志详解联想控股资本棋局 [N]. 中国证券报，2017-03-17（A03）.

[2] 张欢，徐康宁. "中等收入陷阱"视角的收入差距、消费支出与经济增长研究 [J]. 经济问题探索，2016（12）：10-17.

[3] 国家统计局. 居民收入快速增长 人民生活全面提高——十八大以来居民收入及生活状况 [EB/OL]. http：//www.stats.gov.cn/tjsj/sjjd/201603/t20160308_1328214.html，2016-03-08.

［4］国家统计局. 2016年国民经济实现"十三五"良好开局［EB/OL］. http：//www.stats.gov.cn/tjsj/zxfb/201701/t20170120_1455942.html，2017-01-20.

［5］国务院. 国务院批转发展改革委等部门关于深化收入分配制度改革若干意见的通知［EB/OL］. http：//www.gov.cn/xxgk/pub/govpublic/mrlm/201302/t20130204_65899.html，2013-02-03.

［6］国务院. 政府工作报告（全文）［EB/OL］. http：//www.gov.cn/guowuyuan/2016-03/17/content_5054901.htm，2016-03-17.

［7］新华社. 政府工作报告——2017年3月5日在第十二届全国人民代表大会第五次会议上［EB/OL］. http：//www.gov.cn/premier/2017-03/16/content_5177940.htm，2017-03-16.

［8］宁吉喆. 以消费升级为导向 加快推进供给侧结构性改革［N］. 经济日报，2016-03-29（03）.

［9］Jong Woo Jun，Chang-Dae Ham，Jae Hee Park. Exploring the Impact of Acculturation and Ethnic Identity on Korean U.S. Residents' Consumption Behaviors of Utilitarian versus Hedonic Products［J］. Journal of International Consumer Marketing，2014，26（1）：2-13.

［10］发改委. 两会授权发布：关于2015年国民经济和社会发展计划执行情况与2016年国民经济和社会发展计划草案的报告［EB/OL］. http：//www.gov.cn/xinwen/2016-03/18/content_5055334.htm，2016-03-18.

［11］发改委. 关于印发促进消费带动转型升级行动方案的通知［EB/OL］. http：//www.ndrc.gov.cn/zcfb/zcfbtz/201604/t20160426_799488.html，2016-04-26.

［12］国务院. 国务院关于印发"十三五"脱贫攻坚规划的通知［EB/OL］. http：//www.gov.cn/zhengce/content/2016/12/02/content_5142197.htm，2016-12-02.

［13］厦门晚报. 中国再获出境旅游人次和消费额双冠军［N］. 厦门晚报，2017-01-17（B3）.

［14］国务院. 国务院关于印发"十三五"国家战略性新兴产业发展规划的通知［EB/OL］. http：//www.gov.cn/zhengce/content/2016-12/19/content_5150090.htm，2016-12-19.

［15］澎湃新闻. 中国可见光通信技术获重大突破：0.2秒可下载一部高清电影［EB/OL］. http：//news.sohu.com/20151113/n426418427.shtml，2015-11-13.

［16］曹继军，颜维琦.石墨烯智能折纸可制作变形衣［N］.光明日报，2015-11-13（06）.

［17］刘志远，余凯.具有决策能力的人工智能将改变世界［J］.科技导报，2016，34（7）：59-61.

［18］Piero Scaruffi.硅谷观察：未来投资与科技的十大风口［EB/OL］.http://www.ftchinese.com/story/001069745?full=y，2016-10-18.

［19］杜悦英.人类进入与人工智能共舞的时代［J］.中国发展观察，2016（6）：6-7.

［20］亨利·布莱顿，霍华德·塞林那.视读人工智能［M］.张锦译.合肥：安徽文艺出版社，2007.

［21］马丹.优步首批自动驾驶汽车拟于本月上路提供载客服务［EB/OL］.http://news.xinhuanet.com/2016-08/19/c_1119421711.htm，2016-08-19.

［22］张瑞丽.关于无人驾驶 你必须知道的十个秘密［EB/OL］.http://auto.huanqiu.com/globalnews/2016-03/8652796.html，2016-03-04.

［23］夏冰.核心零部件由欧日韩控制 中国机器人"唐僧肉"好看不好吃［N］.每日经济新闻，2016-10-18（14）.

［24］韩洁.财政部：2017年中国国防支出预算约1万亿元增长7%［EB/OL］.http://news.xinhuanet.com/2017-03/06/c_1120576159.htm，2017-03-06.

［25］魏艳.不用出舱 中国航天员未来或可远程操作空间站检修［EB/OL］.http://scitech.people.com.cn/n/2015/1125/c1007-27855325.html，2015-11-25.

［26］杜娟，粤环宣.全国1/10耕地重金属均超标［EB/OL］.http://www.people.com.cn/h/2011/1107/c25408-2960451572.html?prolongation=1，2011-11-07.

［27］杨缘.中国严重雾霾波及近5亿人［EB/OL］.http://www.ftchinese.com/story/001070643#s=p，2016-12-20.

［28］林小春.极地气候变化可能是中国雾霾的"帮凶"［EB/OL］.http://news.xinhuanet.com/2017-03/16/c_1120639189.htm，2017-03-16.

［29］郑思远.伦敦市长：伦敦市将向尾气排放超标车征税［EB/OL］.http://news.xinhuanet.com/world/2017-02/19/c_129484657.htm，2017-02-19.

［30］大河网.内地白血病患者激增 环境恶化过度农药是诱因［EB/OL］.http://health.sohu.com/20121029/n356003403.shtml，2012-10-29.

［31］王俊，胡蓉.四成室内空气质量不合格［N］.羊城晚报，2016-04-08（A05）.

[32] 张旭东，熊争艳，崔静.两会受权发布：全国政协十二届五次会议举行新闻发布会 政协大会定于3日下午3时开幕［EB/OL］.http：//news.xinhuanet.com/politics/2017-03/02/c_1120560252.htm，2017-03-02.

[33] 潘建成.2017年中国经济前瞻［J］.国家行政学院学报，2017（1）：20-24.

[34] 国务院.中华人民共和国国民经济和社会发展第十三个五年规划纲要［EB/OL］.http：//www.gov.cn/xinwen/2016-03/17/content_5054992.htm，2016-03-17.

[35] 马丁·沃尔夫.中国"新常态"面临四大挑战［EB/OL］.http：//www.ftchinese.com/story/001066793#s=d，2016-03-25.

[36] 斯蒂芬·罗奇.没有中国，世界已陷衰退［N］.人民日报，2016-12-23（023）.

[37] 蔡昉.全球化的政治经济学及中国策略［J］.世界经济与政治，2016（11）：4-24.

[38] 国家发改委.关于2016年国民经济和社会发展计划执行情况与2017年国民经济和社会发展计划草案的报告——2017年3月5日在第十二届全国人民代表大会第五次会议上［EB/OL］.http：//www.gov.cn/xinwen/2017-03/17/content_5178353.htm，2017-03-17.

[39] 中共中央，国务院.中共中央、国务院关于深化国有企业改革的指导意见［EB/OL］.http：//www.gov.cn/zhengce/2015-09/13/content_2930440.htm，2015-09-13.

[40] 新浪财经.国资委主任：混改要在电力石油军工电信领域迈出实质性步伐［EB/OL］.http：//finance.sina.com.cn/meeting/2017-02-23/doc-ifyavvsk2786195.shtml，2017 02 23.

[41] 经济观察报.国资委发力加快钢煤电重组 要打造一批国家公司［EB/OL］.http：//news.sohu.com/20170115/n478768461.shtml?fi，2017-01-15.

[42] 杜雨萌.3500亿元"国家级"基金揭牌 六大投资方向备受关注［N］.证券日报，2016-09-27（1）.

[43] 吴佳柏.中国国企混改计划凸显政府不愿让出控制权［EB/OL］.http：//www.ftchinese.com/story/001070908#s=p，2017-01-09.

[44] 国务院.国务院关于国有企业发展混合所有制经济的意见［EB/OL］.http：//www.gov.cn/zhengce/content/2015-09/24/content_10177.htm，2015-09-24.

[45] 王雪青.国资委：深入推进公司制股份制和混合所有制改革［EB/OL］.http：//

finance.sina.com.cn/roll/2017-01-12/doc-ifxzqnva3359460.shtml，2017-01-12.

［46］陈昌. 城市化、房地产与宏观调控［J］. 经济学动态，2015（1）：29-41.

［47］一财网. 厦门合肥南京苏州房价狂飙 做生意多年不如买套房［EB/OL］. http：//business.sohu.com/20160618/n455078518.shtml，2016-06-18.

［48］陆鸣. 楼市疯狂厦门样本：地王卖出后 楼盘一夜间涨价万元［EB/OL］. http：//business.sohu.com/20160623/n455841406.shtml，2016-06-23.

［49］金彧，李稻葵. 当前最大的潜在泡沫是房地产［N］. 新京报，2016-11-25（A特010）.

［50］裴江文. 政府工作报告修改78处：补充遏制热点城市房价过快上涨［EB/OL］. http：//finance.sina.com.cn/china/gncj/2017-03-14/doc-ifychihc6506722.shtml，2017-03-14.

［51］陈莹莹，周学东. 对比特币平台划监管红线［N］. 中国证券报，2017-03-14（A01）.

［52］中国人民银行货币政策分析小组. 中国货币政策执行报告——2016年第四季度［R］. 中国人民银行，2017.

［53］陈和午. 新思维：从调控到改革［J］. 南风窗，2013（9）：39-41.

［54］新华社. 中央经济工作会议在北京举行 习近平李克强作重要讲话［EB/OL］. http：//news.xinhuanet.com/politics/2016/12/16/c_1120133804.htm，2016-12-16.

个人财富管理(理财)篇

考虑到篇幅有限，具体的财富管理（理财）建议因人而异，本部分对一些财富管理（理财）建议予以简略。

一、重要风险因素

与专业投资机构相比，通常而言，个人投资者的投资专业知识相对不足，能安排在投资领域的时间、精力较少，获取的投资信息相对有限。因而，个人开展财富管理（理财）活动、投资活动时，首先要注重对投资风险的防范。

目前，全球经济增长乏力。总理在 2017 年政府工作报告中指出，全球经济增长速度、全球贸易增长速度处于 7 年来最低的水平[1]。在欧洲，银行业正陷入严重的困境之中。据 2016 年 12 月的资料，意大利银行业有 17%的贷款已成为坏账；意大利银行业存在着以千亿计的不良资产；意大利第三大银行——西雅那银行声称，如果没有外部援助，该银行将在数个月内耗尽现有的资金[2]。著名的德意志银行，既面临金融衍生品巨额亏损的风险，又要因抵押贷款支持证券违规而不得不向美国政府缴纳高额的罚金，这使得德意志银行被认为会成为引爆欧洲银行业危机的导火索之一[3]。在美国，尽管经济复苏状况较为乐观；但按国际货币基金组织的观点，美国有 1/4 的银行已经属于"太弱而无法复苏"的类别[4]。美联储开始逐步提升美元的利率。但美国国会预算办公室表示，利率上升加重了美国政府债务负担，未来 30 年美国政府债务和预算赤字将会呈现"爆炸"状态[5]。美元利率上升，也使得实施低利率宽松货币政策的各国，特别是发展中国家面临着资本大量流出的问题。而特朗普加重关税、实施贸易制裁、退出贸易自由化协定等主张，使得美国经济、世界经济的发展都面临着显著的

中国产业趋势展望（1）

不确定性。逆全球化的风潮已然兴起。

我国经济仍处在经济结构有待调整、发展新动能有待形成的阶段，需要克服多方面的发展难题。总理谈到，部分行业的产能严重过剩，一些企业存在较多的生产经营困难，财政收支矛盾较大[1]。一方面，钢铁、煤炭等行业的去产能工作已取得较大进展；另一方面，有色金属、船舶制造、炼化、建材和电力等行业的过剩产能还有待化解[6]。我国金融领域的风险有所加剧，需要通过去杠杆、降低债务率等多方面措施来积极化解。据中诚信国际信用评级公司测算，2016年底，我国总债务规模约194万亿元，债务率上升至261%，超过美国、德国等发达经济体，远高于其他新兴市场国家[7]。郭树清（银监会主席）强调，要把防控金融风险放到更加突出的位置，坚决治理各种金融乱象；缩短企业融资链条，降低企业债务杠杆；在部分交叉性金融产品领域，层层嵌套，底层资产不见底，最终流向无人知，要严加监管[8]。许多地区的房地产价格在多方政策调控下仍然呈现异常高涨的态势，投机现象突出；房地产泡沫化问题更加严重，一些实体经济所需的金融资源被挤占、压缩，宏观调控、金融秩序受到干扰。

尽管面对不少困难，但预计中国仍将实现2020年的重大发展目标，2020年国内生产总值、城乡居民的人均收入将比2010年翻一番，"十三五"时期经济年平均增长速度将保持在中高速水平。在克服困难中前行，在应对挑战中前行，中国经济如此，个人财富管理（理财）也应如此。

二、有较丰富知识、经验、有财力的个人投资者

什么是恰当的投资策略？个人的投资成效、财富管理（理财）成效，个人投资的抗风险性，都与个人的投资知识与经验、财力两方面内在因素紧密相关。对有较丰富投资知识、经验、有财力的个人投资者而言，可以采取较为灵活、多样而进取的投资策略。

国家为了加强投资者保护，经常会对一些高风险的投资领域设置个人投资者的参与条件或分类标准。在国家《关于规范发展区域性股权市场的通知》中，个人合格投资者指具备较强风险承受能力且金融资产不低于50万元的自然人[9]。据证监会的规定，私募投资基金的个人合格投资者，指金融资产不低于300万元或最近3年个人年均收入不低于50万元、具备相应风险识别能力和风险承担能力且投资于单只私募基金的金额不低于100万元的个人[10]。按《证券期货投资者适当性管理办法》的规定，证券期货的个人专业投资者指，金融资产不低于500万元或最近3年个人年均收入不低于50万元，而且具有2年以上证券、基金、期货、黄金、外汇等投资经历或具有2年以上金融产品设计、投资、风险管理等工作经历的个人，或符合条件的金融机构高管人员、符合条件的注册会计师和律师[11]。

个人投资者应该遵照有关规定或参照有关分类条件，选择适合的投资领域，规避那些对自己而言风险过高的投资领域。

新三板市场（全国中小企业股份转让系统）是一个对主板、创业板具有重要补充作用的股票交易市场。2016年6月，新三板管理机构在2016

中国产业趋势展望（1）

年4月30日以前挂牌的6938家企业中遴选出了920家创新层挂牌企业[12]。这一分层举措对进入创新层的企业提出了更高的信息披露及规范性要求，也为投资者分析、选择投资对象等提供了更多的便利[13]。同时，投资者也应注意到一些新三板挂牌企业存在着经营管理不规范乃至违规的突出问题。有的公司将资金借给本企业监事时，未向投资者披露，未履行公司内部审批程序；有的公司分红不公告，分红后股价未进行除权除息[14]。新三板还存在着二级市场交易活跃度不高的现象；同时，一些通过私募基金产品进入新三板定向增发市场的投资者出现了严重的亏损[15]。符合条件的个人投资者在投资新三板企业股票时，应更多地加强对目标企业的研究分析与考察。

注重服务于小微企业的区域性股权市场，数量增长较快。据2017年2月的不完全统计，全国已运营的区域性股权市场有40家，挂牌企业数量超过1.6万家[16]。但区域性股权市场的发展质量并不理想。总理在2017年政府工作报告中谈到，要规范发展区域性股权市场[1]。国家指出，区域性股权市场是私募股权市场，主要面向所在省级行政区域内的企业，区域性股权市场业务及监管规则由证监会统一制定，省级人民政府要积极推动本行政区域内的区域性股权市场运营机构整合为一家；同时，强调不得采用广告等公开或变相公开方式发行相关证券，不得采取集中竞价、做市商等集中交易方式进行证券转让，买卖同一证券的时间间隔不得少于5个交易日[9]。投资者应注意到区域性股权市场有较多的证券交易限制，不应盲目投资相关证券。

在私募投资基金领域，私募投资基金管理机构的投资能力、投资业绩参差不齐，未必能超过公募基金管理机构的水平。据2016年6月的资料介绍，由一位原知名公募基金经理负责管理的多只私募基金业绩并不好，其净值近一年来折损了30%多[17]。2016年7月，有4276家私募基金管理机构因未按时提交2015年经审计的年度财务报告，而被中国证券投资基金业协会列入异常机构类别[18]。有部分私募投资基金机构实际上通过契约型私募来从事不正当的融资类业务[18]。奚君羊（上海财经大学现代金融研究中心副主任）指出，不少机构以私募投资基金为名，从事民间借贷、担保等非私募基金管理业务，甚至从事非法集资等违法犯罪活动[19]。有投资意向、符合条件的个人投资者，选择私募投资基金及其管理机构时，应先核实由中国证券投资基金业协会发布的相关信息，并对私募投资基金及其管理机构的经营状况、历史收益谨慎地进行分析。

期货市场的投资风险性很高，符合条件的个人投资者参与其中时，也应非常谨慎。据方星海（证监会副主席）介绍，投机资金在我国金融体系中所占的比重较大，2016年，相关投机资金在一些期货市场上的炒作行为非常明显，导致煤、钢、焦等商品期货的价格波动较大[16]。

债券市场与股权市场相比，风险性相对较小，投资收益的稳定性较强。不过，我国一些发行债券的企业负债率过高，所在产业的发展动力较弱，企业自身的经营能力不强，一些债券按期兑付的可能性有所下降。据相关资料，我国的债务规模扩张快速，2016年第一季度末，我国的总体债务率为254.9%，比2008年的147%上升了107.9个百分点[20]。中国人民大学的研究显示，我国的债券融资规模急剧扩大，2016年企业还本付息的规模很可能高达社会融资总额的60%，债务到期的规模还将加速增长，以债券为代表的债务违约风险加速上扬[21]。中诚信信用评级公司认为，除了宏观经济环境、行业的影响，公司治理问题越发成为企业债务违约的重要影响因素，2016年债券市场违约规模已经达到2014年与2015年规模之和的3倍，债券市场面临较大的债券到期和回售压力[7]。

总理谈到，2017年将探索在内地与香港特别行政区之间开放债券市场，试行让境外资金在香港地区购买内地的债券[22]。投资者可以关注其中的投资机遇。

有较丰富知识、经验、有财力的个人投资者，还可以在经济发展的新动能领域、战略性新兴产业领域，更多地去探寻相关的投资机遇。

三、普通个人投资者

投资领域、金融领域,影响因素众多,情况复杂多变,并且为逐利而违法违规的现象频频出现。刘士余(证监会主席)谈到,到证监会工作后,对股市等资本市场的各种乱象开了眼界,非常震惊,违法违规行为往往披着合法的外衣,在资本市场上残忍地掠夺着广大中小投资者的正当权益[16]。投资知识、经验不足或财力较弱的普通个人投资者,应采取较为简单而稳健的投资策略;同时,积极补充自己的投资知识与经验,努力避免涉入高风险领域乃至投资骗局之中。

在普通个人投资者经常接触的银行理财领域,通过凸显预计收益率、夸大收益可靠性、不进行风险披露等途径掩饰理财产品风险的现象时有发生。同时,周小川(中国人民银行行长)指出,理财产品市场上存在套利机会太多、投机性过强、在金融体系内嵌套、互相投资等一些混乱现象[23]。为防范银行理财产品过高的投资风险、保护投资者正当权益,国家加强了对银行理财业务的监管。郭田勇(中央财经大学中国银行业研究中心主任)谈到,银行理财产品获得高收益的空间会相应缩小,这使得银行理财产品的收益率有所下行[24]。

据银监会介绍,部分商业银行存在着向投资者误导销售、未经授权代理销售、私自销售金融产品等问题[25]。2015年11月,某个人投资者被一位银行工作人员电话告知,有一款理财产品收益不错,预期年化收益率达到6%。该投资者随后在银行工作人员的办公室内支付了40万元,购买了该理财产品。但实际上,该理财产品并非此银行销售的产品,而是该银行工作人员个人推介的其他机构的金融产品。该投资者最后遭受了重大的投资损失，因自身有失察行为等因素，其要求银行补偿损失的诉讼请求也未获法院支持[26]。投资者购买银行理财产品时，应通过全国银行业理财产品登记系统网站核对所购买理财产品的编号等信息，以确定是否为正常销售的正规银行理财产品。

在保险领域，保险公司本应保障保险客户的投保资金处于低风险的水平。但一些保险公司用保险募集的资金，乃至通过高额债务借来的资金，过度投资于高风险的股票市场，使得保险客户的风险明显加大。粟芳（上海财经大学金融学院金融保险所所长）指出，一些保险公司所销售的、可能有高回报的万能险，实际上风险保障低，给保险客户带来了相当大的风险[27]。刘士余（证监会主席）强调，有些金融机构用大众的资金从事所谓的杠杆收购，最终让广大投资者来承担风险[28]。项俊波（时任保监会主席）表示，在有些保险公司的经营活动中存在资金运用方面资产负债不匹配、投资激进、虚假出资、虚假增资等问题[29]。保监会还约谈了某人寿保险公司主要负责人，明确表态不支持保险资金短期、大量地频繁炒作股票[28]。普通个人投资者，不应将万能险等有理财特性的保险产品简单地视为低风险的保险产品。

对私募投资基金的风险，普通个人投资者也不能低估。据2016年6月的资料，2015年6月15日以来，有2249只私募基金清盘，2989只私募基金产品不再公布净值；同时在2015年6月15~30日、2016年5月15~31日公布净值的私募基金仅有2782只，其中不到12%的私募基金实现盈利[30]。而私募投资基金管理机构中的违法违规问题，也并不少见，投资者也应加以注意。在各证监局对305家私募机构的一次专项检查中，有65家私募机构存在未按合同约定托管基金财产、信息披露、投资方向、费用列支不符合合同约定、证券类私募机构从业人员无从业资格等违规问题；有4家私募机构涉嫌非法集资、非法经营证券业务；有6家私募机构存在承诺保本保收益、挪用或侵占基金财产、虚构投资项目骗取资金等问题[31]。

网络借贷等互联网金融产品，为借款者、投资者提供了不少便利，丰富了投资者的投资途径；但投资者也承担着较高的风险，而隐含的、投资者未知的风险可能更为惊人。一些互联网金融产品在资金安全、信息安全、技术安全等方面存在问题[32]。季家友（中国人民银行上海总部副巡视员兼金融服务一部主任）指出，互联网金融平台领域存在的问题涉及客户资金安全隐患较大、夸大项目投资收益、信息披露不真实、不充分、信息安全水平不高等突出问题[33]。业内人士林恩民表示，虽然许多网络借贷平台宣称向投资者提供本息保障，但事实未必如此[34]。2013年9~11月，全国有超过40家个体网络借贷（P2P）企业资金链断裂或关闭。而2016年上半年有268家个体网络借贷（P2P）平台出现跑路、提现困难、警方介入等问题[35]。而通过某知名互联网金融平台发布的场外市场债权产品"侨兴债"违约，暴露出了一些高风险的、垃圾级企业债权产品借助区域性股权交易中心、互联网金融平台伪装成"中低风险"理财产品向普通投资者出售的现象[36]。银监会表示，大部分网络借贷机构偏离了信息中介定位，偏离了服务小微企业、依托互联网经营的本质，异化为信用中介，存在自融、违规放贷、设立资金池、期限拆分、大量线下营销等行为[37]。国家在颁布的《网络借贷信息中介机构业务活动管理暂行办法》中规定，网络借贷信息中介机构不得向出借人提供担保或者承诺保本保息，不得直接或间接归集资金、不得非法集资、不得将融资项目的期限进行拆分、不得发售理财等金融产品、不得代销金融产品、不得开展类资产证券化业务、不得提供增信服务[38]。投资者应对个体网络借贷（P2P）等互联网金融业务及相关监管规定多加了解，避免盲目投资。

一些交易场所推行的交易活动、投资活动，并不规范，甚至违规违法。投资者也需加以留意。国家指出，一些交易场所违规开展连续集中竞价交易，诱导大量不具备风险承受能力的投资者参与投资，部分贵金属、原油类商品交易场所开展分散式柜台交易涉嫌非法期货活动，有的交易场所会员、代理商涉嫌欺诈误导投资者，有的交易场所涉嫌非法公开发行证券，有的甚至涉嫌聚众赌博[39]。投资者应认真识别，避免参与，以免造成损失。

中国产业趋势展望（1）

据中国信息通信研究院信息产业通信软件评测中心、移动互联网系统与应用安全国家工程实验室等机构的研究，在88个抽样的移动互联网金融应用软件中，大部分软件存在加密算法误用，加密协议实现不正确、不完整，用户身份盗用防范不足等问题，甚至存在很低级的安全漏洞[40]。个人投资者应注意在智能手机中安装、使用金融应用软件的风险。

楼继伟（全国社会保障基金理事会理事长）强调，投资不可能"只赚不赔"，只能说有多大的可能性不赔[41]。他还谈道，全国社会保障基金在股票方面的投资是比较少的[42]。建议普通个人投资者更多地借鉴社会保障基金的做法，采取稳健为主的投资方式；不应抱有过高的投资收益目标，应降低投资收益的预期水平；同时，丰富自己的经验、知识，防范各种投资、金融骗局。

参考文献

[1] 新华社. 政府工作报告——2017年3月5日在第十二届全国人民代表大会第五次会议上 [EB/OL]. http://www.gov.cn/premier/2017-03/16/content_5177940.htm，2017-03-16.

[2] 王龙云. 意大利银行业危机滑向临爆点 [N]. 经济参考报，2016-12-23 (A06).

[3] 陈植，何晶晶. 德意志银行遭受140亿美元天价罚款 欧洲银行业坏账危机进一步发酵 [N]. 21世纪经济报道，2016-09-19 (4).

[4] 华尔街见闻. IMF：经济复苏无法拯救发达经济体四分之一银行 [EB/OL]. http://business.sohu.com/20161006/n469626971.shtml，2016-10-06.

[5] 一财网. 美国会预算办：30年后债务和赤字或"爆炸" [EB/OL]. http://finance.sina.com.cn/roll/2017-03-30/doc-ifycwyxr8854772.shtml，2017-03-30.

[6] 王雪青. 国资委：深入推进公司制股份制和混合所有制改革 [EB/OL]. http://finance.sina.com.cn/roll/2017-01-12/doc-ifxzqnva3359460.shtml，2017-01-12.

[7] 新浪财经. 中诚信国际：我国总债务高达194.31万亿 债务率261.1% [EB/OL]. http://finance.sina.com.cn/meeting/2017-02-28/doc-ifyavvsh7124574.shtml，2017-02-28.

[8] 中新网. 郭树清介绍2017年工作重点：坚决治理各种金融乱象 [EB/OL].

http：//finance.chinanews.com/cj/2017/03-02/8163372.shtml，2017-03-02.

［9］国务院办公厅.国务院办公厅关于规范发展区域性股权市场的通知［EB/OL］.http：//www.gov.cn/zhengce/content/2017-01/26/content_5163699.htm，2017-01-26.

［10］证监会.私募投资基金监督管理暂行办法［EB/OL］.http：//www.csrc.gov.cn/pub/zjhpublic/zjh/201408/t20140822_259483.htm，2014-08-21.

［11］证监会.证券期货投资者适当性管理办法［EB/OL］.http：//www.csrc.gov.cn/pub/newsite/flb/flfg/bmgz/zhl/201701/t20170110_309253.html，2017-01-10.

［12］张海军.厦门九家公司入围新三板创新层［N］.厦门晚报，2016-06-21（A21）.

［13］搜狐证券.新三板分层方案发布：私募管理机构可以进入创新层［EB/OL］.http：//stock.sohu.com/20160527/n451756070.shtml，2016-05-27.

［14］华尔街见闻.新三板乱象：券商突击核查傻眼 发现"辞职董事长回来了，员工却不见了"［EB/OL］.http：//business.sohu.com/20160817/n464588449.shtml，2016-08-17.

［15］周宏达.新三板挂牌公司破7000家 融资踊跃交投惨淡［EB/OL］.http：//business.sohu.com/20160506/n447936789.shtml，2016-05-06.

［16］证监会.中国证监会新闻发布会答问实录［EB/OL］.http：//www.csrc.gov.cn/pub/newsite/zjhxwfb/xwdd/201702/t20170226_312694.html，2017-02-26.

［17］赵学毅.年内39家上市公司重组被终止，赌重组高手王亚伟一年巨亏36%认栽［N］.证券日报，2016-06-27（B1）.

［18］李维.逾四千家私募进"异常名单"监管层调控加力遏制乱象［N］.21世纪经济报道，2016-07-26（14）.

［19］徐兢.逾3000家私募面临注销危机［N］.扬子晚报，2016-04-30（A11）.

［20］毛振华，刘元春，袁海霞，张英杰.重构"稳增长"与"防风险"双底线的宏观调控体系——2016~2017宏观经济分析与预测［J］.宏观经济管理，2017（1）：19-29.

［21］王莹.2016年中国总体债务率同比或将攀升9%［EB/OL］.http：//kuaixun.stcn.com/2016/1024/12918150.shtml，2016-10-24.

［22］新华社.两会受权发布：在十二届全国人大五次会议记者会上李克强总理答中外记者问［EB/OL］.http：//news.xinhuanet.com/politics/2017lh/2017-03/16/c_1120635178.

htm，2017-03-15.

[23] 新华网.央行就"金融改革与发展"答记者问[EB/OL].http://www.xinhuanet.com/politics/2017lh/live/20170310b/index.htm，2017-03-10.

[24] 林晓丽.银行理财产品拟不得投资股市[N].广州日报，2016-07-28（A18）.

[25] 银监会.中国银监会关于规范商业银行代理销售业务的通知[EB/OL].http://www.cbrc.gov.cn/chinese/home/docView/7B5A561A5069484BB646B5B356922C2E.html，2016-05-13.

[26] 彭菲,陈小芬.亏40万元"养老钱"找谁诉[N].厦门晚报，2017-03-10（L1）.

[27] 胡金华.无处安放的万能险：监管海啸下超万亿规模如何踩刹车[N].华夏时报，2016-12-12（18）.

[28] 刘慧,王都鹏.特写：刘士余脱稿痛批"野蛮收购"[EB/OL].http://news.xinhuanet.com/fortune/2016/12/03/c_1120046715.htm，2016-12-03.

[29] 保监会.项俊波：锚定正确方向 做实保险业姓保发展党和人民需要的保险事业[EB/OL].http://www.circ.gov.cn/web/site0/tab5207/info4053107.htm，2016-12-13.

[30] 王丹.A股巨震一周年：超2200只清盘 私募感叹活着不易[N].21世纪经济报道，2016-06-17（14）.

[31] 张海军.证监会通报私募机构违规行为，厦门6家私募机构被罚[N].厦门晚报，2016-08-24（A12）.

[32] 国家自然科学基金委员会.国家自然科学基金委员会管理科学部2014年第3期应急管理项目申请说明[EB/OL].http://www.nsfc.gov.cn/publish/portal0/tab222/info44474.htm，2014-05-20.

[33] 中国证券报.央行人士指互联网金融平台存四大问题：信息披露不真实[EB/OL].http://business.sohu.com/20160820/n465145126.shtml，2016-08-20.

[34] 苏曼丽.P2P行业迎监管季 担保难题待解[N].新京报，2014-06-04（B07，B08）.

[35] 周炎炎.最严网贷监管呼之欲出：同一P2P平台每人最多借款20万[EB/OL].http://business.sohu.com/20160821/n465206022.shtml，2016-08-21.

[36] 张玮.垃圾债包装成理财产品 招财宝爆雷背后的灰色链条[EB/OL].http://business.sohu.com/20161223/n476757791.shtml，2016-12-23.

[37] 李静瑕. P2P监管靴子落地 负面清单扩容至"十三禁"[N]. 第一财经日报, 2016-08-25（A03）.

[38] 银监会等. 网络借贷信息中介机构业务活动管理暂行办法[EB/OL]. http://www.cbrc.gov.cn/chinese/home/docDOC_ReadView/D934AAE7E05849D185CD497936D767CF.html, 2016-08-23.

[39] 证监会. 联席会议召开第三次会议 部署清理整顿"回头看"工作[EB/OL]. http://www.csrc.gov.cn/pub/newsite/zjhxwfb/xwdd/201701/t20170110_309279.html, 2017-01-10.

[40] 刘开雄. 检测报告显示：移动互联网金融APP存在大量信息安全问题[EB/OL]. http://news.xinhuanet.com/fortune/2016-08/19/c_1119421969.htm, 2016-08-19.

[41] 谭谟晓. 全国社保基金理事会理事长楼继伟：养老基金配置股票的比例很低[EB/OL]. http://news.xinhuanet.com/politics/2017lh/2017-03/15/c_1120631098.htm, 2017-03-15.

[42] 人民日报客户端. 楼继伟谈"养老金入市"：谁也保证不了只赚不赔[EB/OL]. http://news.sohu.com/20170315/n483373146.shtml?fi, 2017-03-15.